THE COLLECTED TRANSLATIONS
OF WESTERN CLASSICS ON LEGAL LOGIC

西方法律逻辑经典译丛

熊明辉 丁利 主编

〔波兰〕 耶日·施特尔马赫 *Jerzy Stelmach*
巴尔托什·布罗泽克 著 *Bartosz Brożek*

陈伟功 译

Methods of Legal Reasoning

法律推理方法

中国政法大学出版社

2015·北京

法律推理方法

Translation from English language edition:
Methods of Legal Reasoning
by Jerzy Stelmach and Bartosz Brożek

版权登记号：图字 01 –2014 –6244 号

出版说明

　　"西方法律逻辑经典译丛"系列图书翻译项目由教育部普通高校人文社会科学重点研究基地中山大学逻辑与认知研究所、广东省普通高校人文社会科学重点研究基地中山大学法学理论与法律实践研究中心以及中山大学法学院公共政策与法律制度设计研究中心共同策划，该系列图书由中国政法大学出版社出版。入选本译丛书目的图书均为能够代表"西方法律逻辑"最高学术研究水平的经典著作，计划书目为开放式，既包括"西方法律逻辑"经典教科书，又包括其经典专著。首批由广东省"法治化进程中的制度设计与冲突解决：理论、实践与广东经验"项目资助出版，共推出 9 本译著，分别是《法律与逻辑》、《法律逻辑研究》、《法律推理方法》、《诉讼逻辑》、《论法律与理性》、《法律论证：有效辩护的结构与语言》、《前提与结论：法律分析的符号逻辑》、《建模法律论证的逻辑工具》、《虚拟论

1

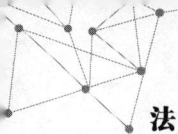

证：论法律人及其他论证者的论证助手设计》。同时，该 9 本译著也是熊明辉教授承担的国家社科基金重点项目"全面推进依法治国的逻辑理性根基研究"（2013）、广东省高等学校珠江学者岗位计划资助项目（2013）和中山大学重大培育项目"依法治国的逻辑问题研究"（2013）联合资助的一项重要成果。他山之石，可以攻玉。相信本译丛之出版不仅有助于推动我国法律逻辑教学和研究与国际接轨，而且为法治中国建设提供一种通达法律理性和逻辑理性、实现公正司法的工具。

熊明辉　丁　利
2014 年 6 月 8 日

总 序

　　法律逻辑有时指一组用来评价法律论证的原则或规则，其目的是为法律理性和法律公正提供一种分析与评价工具；有时指一门研究法律逻辑原则或规则的学科，即一门研究如何把好的法律论证与不好的法律论证相区别开来的学科。

　　自古希腊开始，法律与逻辑就有着密不可分的联系，甚至可以说，逻辑学实际上就是针对法庭辩论而产生的，因为，亚里士多德（Aristotle）《前分析篇》中的"分析方法"，后来演变成"逻辑方法"，实际上主要是针对当时那些将教人打官司作为其基本使命之一的智者们之论证技巧而提出来的。亚里士多德把逻辑学推向了对普遍有效性的追求。因此，其结果是：论证的好坏与内容无关，而只与形式有关。19世纪末，弗雷格（Frege）发展了数理逻辑之后，"形式逻辑"一度成为"逻辑"的代名词。法律与逻辑的关系似乎越离越远。因此，有人说逻辑就是形式逻辑，根本不存在特殊的法律逻辑，故法律逻辑至多是形式逻辑在法律领域中的应用。事实上，法律推理确实有自己的逻辑，并且这种逻辑面向的是与内容相关的实践推理。正因如此，如佩雷尔曼（Perelman）所说，在处理传统上什么是法律逻辑的问题时，有人宁愿在其著作中避免使用"逻辑"一词，而使用"法律推理"或"法律论证"。

20世纪50年代，以图尔敏（Toulmin）和佩雷尔曼为代表的逻辑学家们开始把注意力转向实践推理特别是法律推理领域，开辟了法律逻辑研究的新领域。特别是非形式逻辑学家与论证理论家们把语境因素引入到日常生活中真实论证的分析与评价上来，这为法律逻辑研究找到了一个很好的路径。如今，法律逻辑研究需要面向"两个脑"：一是"人脑"，即法官、律师、检察官等法律人是如何进行法律论证的；二是"电脑"，即计算机法律专家系统中法律论证的人工智能逻辑建模。前者的逻辑基础是非形式逻辑，而后者的逻辑基础是形式逻辑。如果说形式逻辑对论证的分析与评价仅仅是建立在语义和句法维度之上的话，那么非形式逻辑显然在形式逻辑框架基础上引入了一个语用维度，因此，我们不再需要回避"法律逻辑"这一术语了。

熊明辉　丁　利

2014 年 5 月 31 日

译者引言

本书是关于法律推理方法的经典著作。它要处理的是从总体的一般性视域中、从哲学层面探讨关于法律推理的方法论问题：史论结合，既有对"史"的整理，更有对"论"的阐发，从而给读者提供了一幅完整而清晰的方法论地图。它不仅对法官、检察官、律师、法学专业的师生等法律人，甚至对哲学、政治学、社会学等学界也极具启发意义。

直到 19 世纪末，相对于一般的人文科学方法论，法律方法论得到了更好的发展。在 20 世纪有了一些变化。它们显然有着相同的基础，但二者之间的联系并不对等：法律方法论借鉴了一般的人文科学方法论，然而，似乎一般人文科学借鉴法律方法的学术成果却并不多见。仅在这个意义上，本书即搭建了一架颇有意义的"桥梁"。

本书英文版在 2006 年出版，8 年过去了，似乎相关论域的著作依旧是凤毛麟角；本书作者提出的很多论点包容、超越了"古典性"、"现代性",很有"后现代"的旨趣,这无疑是"建设性的"。此外,在译者通过电子邮件向作者请教相关问题时,作者及时的回答精彩纷呈,其价值显然不仅仅限于对本书的理解,现撷英如下:

就多样性与相对主义而言,方法的多样性会导致某种方法论上的相对主义,因为,不同的方法导致不同的结论,在法律中得到的结论与所使用的方法有关。然而,这并不意味着主观性,因为,运用同一种方法可以得到相同的结论。

就逻辑与论证而言,逻辑上有效的论证并不等于修辞上的有效,即使逻辑上有错误,但论证也可以具有说服力。逻辑和分析关注论证的结构,而论证理论则关注论证的强度。

对逻辑进行评价有不同的标准,这决定于任务、直觉、元数学性质。比如,在经典逻辑与次协调逻辑之间,究竟要选哪种,这要看任务是什么。经典逻辑不允许有矛盾,而次协调逻辑则允许有矛盾。如果要给数学论证建立模型,则经典逻辑更好;而要处理日常生活问题,由于其中存在着各种矛盾,所以选择次协调逻辑更为合适。在这种选择中也要依赖于直觉,看哪种"看上去"更好。另外,也要看所选的逻辑是否有更好的数学性质,如可靠性与完全性等。

不同的本体论预设会带来不同的解决方案,比如对于约根森困境,如果预设了亚里士多德的本体论,就会认为规范非真即假;而预设了自然主义本体论,则不一定如此。而解决约根森困境不能有句子非真即假的预设。

······

本书是关于法律方法论、甚至是哲学方法论研究中颇具代表性的作品。感谢中山大学熊明辉教授卓越的领导,他为译者提供了展开翻译与研究的一切可能条件，尤其在学术问题方面给出了细致的指导。正如本书作者希望的那样，通过引入本书，给我国研究法律逻辑、法律方法以及哲学方法论领域的专家学者提供一种新的视角，从而为这本书找到在汉语世界的"家"。

陈伟功

2014 年 8 月 22 日于北京

中文版序言

2004 年，《法律方法》（*Metody Prawnicze*）首次由兹艾卡米兹（Wydawnictwo Zakamycze）出版社于波兰出版。其第二版进行了实质性的修订，2006 年由沃尔特斯·克鲁维尔（Wolters Kluwer）* 出版社亦于波兰出版，并为英文版的面市而奠定了基础。随后，本书英文版于同年以"法律推理方法"为书名由施普林格（Springer）出版集团出版，中文版即依此而译。

显然，有很多著作一直致力于法律方法的研究，不过，它们中绝大多数都在 19 世纪 70 年代出版于德国。因此，一个以方法论为名的完整的德国法学方法论学派出现了。在那 10 年间，德国法律思想界几乎所有伟大的人物都为法律方法的研究做出了贡献——只要提到以下人物就足以说明这一点：如德林斯基（F. Bydlinski）、卡纳

---

* 在中国国内一般称为威科集团。——译者注

里斯（C. W. Canaris）、恩吉斯（K. Engisch）、艾瑟（J. Esser）、菲肯切尔（W. Fikentscher）、考夫曼（A. Kaufmann）、拉伦茨（K. Larenz）、穆勒（F. Müller），或齐贝柳斯（R. Zippelius）。由于某种原因，方法论问题虽然对于法律理论和实践而言都是基础性的，但它在21世纪开始失去其重要性。在当代法哲学与法律理论中，不论在大陆还是英美，讨论的主题都与法、价值论和政治哲学相关。这是为什么呢？毫无疑问，这种结果有很多原因，主要是法律人自身缺乏方法论（哲学）方面的素养。毕竟每个人都知道，关注价值和政治比关注方法论更容易富含隐喻。此外，更深层次的方法论思考，可能会迫使法律人修正某些以前运用的方法论原理。显然，大多数法律人不愿意承担这样的任务。

我们认为，《法律推理方法》仍然是一本有重要意义的著作。首先，由于上述事实，当代缺乏其他致力于法律方法研究的著作。其次，在我们看来，这本书可能是对一整套给法律方法分类的客观标准的运用。最后，我们的著作还没有过时，因为我们力图提出解决方案，它不仅要超越一种任意选择的法律范式，而且要超越法律科学的边界。我们运用的任何法律方法，在很大程度上已经被证明是在抗拒当代哲学与法律理论、特别是各种后现代方法的发展趋势。不过，我们完全意识到，这里提出的立场应不断接受建设性的批判，这个过程可以称之为更新。我们要特别记住，法律科学应该对最新研究保持开放，特别是在经济学（尤其在法经济分析领域）以及当代心理学和神经科学方面的研究。利用这种研究，可以深化和丰富法律科学中的方法论思考。许多年来，我们自己也关注法律知识的新方法论视角，这并不是偶然的。

在这本书中，我们讨论了我们认为的最根本的四种法律方法，即逻辑、分析、论证和诠释。因而，在介绍中表明了这些方法的精确性（科学性）。不论其在法律科学和实践中如何运用，它们都在其他领域，尤其是在哲学和逻辑学领域得到了发展。就论证典范而言，可以主张，当代有一些最重要的论证理论，它们是由法律哲学家诸如佩雷尔曼、菲韦格（Theodor Viehweg）和阿列克西（R. Alexy）确切地阐述出来的。

我们希望，本书在中国的出版，将有助于传播一种不同于广泛存在于欧洲和英美学界的、特别的、哲学方向的法律方法观念。同时也希望，这本书将作为一个很好的切入点，不仅对法律方法，而且对当代社会科学中运用的方法本身展开更为广泛的讨论。我们因此相信，这本书也将在超越法学界限，主要是在关注社会科学方法论的哲学家、政治学家、社会学家、心理学家以及至少是某种程度上的经济学家中间找到归宿。

耶日·施特尔马赫　巴尔托什·布罗泽克
2014 年 8 月 18 日于克拉科夫

英文版序言

任何一个思考法律推理方法论的人都要面对一个艰巨的任务。他不仅要考虑到法学中关于方法论理论的数目之大，以及相关主题的文献之繁，而且也许其面对的最难的问题是，至少是从19世纪以来，在法理学家、法律理论家与法哲学家中有关法律论证方法论的持续的激烈论争。

因此，关于法律推理方法，还需要写另外一本书来证成；那本书的目标是囊括法律理论中已经提出的大多数法律推理方法。我们相信，的确存在这样一种证成。首先，在眼前的这本书中，至少在某些方面，我们采取的视角是独特的。我们试图从"外部"，即从更一般的、哲学的视角来考查法律推理方法，为此要考虑到法律的"强实在性"。这个视角能够让我们提出关于证成法律论证方法的问题。

其次，我们并不打算为一个法律推理的程式化观念辩护。相反，我们提出一个论题，即存在着多样的论证方法。然而，这种多样性并不会导致法律判决制定中的相对主义。

再次，我们反对法律推理方法的任何一种级序，我们所持的观点是，人们可以谈论各种方法论的精确性和灵活性。

最后，我们想要表明的是，法学的方法论观念构成了人文科学方法论的融贯性要素。这里最重要的方面是，法律论证方法论要比"一般"人文科学方法论更为精确、发展得更好。然而，这并不意味着法律方法论没有独特之处，我们在论述过程中要力图强调这一点。

本书对以前我们在波兰出版的《法律方法》（*Metody Prawnicze*，兹艾卡米兹出版社 2004 年版）进行了实质性的修订。第 1 章和第 3 章改动最大，第 6 章是新加进来的。

耶日·施特尔马赫　巴尔托什·布罗泽克
2005 年 9 月于克拉科夫—基尔

目　录

第 *1* 章 19、20世纪法律方法之争

1.1　三种立场

关于"法律方法"的存在问题，在罗马时代就已成为法学家们专心思考的一个基本问题。对这个问题的积极回应，继而导致如何描述法律推理中运用的方法之争。结果是，在19、20世纪的法律哲学中，关于法律论证的方法论，形成了三种有实质区别的视角。

1.1.1　方法拒斥

这是这些立场中的第一个，也是最少见的，但对于该讨论的目的却是非常重要的，它不仅对法学的科学特征持怀疑态度，而且质疑任何法律方法的存在。

基尔希曼　这个观点主要是由冯·基尔希曼（von Kirchmann）表述出来的，他于1847年发表了一个演讲，题目是"作为科学的法学的无价值性"。基尔希曼在此抨击萨维尼（Savigny）与普赫塔（Puchta）建立的历史学派，他不仅批判法学的前提条件，甚至质疑法律知识的有用性，将其视为没有价值而且是寄生性的。[1]

---

〔1〕　See J. H. von Kirchmann, *Die Wertlosigkeit der Jurisprudenz als Wissenschaft*, Berlin 1847, p. 14 ff.

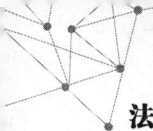

稍后的哈奇森（Hutcheson）和批判法学运动所持立场也与此相似，不过没有那么激进。

哈奇森 哈奇森是美国实在论的直觉主义代表，他认为，法官对具体案件的判决一定依赖于他的直觉与想象，而每个案件对于法官来说只是一个刺激物，法官的反应是要做出一个好的（公正的）判决。这种反应是非理性的、直观的，或者说是情感上的**直觉**，是**一种心灵的试探功能**，这是好的法律人所具有的一种想象或直观。[2]因此，并不存在客观上可重构的法律推理方法。

批判法学 **批判法学**的代表人物们相信，法律研究与教学的传统方法并没有什么用。对于他们来说，"法律即政治"；因此，并没有法律方法这种东西。只有当反实证论、反唯法论、反形式论被法律采用后，才会有批判研究的可能性空间。批判的结果导致了传统方法论的"解构"。可以在当代后现代哲学中追踪到这种思想的一些元素。从一般哲学视角来看，必定可以发现，后现代主义表明了各种方法的破产，同时也对此提出"质疑"，因为它在这样做的时候也使用了某些方法，如解构。有些学派，如**批判法学**的说法更委婉一些，它们指出，后现代主义并没有宣布方法论的破产，只是清楚地表明方法论的局限性、相对性和多样性而已。

1.1.2 方法他律

第二种立场更温和一些，它认为，只有采用其他科学学科的方法，如数学、逻辑学、物理学、生物学，或一定程度上的语言学、社会学或经济学的方法，在这种设定中，法学才会具有某种"真正科学"的特征。因此，只有付出失去其方法上同一与自主的代价，法学才能赢得科学的地位。德罗伊森（J. G. Droysen）与狄尔泰

---

〔2〕 See J. C. Hutcheson, *Judgment Intuitive*, Chicago 1938, p. 21.

（Wilhelm Dilthey）对科学作出自然主义和非自然主义范式的著名区分，不能只在这个语境中分析这一立场。法学不仅可以运用社会科学和人文科学的方法，也可以运用在逻辑学与自然科学中提出的方法。诸如"自然主义和非自然主义"的区分实际上是无意义的，就法律理论而言，这种区分是错误的。在法学中，"外部的"方法很少能被直截了当地运用。不过，总会有一种修正的方法适合法律人的具体需要。在本章的 1.2 节我将继续讨论这一点。

分析法学 将数学、逻辑和语言方法整合到法学中，分析哲学家曾做过这种最严格的尝试。在分析法律理论里，正如在分析哲学中，可以区分两种"方法论类型"或"派别"：逻辑（**马蹄型分析**）和语言（**软鞋型分析**），这通常局限于日常语言分析。

法学中的"强"即逻辑数学方法论的支持者提出了道义逻辑，如"禁止"、"义务"和"允许"这样概念的逻辑。他们以形式的方法来处理具体的法律理论问题，如法律制度观念和法律规则与原则理论，人们也应该认可这种尝试。对法学做出贡献的"强"分析哲学家中，应当提到冯·赖特（G. H. von Wright）、贝克尔（O. Becker）、卡利诺夫斯基（J. Kalinowski）、罗斯（A. Ross）、沃伦斯基（J. Woleński）、阿尔乔龙（C. Alchourron）和 E. 布雷金（E. Bulygin）。

那些追随牛津日常语言学派和维特根斯坦后期哲学的法哲学家们运用的是"弱"分析方法。这些思想家普遍将日常语言优先于人工形式系统。他们没有尝试去改革既有的概念体系。相反，他们的目标是尽可能准确地描述分析概念如何在日常语言中发挥作用。在"弱"分析法律哲学家中，哈特（H. L. A. Hart）的名字值得特别关注。

法律实在论 法律实在论是法学中自然主义方法论的一个实例。在实在论看来，法学只有运用自然科学中、或至少在经验导向的

3

学科，如社会学或心理学中提出的方法才能成为"一门科学"。此外，法律理论在特征上应当是描述性的。自由法学派、美国实在论、社会法学派、斯堪的纳维亚实在论和彼得拉日茨基（L. Petrazycki）运用的就是这种方法。

自由法学派 自然主义法学的观念旨在反对法律实证主义，后者尤其受到自由法学派代表人物的批评。在 1899 年出版的《实证私法上的解释方法与法源》（*Methode d'interpre-tation et source en droit privé positif*）这本著作中，惹尼（Geny）说，大陆实证主义错误地假定成文法是法律的唯一来源。他还认为，在法律解释的过程中，人们也应该考虑到有效法律的其他三种来源：惯例、权威、法官的自由心证。法院的独立判决最终是法官意志、社会需求和平衡个人利益的结果。这一学派的主要代表人物是坎托罗维奇（Kantorow-icz），他推进了类似的理论。〔3〕

彼得拉日茨基 彼得拉日茨基的目的在于提出一种法学完备理论。他主张，这样一种理论可以建立在他自己提出的情感心理学基础上。心理学分析使彼得拉日茨基认为，道德与法律情感属同一类现象。〔4〕

4　**美国实在论** 美国法律实在论像社会法学一样，运用了经验社会学、心理学、经济学的方法。美国实在论者质疑实证的形式主义，主张转向实践并研究"实在法"，尤其是法官的行为。这个运动的首倡者是霍姆斯（Holmes）。在其"法律的途径"这篇"宣言"中，他认为，为了说明法律是什么，有必要采纳预设"恶人"的视角，他们对法律判决或法律合理性的证成问题并不感兴趣；不

---

〔3〕　See J. Stelmach and R. Sarkowicz, *Filozofia prawa XIX i XX wieku*〔19、20 世纪的法哲学〕, 1st ed. , Kraków 1998, p. 89 ff.

〔4〕　See L. Petraz. ycki, *Teoria pa'nstwa i prawa*〔政府理论与法学〕, v. I, Warszawa 1959 ~ 1960, pp. 72 ~ 73, 123.

过，他关注的是预测法官在一个给定的环境中会如何行动。[5]在美国实在论最重要的代表人物中，人们应当提到卢埃林（Llewellyn）、弗兰克（Frank）和摩尔（Moore）。[6]

社会法学 在美国社会法学的众多来源中，不得不提到孔德（A. Comte）的社会学、边沁（Bentham）的功利主义哲学、德国的利益法学与美国的法律实在论。这个学派中最重要的代表是庞德（Pound）。据他说，法律应该实现和保障六种社会利益：共同安全，社会制度（如家庭、宗教政治权利），道德感，社会产品，经济、文化和政治进步，个人生命保障。庞德认为，这些"社会利益"中的最后一个是最重要的。[7]他主张，为了实现这些目标，必须提出一门新的社会法学。[8]

斯堪的纳维亚实在论 像美国实在论一样，斯堪的纳维亚法律实在论也把法律视为一种经验事实。然而，一方面，美国实在论者把法律作为某一社会群体的一种行为，它由专注于解决冲突的专业人士构成；另一方面，斯堪的纳维亚实在论者在个体的心理反应中探寻法律现象的"实质"，因而他们将"法律"或"责任"视为心理事实。这一学派的创建者哈盖尔斯特列姆（Hägerström）指出，如果不在真实的语境中探讨，那么所有的观念或概念都是无意义的。所以，由自然法、法律实证主义所提出的规范与规则世界都是不能接受的。如"法"、"责任"、"有效性"都是未参考经验事实的纯粹形而上学概念。我们只有把这些概念与具体的情感或心理反

---

〔5〕 See O. W. Holmes, "Path of the Law", in *idem*, *Jurisprudence*, New York/London 1994.

〔6〕 See K. Llewellyn, *Brumble Bush*, New York 1969, p. 12 ff.

〔7〕 See R. Pound, *Outlines of Lectures on Jurisprudence*, Cambridge 1943, p. 104 ff.

〔8〕 See H. Lloyd, *Introduction to Jurisprudence*, New York/Washington 1972, p. 366.

应联系在一起时才能搞明白。伦德斯泰特（Lundstedt）和罗斯是这一学派的代表人物。[9]

5   除了分析哲学和法律实在论外，还有其他运用非法律学科中提出的方法的传统。系统论、经济学、论证和诠释学哲学的方法也被试图运用于阐释法律的目的。其结果是，有几种法律理论观念被提出来，其中有法律系统论、法律经济分析、法律论证理论和法律诠释学。

系统论 19 世纪的社会学，比如在孔德的著作中，应用了系统分析。在描述社会学方法时，实证主义的开创者从生物学中找出了一些例子，将活的器官与社会进行了类比。20 世纪 70 年代，有两位生物学家即马图拉纳（Maturana）和巴雷拉（Varela）进一步发展了这个观念，他们还阐述了所谓的自我再生系统。自我再生系统控制着自己创生的过程（细胞是这种系统的一个很好的实例）。相反，他者再生系统不能自我管理，即它必然被"外部"控制。20世纪 80 年代，自我再生系统理论被尝试应用到社会科学中，其中包括法律理论。这主要归功于卢曼（Luhmann）和托伊布纳（Teubner），他们认为，自我再生即自我管理的能力，这是发达社会中一些社会系统的特点。法律体系是社交行为的集合，可以将法律认为是这样一种系统。其功能并非平常所认为的那样是为了管理社会生活和解决社会冲突，而是要确保和促进一个社会的规范性期待。[10]

卢曼和托伊布纳的观念深受生物学和社会学理论的影响，同时也应当关注一下凯尔森（Kelsen），他也以类似的思想在写作，他提出了"纯粹法学理论"概念，并主张法学方法论的自主。

---

〔9〕 See A. Ross, *On Law and Justice*, London 1958, p. 45 ff.

〔10〕 See G. Teubner, *Recht als autopoietisches System*, Frankfurt am Main 1989, p. 49 ff.

法经济学　20 世纪 70 年代，在美国兴起了经济学派。作为一个保守的学派，它拒斥颇"左"的**批判法学**。其代表人物借鉴了英国功利主义特别是边沁和密尔（J. S. Mill）、美国实在论和社会法学的观念。法经济学的主要代表人物波斯纳（Posner）力图表明，法律创制与解释的过程与一些经济学规则一致。法学至少在经济上应当是有效益的，也就是说，它的目的是要以最小的社会成本来促进社会福利的增长。一个理性的判决能在经济上得到证成，并以此而达到具体社会福利的最大化。[11]

6

法的论证和诠释学理论比上述理论更难阐释和分析。我们将在第 4 章和第 5 章里详细地分析它们。这里我们仅对其做一些一般性的论述。

论证理论　当代论证理论以许多哲学传统为基础，包括古代逻辑、修辞学、论辩术、诠释学和当代分析伦理学的观念论争［史蒂文森（Stevenson）、图尔敏和拜尔（Baier）］、实践主张的建构理论［洛伦岑（P. Lorenzen）和施韦默尔（Schwemmer）］、哈贝马斯（Habermas）的实践与话语理论等。论证理论以其他科学学科（哲学、逻辑学和语言学）提出的方法论观念为基础，这种说法是有理可循的。[12]

法律诠释学　法律诠释学的情况与此相似。19、20 世纪的法律诠释学概念的提出，是吸收了各种一般诠释学的结果，其中包括施莱尔马赫（Schleiermacher）与狄尔泰创立的"方法论"、海德格尔（Heidegger）与伽达默尔（Gadamer）发展了的"现象学"。在维特根斯坦后期哲学的基础上，法律哲学也在试图提出分析诠释

〔11〕　See R. Posner, *Problems of Jurisprudence*, Cambridge/London 1990, p. 360 ff.

〔12〕　Cf. J. Stelmach, *Kodeks argumentacyjny dla prawników*［律师辩论宝典］, 1st ed., Kraków 2003, p. 31.

学。然而，人们应当记得，在罗马时代，法学家们就已试图描述构成特定法律诠释学的法律方法的最重要的原则了。在17、18世纪产生了几本专门致力于法律诠释学的著作；在这个语境中，人们应当关注爱克哈迪（Eckhardi）的《法律诠释学——解释的最新视角》（*Hermeneutica Turis*，*recensuit perpetiusque notis Tllustravit*），威蒂克（Wittich）的《法律诠释学原理》（*Principia et subsidia hermeneuticae iuris*）以及萨米特（Sammet）的《法律诠释学》（*Hermeneutik des Rechts*）。当代法律诠释学吸收了一般哲学诠释学的观念，而萨维尼在其《法律方法论》（*Juristische Methodenlehre*）中概述的阐释理论，标志着法律诠释学从传统向当代的过渡。[13]

1.1.3 方法自主

此处提到的第三种立场假定，即法学至少在一定程度上享有一种方法论意义上的自主，而且它提出了自己的构成一门科学的"内在"标准。在这种情况下，我们必须考查规范性的反自然主义，它最终宣称，法律科学应当得出自己的方法论，它一方面不同于逻辑学、数学和自然科学，另一方面也与其他社会科学和人文科学不同。这个论题关涉法学的方法论自主，它通常要通过本体论和实用的论证来辩护。结果是，为了接受这个论题，法学自己确定其最低的实质性或者是程序性前提。自然而然，这个立场与前述两种立场之间的"界限"并不像乍眼看上去那么明显。自主并不意味着方法论上的孤立。法律人总是不仅运用"他们自己"的方法，而且也要运用其他学科中发展起来的技术。因而，争论围绕的问题是，法学是否在方法论上是自主的，而不是以下这个问题：除了"法律"方

---

〔13〕 Cf. J. Stelmach, *Die hermeneutische Auffassung der Rechtsphilosophie*, Ebelsbach 1991, p. 19 ff.

法之外，人们能否运用从其他科学中借鉴的工具。对后一个问题的回答常常是肯定的。然而，在方法论自主理论看来，只有当这些方法支持通过特定的"法律"论证而获得的结论时，人们可以运用这些"借鉴"的方法。

罗马法学　罗马法学家提倡法律在方法论上是自主的这个论题。虽然罗马法学家并没有提出任何一种一般法律哲学，因为罗马的法律人专注于具体法律案件，然而，他们也提到了有关法律本体论、价值论和方法论的抽象性的一些问题。[14]

关于方法论，产生了几种著作。其中尤为引人注目的是以问题为导向的著作（**质疑、辩论、信函与学说汇编**）、评论、教科书（主要是《法学阶梯》），作品涉及重要的法律概念和规则（**规则、定义、判决、见解、区别**）、民事官员（Libri de officio）指令、**程序**和法庭判决的专著和汇编。作为其主要"实践"活动的副产品，罗马法学家建构了一般法律学科的基础：解释的方法论和理论。特别是诸如**定义、准则、解释**或者**判决理由**等概念得到了阐明和界定。此外，形成了若干法律解释的重要指令。[15]即使在今天，不论在法律实践中，还是为了理论的目的（尤其是关乎论证理论，参见第 4 章），仍然有数百种罗马法律论题在使用。

历史学派　法律科学"完备"的方法论自主理念是由 19 世纪两个思想学派清楚地表述出来的：德国历史学派和法律实证主义。要设定这种自主，第一步是把法律哲学从一般哲学中"分割"出 8来。这一步是由康德（Kant）在其"法权论的形而上学初始根据"

---

〔14〕　Cf. W. Litewski, *Podstawowe wartości prawa rzymskiego*〔罗马法的基本价值〕, Kraków 2001, pp. 22, 51 ~ 52.

〔15〕　Cf. W. Litewski, *Jurysprudencja rzymska*〔罗马法学〕, Kraków 2000, pp. 23, 119 ~ 133.

以及黑格尔（Hegel）在其"法哲学原理"中完成的。萨维尼的《法律方法论》（*Juristische Methodenlehre*）标志着关于法律方法的激烈论争的开始。

萨维尼既反对自然法理论家们提出的**先验**演绎方法论，也反对法律科学一直沿用形式教条方法。相反，他主张将法律作为历史的社会事实进行经验研究。法律是民族精神的产品，起源于民族精神的自然内在力量。因此，法律并非只是立法者的意志表达。

然而，人们必须记住，虽然萨维尼的观念有助于法律科学方法论自主的建立，但该观念所基于的"法律外部"观念，则主要是来自黑格尔哲学与施莱尔马赫的诠释学。

法律实证主义　从这个观点来看，法律实证主义似乎是方法论上的较"纯"者。然而，不管其表面如何，"实证主义"这个术语要根据不同的概念体系和学派来运用。为了使一门理论算作是实证主义，人们会主张它至少要包括以下七个论题：①法律规范是创制的，而非自然法主张的那样是"发现"的；②法律的创制是主权者意志的表达；③法律只是由规范或规则构成；④法律人应当遵守法律，没有任何例外，即所有法律判决都应当以法律规范（规则）为基础；⑤在法律与道德或法律实然与应然之间没有必然联系；⑥法律概念研究必须要区别于历史学、社会学或心理学研究；⑦法律体系应当被认为是一个"封闭的逻辑系统"，其中每一个判决都可以运用逻辑工具通过先定的规范或规则推论出来。

根据这些准则，奥斯汀（Austin）的法律理论、大陆**概念法学**、凯尔森的规范主义、哈特的分析法律理论均可看作实证主义。相比较而言，德沃金（Dworkin）的法律观念则构成对以上7点中的第3~5点的挑战。因而德沃金的著作难以精确地归为"实证主义"这一派。

　　法律实证主义的根本贡献在于对基本法律概念的分析。这种分析既为法律解释过程的进行，也为法律教义学、法哲学的概念结构提供了基础。所有法律实证主义的主要代表人物都进行了这种分析，包括奥斯汀、哈特、凯尔森。最为详尽的法律形式教义学分析是由大陆形式的法律实证主义支持者们提出的，将其称之为**概念法学**并不是没有理由的。在此背景下，这些名字应当被关注：耶林（Jhering）、格博（Geber）、温德赛（Winscheid）、宾丁（Binding）、贝戈博（Bergbohm）、默戈尔（Merkl）、李斯特（Liszt）、托恩（Thon）或比尔林（Bierling）。

　　法律实证主义说明法学是拥有自己论证方法的规范科学，这是否令人信服？看上去答案似乎是否定的。凯尔森的**纯粹法学**是唯一的例外，虽然有点激进，但这个概念足以在结果上得到成功的辩护。然而，法律实证主义其他种种"方法论上的纯粹性"理论却是有问题的。实证主义分析常常把**实然**与**应然**领域中的要素混在一起。它所采用的方法常常有社会学或心理学的血统（如奥斯汀、大陆实证主义、耶林的利益法学）。

1.2　法律推理方法

　　以上所述表明，很难平息关于法律推理方法论方面的争论。在这场论争中，有几个不同的立场：一方面，法律论证方法是否有任何自主，或者说这种方法是否存在，这个问题受到质疑；另一方面，哲学家们在为法律方法论的自主特性而辩护。另外，这场争论中亦值得关注的方面是，其中的术语很混乱，这使得达到一个明确的结论更加困难。术语的混乱在这里已经在最一般的层次上表现出来。我们正就"法律推理方法"、"法律论证方法"、"法学方法"、

9

"法律人运用的方法"而写作。为了澄清一些基本的术语，让我们将"法律推理方法"运用的不同范畴归为三类。首先，在法律创制与解释过程的法律实践中，法官、原告、律师运用的方法，我们将其称之为实践中运用的方法；其次，各种法律领域的专家在其分析中所运用的**法教义学**方法；最后，可以指在法律理论和法哲学中运用的**理论方法**。

在上节描述的哲学传统中，每一个都考查了"法律推理方法"

10 运用的不同方面，只是很少将其分析单独归在一个范畴中。例如，法律实证主义为法律实践与法教义学提出了"工具"。法律实在论为法律理论与法律实践提供了心理学和社会学方法。分析哲学提供的方法主要被应用在关于法律是什么的哲学反思中，但那些方法可以很容易地应用到法教义学与法律实践中。至于诠释学，它致力于重构所有理解行为的基础结构，即法律理论与法律教义学同时也是"实践的"。最后，论证理论可以很方便地应用在法律实践与法教义学中。[16]

在两个甚至三个不同的范畴里，关于其潜在的适用性，人们可以就上述法律推理方法的大多数概念做出相似的评论。关于这本书的结构，同样可以说：虽然强调的是可以用在法律实践中的方法，但我们也可以为法教义学和法律理论问题提供适用的"工具"。在任何情况下，关于"实践"、"法律理论"和"法教义学"等具体方法的运用，它们之间的"边界"往往并不明显。

缺乏一个共同接受的"方法"定义，这是我们遇到的下一个术语问题。我们本可以提出一个自己的定义，例如说，方法是一套规

---

〔16〕 Cf. R. Alexy, *A Theory of Legal Argumentation*, translated by R. Adler and N. MacCormick, Clarendon, Oxford 1989.

则的程序，为实现一个既定目标，这套程序决定我们该做什么。我们没有这么做，因为任何一个定义都很轻易地排除了许多法律理论传统，同时也不能提出一个正确的"方法"。显然，这将导致一个严重的后果，因为它限制了我们的讨论。

对法律方法论理论进行分析，将这些理论分为三类。每一类都为法律推理方法是否存在及该方法的自主问题提供了一种不同的视角。第一类认为，法律人在推理时并不诉诸同样的方法。第二类主张，法律人运用一定的方法，但这些方法借鉴自其他学科，如社会学、经济学、心理学和语言学等。在这一类中，又可以分为两种小类：第一种主张"纯借鉴"，即法律使用的方法与原学科使用的方法并无差别；第二种则主张，要考虑到法律的特性才可修正为法律上采用的方法。第三类则主张特定法律推理方法的存在和自主。

在这三个立场的支持者之间的论争难以解决。然而，似乎有足 11 够的理由来考虑：抛弃第一个观念，它质疑法律推理方法的存在；也抛弃第三个观念，它主张法律的充分自主。在讨论哈奇森的观点和**批判法学**运动时，我们已经表明，第一个立场是很有问题的。哈奇森的直觉可以被简单地视为一种直观的方法，**这不是真的吗？**此外，**批判法学**的学者们倾向于解构所有的法律方法，即他们要揭示出传统方法论背后的所有假定。这种解构并不必然导致不存在法律论证方法的结论。相反，有可能达成一个更加温和的论题：没有独特的法律推理方法。从这一观点来看，**批判法学**运动不是第一个立场的实例，而是承认法律推理方法的多元主义和相对主义。

那些为方法自主而辩护的理论同样是有问题的。凯尔森的理论是主张自主的唯一重要的理论。然而，基于很强的本体论假定，作为对第三立场的一个辩护，因此它并不能被普遍接受。

这些考虑允许我们构想两个结论。首先，没有独特的、可普遍

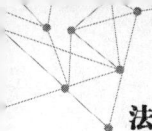

接受的法律推理方法论，正如没有"特殊"的法律方法一样。必须强调这些方法的他律和多元论。他律是因为不存在专门的"法律"方法。多元论是因为不存在独特的法律推理方法。其次，有必要指出的是法律人所运用的"他律"方法在某种程度上是"具体的"。这种"具体性"的产生是因为，在法律中运用的任何方法，要服从于特定的修正和限制，这主要是因为法律的创制和解释要通过一定的程序，要通过有效的法律来实施（例如，法律推定或举证责任的分配）。当然，这个结论并不关涉法律理论思考中所说的方法运用。

最后，必须强调的是，人们不能建立任何应用不同法律推理方法的层级或体系。它们的应用次序是由个别案件、所涉及的困难、解释的语境，也许最重要的是解释者的方法论习惯来决定的。此外，很容易想象，同样的"解释行为"可以表现为两种不同方法的运用。

12　1.3　逻辑—分析—论证—诠释

接下来，我们将思考法律实践者与理论家们运用的四种方法：逻辑、分析、论证和诠释学。在这里要提出两个问题。首先，这四种方法是否穷尽法律思维中所运用的方法谱系？其次，逻辑、分析、论证与诠释学之间的关系是什么，它们是相互独立，还是有交叉？

第一个问题比较难回答。一方面，人们可以命名好几种"方法"，且不属于上述四种方法。彼得拉日茨基的心理理论就是一个很好的例子。然而，另一方面，上述所列四种方法（或者更好的说法：四组方法）不仅有自己在历史上所形成的地位，而且也适用于我们以上所描述的所有领域，即法律创制和解释、法教义学分析与法律理论。因此，存在某种证成来支持我们的选择。

就第二个问题而言逻辑、分析、论证和诠释学之间的"边界"并不明显。在普通的教科书中，通常认为有两种类型的分析：描述和重构。一方面，描述性分析的目的是描述日常语言如何发生作用。另一方面，重构的分析试图使用逻辑工具来改革日常语言。在当代哲学（与法律理论）中，不可能严格区分逻辑和描述性分析。两种分析的要素混合在一起，如欣蒂卡（J. Hintikka）提出的在希拉（Scylla）的描述和卡律布迪斯（Harybdis）的重构之间的"第三条道路"。[17]他主张建立形式的"解说模式"，其目的不在于改革日常语言，而在于精确地说明其中的片段。

因此，逻辑是一个分析的工具。有人会问，为什么我们决定把逻辑从分析中区分出来。有几个原因：第一，不像"一般分析"那样，逻辑作为统一的方法相对容易界定；第二，逻辑方法可以在历史的视域中很好地呈现出来，能够追溯其发展的结果。

逻辑与论证的关系更加复杂，主要是因为存在不同的论证理论。那些理论重构了我们运用论证的途径。论证理论集中于论证间的关系、对它们的比较，以及构成许多论证的更大结构。具体的论证是如何建立的，对此它们则言之甚少。关于这个问题，有两种可能的立场。

在以 R. 阿列克西[18]为代表的第一种立场看来，论证应当根据逻辑规则来建立。从这个视角来看，逻辑与论证是互补的。以佩雷尔曼的新修辞学为代表的第二种立场认为，复杂论证结构中运用的论证并不一定在逻辑上是正确的。然而，这并不意味着佩雷尔曼认

13

---

〔17〕　Cf. J. Hintikka, "Epistemic Logic and the Methods of Philosophical Analysis", *Australasian Journal of Philosophy* 46, 1968, pp. 37~51.

〔18〕　Cf. R. Alexy, *Theory …*, *op. Cit.*

为逻辑无用。逻辑范式可以作为一种特殊的**论题**。而且，在修辞论证中起关键作用的许多古典法律**论题**，如**正面论证**与**反面论证**，在逻辑上可以被认为是有效论证。不过，逻辑上的无效论证在修辞上也可以是有效的。因此，在佩雷尔曼的观念中，逻辑并不占有任何特殊的地位，逻辑只不过是**论题**的一个可能来源。在这个意义上，论证与逻辑并不是互补的。

非形式分析方法可与论证理论一致。例如，经济分析既有助于建立论证，也为我们评价复杂的论证结构提供标准。然而，必须承认，分析和论证之间并没有必然的联系。如上所述，论证理论的主要目的，是为了说明不同论证之间是如何比较和衡量的。在根本上，从逻辑与分析的视角来看，建构论证的问题对于论证理论并没有那么重要。然而，应当补充的是，在当代法律理论中，随着逻辑学的发展，论证的结构特征也引起了关注，它一方面考虑论证过程的层面，另一方面也在创制非形式的"论证逻辑"。

至少在第一眼看上去，分析似乎与诠释学并无关系。然而，结果表明，这两种方法以很多方式联系在一起。这在分析诠释学中可以找到一个实例。它与维特根斯坦（L. Wittgenstein）的"后期"哲学有关。维特根斯坦提出"语言游戏"的许多分析与诠释学哲学的方法与结论相似。在"分析诠释学哲学家"里，人们常常提到：冯·赖特、温奇（P. Winch）和德雷（W. H. Dray）。也有一些法律理论著作具有分析诠释学的特点，比如赫鲁什卡（Hruschka）的《立法论》（*Das Verstehen Non Rechtstexten*）和阿尔尼奥（Aarnio）的一些作品。[19]

---

〔19〕 Cf. J. Stelmach, *Wsfoclzesba filozofia interpretacji prawniczej*［当代法律解释学哲学］，Kraków，1995，pp. 71 ~ 72.

分析诠释学不能轻易地归为两类诠释学即方法论或现象学中的哪一类。但它与方法论那一类当然更为接近，它把文本及其解释的问题置于中心地位。然而，现象学诠释学也并不必然反对分析，它提出了一个可替代传统的本体论。诠释学的一名主要代表考夫曼对康德的一个著名说法进行了释义，他主张"没有诠释学的分析是空洞的，没有分析的诠释学是盲目的"[20]。

有一些相互影响虽然不像上述所论那么明显，但它们可以追溯到诠释学与逻辑学、诠释学与论证"之间"。这种相互影响的存在，不应当令人惊讶，因为以上四种方法都是对同一种现象进行研究，即人类的推理。另外，逻辑、分析、论证与诠释学之间存在一些相似之处和"共同基础"，这并不意味着我们可以说它们是同一个理论。虽然这是我们在思考解释同一现象的四种尝试，但那些尝试是从完全不同的视角中得出的。

最后，我们必须强调，以下提出的四篇论文彼此独立，自成一章。正是由于这个原因，在本书的行文中有些重复之处。为了论述的融贯，**我们允许这一点**。

14

---

〔20〕 Quoted after K. Opatek, "Główne kierunki niemieckiej teorii i filozofii prawa po II wojnie światowej"〔二战后德国法律理论与哲学的主要流派〕, in idem, *Studia z teorii i filozofii prawa*〔法学理论与哲学研究〕, Kraków, 1997, p. 41.

第 2 章 逻 辑

2.1 引 言

逻辑研究中有一个悠久而丰富的传统，可以追溯到古代。尽管给逻辑下定义并不容易。然而，存在一个共识，它基于这样一个事实：逻辑与推理有关，它帮助我们评价论证的有效性。然而，"哪个论证是有效的？"这个问题通常以下列方式来回答："就是那些其结论是从前提逻辑推导出来的"。我们用这种方式来回到逻辑的本质问题，或者更准确地说是逻辑后承。

塔尔斯基（A. Tarski）提出了一个关于逻辑后承概念的著名分析。[1]忽略其细节，人们可以用以下语句来概括塔尔斯基的结论：

> 当且仅当在任何情况下前提 Γ 为真，句子 A 在逻辑上从前提集合 Γ 逻辑推导出来，那么 A 也为真。

这个分析所隐含的观念是，逻辑是一种描述"真值传递"的理论。这个"传递"以一个论证的前提开始，以一个结论而告终。所以，逻辑的目的是明确用以保证真值传递的论证形式，即如果论证的前提是真的，那么其结论也是真的。

---

〔1〕 Cf. A. Tarski, "O pojeciu wynikania logicznego"〔论逻辑后承概念〕, *Przeglad Filozoficzny*, vol. 39, 1936, pp. 58 ~ 68.

在前述的句子里，我们使用了另一个观念，需要解释一下。我们说，逻辑的目的是揭示有效的"论证形式"。但什么是所谓的"论证形式"呢？让我们来考查以下两个论证：

(1) 如果约翰聪明而且勤奋，那么他会成为一名成功的律师。

(2) 约翰聪明而且勤奋。

所以：(3) 约翰将会成为一名成功的律师。

(1) 如果天气好，约翰打算去游泳。

(2) 天气好。

所以：(3) 约翰打算去游泳。

让我们用 p 来代替"约翰聪明而且勤奋"这个句子，用 q 来代替"约翰将会成为一名成功的律师"。与此相似，用 p 表示"天气好"，用 q 表示"约翰打算去游泳"。则第一个论证可以描述如下：

(1) 如果 p，那么 q。

(2) p

(3) q

运用这种替换法，第二个论证看上去也一样。我们可以说，两个论证有某种共同之处：它们具有相同的**形式**。在具体情况下，讲讲逻辑形式相对容易；然而，要**在理论上**给它下定义可就相当困难了。人们可能会说，论证的逻辑形式是由自然语言中一些关键术语来确定的。在我们举的例子中是"如果……，那么……"和"所以"。那组关键术语也包括"和"、"或"、"或者……，或者……"。所以，很明显，在逻辑语言中关键术语会有具体的对应词。这些对应词也就是大家所知道的逻辑连接词。[2]

---

〔2〕 日常语言表述的逻辑形式并非通常那样"显而易见"。因此，为了判断在日常语言中进行的论证的逻辑有效性，它们通常"被翻译"（被释义）为所选择的逻辑公式。我们将看到，这样的释义很少具有普遍性或不被质疑。

　　逻辑的作用是指出哪种论证形式是有效的。然而，人们如何能够知道所指出的形式真的有效？第一个可能的答案是，接受一个指定的逻辑最终要建立在直观的基础上：如果论证形式通过一个指定的逻辑被标明是有效的，它与我们对什么是有效的直观理解一致，那么，该逻辑就是充分的。这个结论的问题是，如果直观确定一个指定论证是否有效，那我们就根本不需要逻辑。人们也许会说，该直观不是某种"个人的直观"，而是由很多理性人所共有的直观，以此来克服这个难题。人们可能进一步发现，我们能够直观上判断的只是相对简单的论证；至于更加复杂的事例，必须运用逻辑工具来分析，只要在简单问题中逻辑并不导致反直观的结论，在复杂的问题中，我们就会信任逻辑理论。

　　幸运的是，一个直观的判断并不是证明逻辑理论充分性的唯一途径。上面所提到的塔尔斯基对逻辑结果的分析在这里是有帮助的。它构成了所谓的可靠性与完全性公理的基础。[3]几乎每个逻辑系统都包括两个部分：语法和语义。一方面，语法类似于语言结构，由字母表构成，它们是构建形成合式公式、推理和公理的规则。另一方面，语义可能被视为世界的一个数学模型。如果在一个特定逻辑的公理和推理规则的基础上，在所有可能的"世界模型"中，每一个句子可以被证明是真的（反之亦然），那么这个逻辑就可以说是可靠的（完全的）。打个比方，这样说显得有点不严密，即可靠性和完全性原理表明，一个给定逻辑的语言与世界"融合"在一起，因此，我们有理由相信，逻辑充分表明了有效的论证形式。

　　然而，这并不是问题的结束。存在着各种逻辑，它们具有不同

---

〔3〕 Cf. J. Etchemedy, *The Concept of Logical Consequence*, Harvard University Press, 1990, p. 5 ff.

的语法和语义，它们将不同的论证形式确认为是有效的；此外，它们拥有各自的可靠性与完全性原理。于是，在不同逻辑间进行选择的问题就出现了，它们都是可靠的、完全的，必须按照一定的标准做出选择。例如，人们可以尝试评估哪种逻辑在运用最能反映世界的语义学。直观也可以帮助选择正确的逻辑。

在这个简短导论的结尾之处，应当提到另外两个问题。首先，我们说过，逻辑有效性保证了从论证的前提到结论的"真值传递"。然而，这并不意味着，每一个在逻辑上正确的论证都有一个正确的结论。如果论证的前提是真的，此时的结论才必然是真的。如果前提不是真的，那就不存在"真值传递"。在这种情况下，内部和外部的证成是有区别的。一方面，我们会说，如果结论是从它的前提中符合逻辑地得出来的，那么这个论证就得到了内部的证成。另一方面，如果：（a）内部证成，并且（b）它的前提是真的，那么，这个论证就得到了外部的证成。

其次，必须注意，有一种作用，人们通常将其归因于逻辑。在科学哲学里，人们在发现与证成语境之间做出区分；这种区别至少是从两种不同方式中做出的。第一，科学发现可以分为两个阶段：第一阶段是对所分析现象提出有关假设的构想（发现语境），第二阶段是证成（验证、证伪）相关假设（证成语境）。第二，在每一个科学发现中，人们可以区分两个层面：社会心理层面（发现语境）和逻辑层面（证成语境）。第一个层面，社会心理层面包括所有影响发现的因素——心理学家和社会学家在这里所说的一切可能令人感兴趣的事物。第二个层面，逻辑使人们将科学发现作为一个纯粹的理性事业，它符合接受和反驳科学理论的特定标准。不论选择了哪种区分的形式，逻辑只是在证成语境中具有一定的作用。此外，很容易把两个语境间的区分与除科学之外的论证关联起来。在 20

这种方式里，证成语境中的逻辑特性理论是普遍有效的，即它关涉所有种类的论证。[4]

下面我们介绍一种研究规范话语逻辑（包括法律话语）的"历史"。然而，我们并不关注其编年史。我们将要表明隐含在不同规范话语逻辑中的基本观念；我们也将关注对不同逻辑进行比较的标准，关注构建新规范逻辑的推理。我们将讨论经典逻辑（命题逻辑和一阶谓词逻辑）、道义逻辑、主体性（agency）逻辑和可废止逻辑。

2.2　经典逻辑：命题逻辑与一阶谓词逻辑

2.2.1　演算简介

一百多年前，随着布尔（G. Boole）、皮尔士（C. S. Peirce），特别是罗素（B. Russell）和怀特海（A. N. Whitehead）作品的出版，现代逻辑开始了它的历史。弗雷格的《概念演算》（*Begriffschrift*，1902 年）、罗素和怀特海的《数学原理》（*Principia Mathematica*，1910~1913 年）构成了逻辑史的转折点；这些作品为逻辑奠定了 20 世纪令人难以置信的发展台阶。

由弗雷格、罗素和怀特海阐述的两个基本逻辑是经典命题逻辑和一阶谓词逻辑。命题演算只考虑论证的形式，其中的基本句是基本元素。基本句可以被确定为（语法上的）简单句（不是复合句），只有少数例外。复合句也有一个复杂的逻辑结构。正因如此，语句联结词必须有逻辑联结词对应。那些对应物可称为**真值函数算**

---

〔4〕　很明显，仅从证成的观点来看，人们可以在逻辑上重构法律论证（如司法推理）；必须抛弃法官头脑中的"真正发生了什么"，而考虑什么才是主体间可控制的。

子（或句子连接词）。

命题逻辑的字母组成命题变项，这通常是由小写字母 p、q、r 等表示。一个命题变量可以表示任意一个基本句。在命题演算的字母中，人们也可以看到，用符号来表示**真值函数算子**（句子连接词）：否定（¬）、蕴涵（→）、合取（∧）和析取（∨）。[5] 为提供一个完整的命题演算的语法特征，有必要回顾一下构成合式公式的规则、推理规则和公理。根据构成合式公式的规则，所有命题变项构成命题演算合式公式。此外，如果 A 和 B（任意）构成命题逻辑的合式公式，¬A、A∧B、A→B、和 A∨B 也是构成命题演算的合式公式。

我们不在这里介绍命题逻辑的公理，因为我们不对这种逻辑系统的元逻辑特征进行分析。我们把自己限定于在思考以下内容时起重要作用的推理规则。这个规则是分离规则（Modus Ponens），据此，一个蕴涵其前件（A）逻辑上可导出其结论（B）。运用示意图，此规则可以描述如下：

$$\frac{\begin{array}{c}A→B\\A\end{array}}{B}$$

除了语法之外，命题演算的语义特征描述也是需要的。这个演算中的解释等于把布尔真值（1）或假值（0）赋值于命题变项。句子的连接词可定义如下：

¬A 是真的，当且仅当 A 是假的，否则，它是假的。

A∧B 为真，当且仅当 A 是真的并且 B 是真的，否则，它是假的。

A→B 是假的，当且仅当 A 为真并且 B 为假，否则，它

---

[5] 当然，这些不是所有的可能算子。在二值逻辑中有 16 个可能算子。

是真的。

A∨B 是假的，当且仅当 A 为假并且 B 为假，否则，它是真的。

以上句子连接词的语义特征描述通常是以真值表的形式给出。下面是关于蕴涵真值表的一个例子：

→	1	0
1	1	0
0	1	1

在用命题逻辑来分析论证的有效性时，基本句是要考虑的最基础元素。由弗雷格和罗素提出的另外一种逻辑即一阶谓词逻辑能够让人们把基本句的内部结构考虑进来。在这个结构中，谓词（对应于一个句子中的动词部分）、谓词的论证（对应于主词）和量词（描述的是谓词指称那个语境中的部分或全部对象）要区别开来。

22 　　一阶谓词逻辑通常以大写字母来表示：P、Q、R、S。然而，为了使其形式化具有可读性，我们将用词汇来表示谓词，如**读、之父、承担**。指称该谓词论证的变项将由小写字母 x、y、z 来表示。论证有时也用黑体书写的名字来指称，例如，**约翰、彼得的车、汉娜的房子**，等等。名称和变项之间的区别是明确的：一个给定的名字（例如，约翰）表示一个特定的对象（如，一个特定的人），而一个变项 x 并不归于一个特定的对象，只是以一般的、抽象的方式指称一个既定的对象。

在一阶谓词逻辑的字母里，也有逻辑常项：真值函数算子（与命题逻辑一样，即¬、∧、→和∨）；及两个量词：全称量词∀和存在量词∃。

用上述介绍的符号，句子如：

约翰被判谋杀罪

可以写成如下：

被判__谋杀罪（约翰）

同时，句子：

有些人被判谋杀罪

可写成：

$\exists x[$被判__谋杀罪$(x)]$

构成一阶谓词逻辑复合表达式的规则如下：首先，原子公式，即具有 n 个单独变项或名称的一个 n 元谓词［例如，被判__谋杀罪（约翰）、被判__谋杀罪（x）、__是__的父亲（约翰，比尔），等等］构成一阶谓词逻辑的合式公式。其次，如果 A 和 B 构成一阶谓词逻辑的**合式**公式，$\neg$A、A $\wedge$ B、A$\rightarrow$B、A $\vee$ B 以及 $\forall x$A 和 $\exists x$ A 也是构成的**合式**公式。

正如在命题逻辑中一样，我们不会提出一阶谓词逻辑的公理。此外，还有一种为一阶谓词逻辑而存在的**分离规则**。

在一阶谓词逻辑中，算子的语义定义（真值表）不同于命题逻辑中相同算子的定义。另外两个逻辑常项 $\forall$ 和 $\exists$ 以下列方式定义：表达式 $\forall x$［谓词（x）］为真，当且仅当属于论域的所有对象可以真正地称为谓词。相应地，表达式 $\exists x$［谓词（x）］为真，当且仅当在论域中至少存在一个对象，可以真正地称为谓词。

一阶谓词逻辑中的解释如下：首先，选择组成一个论域的集合（直观上这个集合由存在于世界中的对象组成）。对于一元谓词来说，存在着可以被归于论域的子集（只包括那些给定谓词真正能被断定的对象）；二元谓词被归于论域对象序对集合；三元谓词被归于有序三元组集合，等等。此外，每一个个体常项（名称）被归于论域中的一个确定对象。

23

值得注意的是，命题逻辑与一阶谓词逻辑都是可靠与完全的。

2.2.2　实质蕴涵怪论

在我们试图表明如何运用命题逻辑和一阶谓词逻辑重构法律推理之前，有必要提及围绕实质蕴涵的论争。众所周知，设定不同算子（句子连接词）的目的是"对应于"自然语言中不同的连接词：析取对应于"或"，合取对应于"和"，等等。通常认为，对 ∧ 和 ∨ 的语义特征的描述与自然语言的"和"与"或"的使用一致。例如，只有用"和"连接的两个句子均为真时，"和"连接的整个句子才被认为是真的。

然而，许多争论与蕴涵相关。这个算子被认为是对应于"如果……那么……"形式的条件句。然而，至少在某些情况下，蕴涵的语义特征描述，似乎并不能满足使用条件句的标准。这是一个非常重要的问题，因为很明确，条件句是表达法律规范的自然而然的方式。

让我们再考查一下蕴涵的真值表：

→	1	0
1	1	0
0	1	1

最后一行有点问题。据此，在前件为假的每一种情况下，蕴涵式则为真。这会导致以下建构的句子为真：

（1）如果纽约是美国的首都，那么水在 30℃ 时沸腾。

（2）如果 2 + 2 = 5，那么华盛顿哥伦比亚特区是美国的首都。

把真归于以上这两个句子似乎是违反直觉的。[6]然而，正如

---

［6］　人们可以用下面的例子证明这一点：如果我们假定规范具有实质蕴涵的形式，那么，所有前提为假（或矛盾）的规范为真（有效）。

W. V. O. 蒯因（W. V. O. Quine）正确地指出，[7]以下句子似乎同样地违反直觉：

（3）如果 2 + 2 = 4，那么水在 100℃沸腾。

对于（3），虽然前件和蕴涵的结论都为真，我们仍然觉得它"有什么东西错了"。从这里我们可以得出结论，句子（1）-（3）是违反直觉的，这是因为它们讲的内容（在前件与结论的意义之间没有关联），而不是因为在蕴涵的真值表中所提出的规则。

然而，蒯因对实质蕴涵问题的解决方案并不令人完全满意。蕴涵的语义特征描述导致将下列表达式接受为经典命题演算的重言式（这些是实质蕴涵的怪论）[8]：

$$[(p \rightarrow q) \wedge (r \rightarrow s)] \rightarrow [(p \rightarrow r) \vee (q \rightarrow s)]$$
$$\neg(p \rightarrow q) \rightarrow p$$

根据前述，下面的论证在逻辑上是有效的：

> 如果约翰在巴黎，那么，他在法国；并且，如果约翰是在伦敦，那么，他在英国。
>
> 所以，如果约翰在巴黎，那么，他在伦敦，或者说，如果他在法国，那么，他在英国。

第二个重言式导致我们接受以下推理：

> 如果上帝存在，邪恶之人的祈祷会被听到。这不是真的。因此，上帝存在。

很难将蒯因的解决方案应用到上述这两个论证中。那么，我们

---

〔7〕 W. V. O. Quine, *Methods of Logic*, 4th edition, Cambridge, Massachussets, 1982, p. 45 ff.

〔8〕 Cf. G. Priest, *An Introduction to Non-classical Logic*, Cambridge, 2001, p. 13.

是否应该说，实质蕴涵与条件句并不一致？

对于这一问题，不论是肯定还是否定回答，都一直有人在主张。[9]肯定回答通常导致新算子的发展，以便更适于在自然语言中使用条件句的标准；重要的一点是相关逻辑的发展。[10]然而，我们不打算详细讨论这些形式主义。关于表示自然语言的条件句与实质蕴涵的相关性，对其存在着有意义的怀疑，关注这一点就够了。这对我们来说非常重要，因为，如上所述，通常认为，每一条法律规范都可以用句子"如果……，那么……"表示。

2.2.3 例　示

我们将通过一个简单的例子运用经典逻辑开始重构法律推理。根据《波兰刑法典》（Polish Penal code）278 § 1kk 条款，"窃取别人的财产，将被监禁 3 个月到 5 年"。让我们想象一下，有人控告约翰偷了亚当的自行车。要给约翰定罪，如何论证？看起来可能如下：

（1）窃取别人的财产，将被监禁 3 个月到 5 年。

（2）约翰窃取了别人的财产（他偷了亚当的自行车）。

因此：（3）约翰将被监禁 3 个月到 5 年。

这个论证可以用古典命题逻辑重构，假定（1）是蕴涵式：

（1）$p \rightarrow q$

（2）p

（3）q

在这里运用了论证的一种有效形式——分离规则。用什么表示变项？如果用 p 代替（2），那么，p 必然表示"约翰窃取了别人的

〔9〕　Cf. K. Ajdukiewicz, "Okres warunkowy a implikacja materialna"〔前提条件与实质蕴涵〕, *Studia Logica*, IV, 1956.

〔10〕　Cf. G. Restall, *Introduction to Substructural Logics*, London-New York, 2000.

财产"；当然，用 q 表示"约翰将被监禁 3 个月到 5 年"。如果是这样，"$p \rightarrow q$"应读作："如果约翰窃取了别人的财产，那么，约翰将被监禁 3 个月到 5 年"。然而，这句话并不等于 278 §1 kk 条款！当人们分析某些案例时，这种情况显而易见，我们来举个亚当偷泰德汽车的例子。根据同一规范，即 278 §1 kk 条款，亚当应当承担约翰那样的责任。法官将运用与前面案例相同的论证形式：

（1）窃取别人的财产，将被监禁 3 个月到 5 年。

（2）亚当窃取了别人的财产（他偷走泰德的汽车）。

因此：（3）亚当将被监禁 3 个月到 5 年。

现在不能用 p 表示（2）（因为已经用 p 表示了"约翰窃取了别人的财产"）；同样无法将（3）写作 q。我们因此要选择其他变项：r 和 s。现在我们将（1）形式化为 $r \rightarrow s$。我们的重构表明，在经典命题逻辑中，难以将第一个前提形式化，它是 278 §1 kk 条款的对应形式，也是论证的对应形式。在约翰犯罪的案例中，我们得到这个句子："如果约翰窃取了别人的财产，那么约翰将被监禁 3 个月到 5 年"，而在亚当的案例中："如果亚当窃取了别人的财产，那么亚当将被监禁 3 个月到 5 年"。

在这里人们可以运用以下技巧来主张，这两个论证具有相同的 26
形式：

（1）如果被告窃取了别人的财产，将被监禁 3 个月到 5 年。

（2）被告人窃取了别人的财产。

因此：（3）被告将被监禁 3 个月到 5 年。

用 p 表示"被告窃取了别人的东西"，用 q 表示"被告被监禁 3 个月到 5 年"，关于亚当和约翰的案例，我们就会得到相同的逻辑框架。然而，这个解决方案是不可接受的。第一，它基于"被告"指的是不同情况下不同的人这个事实。第二，虽然两个论证的前提（1）按要求是同一的，前提（2）同样是同一的，但是与直觉相反。

之所以产生所指出的问题，是由于这样的事实，在命题逻辑中，对于组成分析论证的句子，人们不能重构它的内部结构。而在一阶谓词逻辑中，则可以做很多事。应用这种演算，可使上述案例重构如下：

（1）$\forall x[窃取(x)\rightarrow被监禁(x)]$

（2）窃取（约翰）

(3) 被监禁（约翰）[11]

"窃取"这里指"窃取别人的财产"，"被监禁"指"将被监禁3个月到5年"，"约翰"是一个名字。如果我们用"亚当"这个名字，那么在亚当的案例中，法官的推理如下：

（1）$\forall x[窃取(x)\rightarrow被监禁(x)]$

(2) 窃取（亚当）

（3）被监禁（亚当）

上述形式化具有一些必然的特征。在这两个论证中，前提（1）是相同的，但前提（2）是不同的；换句话说，所分析例子的结构，使用一阶谓词逻辑进行了重构，似乎与我们的直觉产生共鸣。

上面介绍的论证在传统上被称为法律三段论。法律三段论的概念在法律实证主义中发挥着至关重要的作用。大陆实证主义者认为，法律推理有（或应该有）法律三段论形式。每一个这样的三段论由两个前提和一个结论构成。第一个前提是一般的抽象法律规范，例如，上述例子中的278§1 kk条款："窃取别人的财产将被

---

〔11〕 在这个论证中，我们当然运用假言推理，但为了简单起见，我们省略了普遍示例的步骤，在下面的示例中我们也如此。

监禁 3 个月到 5 年"。第二个前提描述一个事件，例如，"约翰窃取
了别人的财产"。最后，结论是一个人和具体的法律规范；如上述
例子："约翰将被监禁 3 个月到 5 年"。因此，逻辑重构表现为：

（1） $\forall x[$ 窃取$(x)\rightarrow$被监禁$(x)]$

（2） 窃取 （约翰）

（3） 被监禁 （约翰）

这是一个法律三段论的例子。

已有各种论证反对将法律三段论作为法律推理的正确重构。例
如，有人主张，因为规范逻辑是不可能的，这种三段论也是不可能
的。有人认为，法律推理的本质是评价过程，而非实证主义者和形
式逻辑的支持者似乎主张的逻辑后承。这些问题将要在下文处理
（见 2.4 节）。在这里，必须提到另一个问题，即法律三段论微不足
道这个论题，因为它毕竟只能应用到已解决的法律推理的重要问
题中。

使用我们前面的例子，可以很容易地显示这种异议的核心。在
描述那个事例时，我们说，约翰偷了亚当的自行车。同时，前提
（2）说，约翰已经窃取了他人的财产。这些当然是两个不同的句
子。在处理这个问题时，我们用了一个非形式的重构，说："约翰
窃取了别人的财产（因为他偷了亚当的自行车）"。这个阐述表明，
我们这里关注的是推理中的一个辅助部分（请注意我们使用的"因
为"这个词），在我们对法律三段论的逻辑重构中，没有对它做出
解释。然而，要解决这个问题相对容易，例如，以下面的方式：

（1） $\forall x[$ 盗窃____自行车$(x)\rightarrow$窃取$(x)]$

（2） 盗窃 自行车 （约翰）

（3） 窃取 （约翰）

这个论证是从两个前提中得出的，即"盗窃亚当自行车的人窃

取了别人的财产"和"约翰盗窃亚当的自行车",其结论是:约翰窃取了别人的财产。

在法律理论文献中,将我们刚才介绍的那种论证的结论称之为解释性判决。[12]这里对278§1kk条款进行了解释,我们认为,除其他外,它所包含的表述("窃取别人的财产")是指偷窃亚当自行车的行为。产生解释性判决的论证当然引证了我们的三段论:

28

(1) $\forall x$[窃取(x)→被监禁(x)][一般和抽象的法律规范]

(2) $\forall x$[偷窃__自行车(x)→窃取(x)][解释性判决的前提]

(3) 偷窃__自行车(约翰)[一个事态的描述]

(4) 窃取(约翰)[从(2)和(3),分离规则]

(5) 被监禁(约翰)[从(1)和(4),分离规则]

如果我们更仔细地考查一下上面的重构,就可以发现还有其他有问题的元素。例如,上述案例的结论是:"约翰应被监禁3个月到5年"。法官们决非以这样一种方式阐述他们的判决,而是明确规定一个刑期,比如说,约翰将被监禁2年。对于产生决定监禁时间的法官的论证,可进行逻辑上的重构。让我们用"情境"表示所有判决2年刑期的情况;"2__年"表示"将被监禁2年,"法官的论证可重构如下:

(1) $\forall x${[被监禁(x)∧情境(x)]→2__年(x)}

(2) 被监禁(约翰)

(3) 情境(约翰)

(4) 2__年(约翰)

前提(1)的重点是说,有人应当被监禁3个月到5年[被

---

[12] 所用术语来自泽西·符卢勃列夫斯基。参见 J. Wróblewski, *Sadowe stosowanie prawa*[法律的司法适用],2nd edition, Warszawa, 1988.

监禁（x）］，还有证成 2 年刑期的情境［情境（x）］，以及此人将被监禁 2 年［2 __ 年（x）］。前提（2）是我们前面讨论的三段论的结论。最后，前提（3）是说，在约翰的案例中的确具有证成 2 年刑期的情境。对于所分析论证的结论，泽西·符卢勃列夫斯基（Jerzy Wróblewski）将其称为**选择判决结论**，即约翰将被监禁 2 年。现在我们可以以一个更完整的形式来提出我们的三段论：

（1）　$\forall x$［窃取（x）→被监禁（x）］［一般和抽象的法律规范］

（2）　$\forall x$［偷窃__自行车（x）→窃取（x）］［解释性判决的前提］

（3）　偷窃__自行车（约翰）［事态的描述］

（4）　窃取（约翰）［从（2）和（3），**分离规则**］

（5）　被监禁（约翰）［从（1）和（4），**分离规则**］

（6）　$\forall x$｛［被监禁（x）∧情境（x）］→2 __ 年（x）｝［选择判决结果的前提］

（7）　情境（约翰）［事态的进一步描述］

（8）2 __ 年（约翰）［从（6）、（5）和（7），**分离规则**］

如此一来，我们得到了一个复杂且逻辑上有效的框架。以上介绍的论证结构可以进一步阐述。比如，人们可以将**有效的判决**考虑进来，即导向建立 278 §1 kk 条款有效性的判决［即被重构为（1）］。同样，导向（3）和（7）建立的论证（**可作证据的判决**）可以在逻辑上得到重构。

法律三段论，正如通常所介绍的那样，可以称作是微不足道的。然而，它并不是一个法律推理的完全的逻辑重构。在法官的推理中所做出的每一个判决，都可以运用逻辑工具进行分析，这会导致复杂的论证结构。

2.3　道义逻辑

2.3.1　可能世界语义学

从我们的视角来看，也就是说，在发展一门充分的"法律逻辑"的语境中，人们不能忽视模态逻辑。除了传统的逻辑连接词如否定或蕴涵外，这些逻辑也提供模态函子——真势模态（alethic）（"可能"、"必然"）、认知（"知道"、"相信"）或道义（"禁止"、"必须"、"允许"）。真势模态逻辑是由美国逻辑学家 C. I. 刘易斯（C. I. Lewis）首次提出的。然而，它们的发展与 20 世纪 50 年代的可能世界语义学的创立相关。[13]

一个可能世界的概念在直觉上是清晰的。2002 年，巴西赢得了世界杯。但人们可以很轻易地想象一个情境，他们并没有进入决赛。然而，他们没有失败，因为这个原因，巴西失败的世界并不是一个真实世界；但它是一个可能世界。如果你现在坐在一把椅子上，然后在一分钟内，你可能仍然坐着，但你也可能是站着。这是两个可能的世界：在其中一个世界，你坐着，而在另一个世界，你站着。但如果你现在在克拉科夫，在一分钟内你可以在克拉科夫坐着或站着，而不是在纽约。当然，存在这样一个可能的世界，即你有可能在一分钟内站在纽约；但相对于你身处克拉科夫这个真实世界来说，这是不可能的。因此，人们可以区分出两个世界："绝对"可能的世界，即所有事态相容（你在一分钟内身处纽约在**逻辑**上是不相容的）；"相对"可能的世界，即相对于真实世界来说是可能

---

〔13〕　对模态逻辑的综述，可参见 G. E. Hughes, M. J. Cresswell, *A New Introduction to Modal Logic*, London-New York, 1996.

的（我们会说，可从现实世界进入可能世界）。巴西 1998 年赢得世界杯在绝对意义上是可能的。然而，今天它不可能是"相对的"，因为 1998 年别的队赢得了世界杯。然而，在 1998 年初，这不仅是"绝对"可能的，也是"相对"可能的。

以上介绍的以非常简洁的数学形式所概述的直觉，应归功于索 30 尔·克里普克（Saul Kripke）[14]。克里普克说明了人们如何能够建立一个适当的数学对象，将以上所述的区分考虑在内，成为特定逻辑演算的一个语义模型。这个对象是一个有序四元组：

$$<w_a, W, R, v>$$

w_a 在这里代表现实（我们的）世界。W 是一个可能世界集。R 是可通达关系。如果关系 R 包容两个世界（w_i 和 w_j）——我们将用（$w_i R_{w_j}$）指称这个事实——它的意思是，从世界 w_i 可通达世界 w_j。最后，v 是解释性函数（赋值），它把真或假赋予给定可能世界中的每一个句子 [$v_w(p) = 1$ 或者 $v_w(p) = 0$]。[15] 因此，如果我们用 p 代替"巴西赢得 2002 年世界杯"，那么，这个解释性函数赋予 p 于现实世界 w_a 中，其真值为 [$v_{w_a}(p) = 1$]，同时在某种可能的世界 w_i 里，巴西输了，[$v_{w_i}(p) = 0$]。

如此建构的语义结构能够定义必然性与可能性。我们说，如果 p 在所有世界中从 w_a 可通达是真的，那么，p 在现实世界中是必然的，w_a（$\Box p$）；如果 p 至少在一个世界中从 w_a 可通达是真的，那么，p 在 w_a 是可能的，w_a（$\Diamond p$）。显然，当且仅当 ~$\Diamond$ ~p 也是真的，即如果不存在从 w_a 可通达的其中 ~p 为真这样一个可能的世界，则 $\Box p$ 为真。

---

〔14〕 还有斯蒂格·坎格（Stig Kanger）和亚科·欣蒂卡（Jaakko Hintikka）。

〔15〕 那就是在命题演算中它看上去的样子。当然，在模态谓词逻辑中，语义学更为复杂，但其主要观念是相同的。

最后这个论断表明，必然性与可能性是相互定义的（$\Box p \Leftrightarrow \sim \Diamond \sim p$）。

2.3.2　道义逻辑

克里普克提出可能世界语义学，以分析必要性和可能性的概念为目的。然而，很快表明，克里普克的数学工具可以很好地服务于其他的概念分析，如"知道"和"相信"或对我们很重要的"强制"、"禁止"和"允许"。

然而，这并不意味着义务逻辑，即**道义逻辑**，它起源于 20 世纪中期可能世界语义学的发展。在《尼各马科伦理学》（*Nicomachean Ethics*）中，亚里士多德已经分析了如下论证："如果'一切甜蜜的东西都应尝到'，并且'一个给定的东西是甜蜜的'，即它是一个甜蜜的东西，那么，一个有能力的人应该尝尝这个给定的东西"。[16]这是一个应用形式化规范推理实践三段论的例子。另一个包含思考**道义逻辑**在内的较近的著作是莱布尼茨（Leibniz）的《自然法原理》（*Elementa Turis naturalis*）。

31　　在 20 世纪，可以在博尔扎诺（B. Bolzano）、霍福勒（A. Höfler）和胡塞尔（E. Husserl）的著作中找到对规范语句的哲学分析。更先进的实践话语理念是由拉皮埃（E. Lapie）、马利（E. Mally）（意志逻辑）和门杰（E. Menger）（习惯逻辑）等提出来的。他们分别创建于 1902 年、1926 年和 1934 年。这些作品中只有一小部分是专门讨论道义逻辑的。另外一些人的作品则讲了一个不同的内容，他们是：杜比斯拉夫（W. Dubislav）、约根森（J. Jørgensen）、霍夫施塔特（A. Hofstadter）、麦肯锡（J. C. C. McKinsey）、黑尔（R. M. Hare）和兰德（R. Rand），他们都力图使典型的规范论证形

---

〔16〕　Aristotle, *Etyka Nikomachejska*〔尼各马科伦理学〕, 1147a, in Aristotle, *Dziela Wszystkie*〔全集〕, vol. V, Wydawnictwo Naukowe PWN, Warszawa, 2000, p. 216.

式化。[17]

然而，通常认为，道义逻辑产生于 1951 年，这一年冯·赖特的论文"道义逻辑"正式出版。同时，卡利诺夫斯基和贝克尔（O. Becker）也对类似的问题进行了研究。前者于 1953 年发表他的研究结果，后者则在 1952 年。

第一个道义逻辑系统以句法为特征。随着上述可能世界语义学的发展，情况改变了。语义学能够让人们以一种非常直观的方式来给义务概念下定义。如通常那样，用 O 表示"必须……"。如果在现实世界（w_a）中，句子 Op"p 是必须的"为真，这是什么意思？可以想象，制定行为规范，仅仅涉及一个立法者挑选出与 w_a 可能相关的世界的子集。在所选择的世界中，事情均为立法者所希望。让我们关注一下（见图 1），道义上完善的世界集 DD，必然成为包含与 w_a 可能相关的世界 M 集的一个子集。这种情况反映了法律的基本原理，即"**对于不可能的物不产生任何债**"。立法者不能使不可能的事物（即不属于 M）成为义务（包含在 DD 中）。

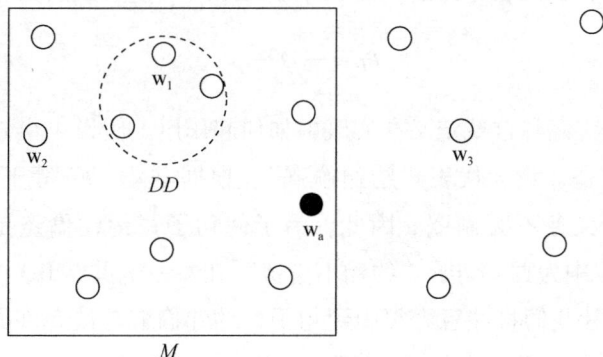

图 1

---

〔17〕 Cf. J. Kalinowski, *Logika norm* ［规范逻辑］, Daimonion, Lublin 1993, pp. 48 ~ 63.

对于立法者建立的 DD，我们可以为 Op 给出真值条件。Op 在 w_a 中为真，当且仅当 p 在所有 DD 世界中为真。思考一下"约翰不偷盗这是义务"这个句子，以此做个解释。如果"约翰不偷盗"这句话在所有世界 DD 中为真，则这个句子在 w_a 中为真。假如后一个句子只有在 DD 世界之一，比如，在 w_1 中为真，"约翰不偷盗这是义务"就不会是真的；因此，约翰不会被强迫不偷盗。世界 w_2 是从现实世界中可通达的世界，但立法者不会认为它在道义上是很完善的。最后，从 w_a 不可通达 w_3，这等于说，它不能成为一个现实世界。因此，w_3 不能包含在 DD 中。

在道义逻辑中，除了义务函子 O，还有其他两个函子：禁止函子 F（禁止）和允许函子 P（允许）。那些函子可以用函子 O 通过一种自然的方式来定义。如果 p 是被禁止的，即 Fp，那么，$\neg p$ 就是必须的：

$$Fp \equiv O \neg p$$

此外，如果 p 允许的，即 Pp，那么，$\neg p$ 是必须的则非真：

$$Pp \equiv \neg O \neg p$$

以下将阐释这些定义在实践中如何起作用。假设一个立法者禁止约翰偷盗。设 p 代表"约翰偷盗"。根据定义，Fp 等于 $O \neg p$，即约翰有义务不去偷盗。因此，为了使句子"约翰偷盗是被禁止的"在 w_a 中为真，句子"约翰不偷盗"在每一个世界 DD 中必须为真。现在让我们将注意力集中到句子"约翰偷盗是被允许的"——Pp 上。根据定义，这个句子等于 $\neg O \neg p$。只有当句子 $O \neg p$ 为假时，后一个句子才为真。我们知道，$O \neg p$ 为假，它要求至少在一个可能世界 DD 中，句子 $\neg p$ 是假的，这相当于 p 是真的。在所述的情况中，如果在 DD 中存在一个世界，其中句子"约翰偷盗"为真，那么句子"约翰偷盗是被允许的"为真。让我们考查一下，在每一个属于 DD 的世界中，句子"约翰偷盗"为真是可能的。那么，Pp（"约翰偷盗是被允许的"）和 Op（"约翰偷盗是必须的"）为真。[18]

在道义逻辑的各种系统中，比如标准道义逻辑（SDL），实现了以上介绍的语义学观念。[19] 应该指出的是，对于 SDL 来说，已证明可靠性和完全性定理。

2.3.3 道义逻辑悖论

有无数的道义逻辑，它们在或大或小的程度上存在着不同。研究新义务逻辑也有各种原因，其中一个最重要的原因是道义逻辑悖论。

在那些悖论中，人们可以列出罗斯悖论。它必须处理一个事实，即在 SDL 中，从

$$Op$$

到

$$O(p \vee q)$$

这个论证是有效的。

让我们用 p 表示"寄信"，用 q 表示"烧了它"。这样，就建构了一个悖论推理："如果必须寄信，那么就必须寄信或烧了它"。

是否可以把罗斯悖论称为真正的问题，并没有达成共识。有些

---

〔18〕　这表明，Pp 是所谓的弱允许，这意味着 ⌐ p 不是责任，但不能保证 p 不是责任，在强允许中也如此。

〔19〕　Cf. R. Hilpinen，"Deontic Logic"，in L. Goble（ed.），*The Blackwell Guide to Philo-sophical Logic*，Malden-Oxford，2001，pp. 159～182.

人坚持认为，既然接受第二条规范似乎是违背直觉的，那么这个推理是有问题的。其他人对此予以否认，认为一条规范 [$O(p \lor q)$] 在逻辑上从另一条规范 (Op) 得出，并不意味着后者不再有约束力。因此，如果规范"必须寄信或烧了它"通过烧毁信件而得到实施，规范"必须寄信"就被打破了。换句话说，一条规范 B 在逻辑上从另一条规范 A 中得出，规范 B 的实施并不必然导致规范 A 的实施。[20]

然而，不是罗斯悖论，也不是这类问题构成道义逻辑的主要困境。通常认为，道义逻辑学家面对的最困难的问题是违反责任（CTD）悖论。那些悖论的产生与 CTD 规范直接相联，即这些规范的实施要求以破坏另一个规范为条件。让我们更为仔细地考查一个被称为奇泽姆悖论（Chisholm Paradox）的著名例子。[21]这个悖论包含下面四个句子：

（1）某人有义务帮助他的邻居。

（2）如果他帮助他们，他必须告诉他们。

（3）如果他不帮助他们，他不应该告诉他们他会帮助他们。

（4）此人不会帮助他的邻居。

很容易看到，（3）所表达的规范是一个 CTD 规范，因为它的34 前件（"如果他不帮助他们"）描述了打破另一条规范（1）这个事实。通常从直觉上认为，（1）~（4）句相互融贯，在逻辑上彼此独立（没有一个句子是逻辑上从其他句子中得出的）。让我们试着对

---

〔20〕 Cf. J. Wolenski, *Logiczne problemy wykladni prawa*［法律解释中的逻辑问题］, Zeszyty Naukowe UJ, Warszawa-Kraków, 1972.

〔21〕 See J. Carmo, A. J. I. Jones, "Deontic Logic and Contrary-to-Duties", in D. Gabbay (ed.), *Handbook of Philosophical Logic*, 2nd edition, vol. IV, Dordrecht, 2001, pp. 287 ~ 366.

奇泽姆悖论的例子进行一下形式化处理。如果句子"某人帮助他的邻居"用 p 来表示,"他告诉他们"用 q 来表示,句子(1)~(4)在 SDL 中形式化处理如下:

(1) Op

(2) $O(p{\rightarrow}q)$

(3) $\neg p{\rightarrow}O\neg q$

(4) $\neg p$

遗憾的是,这个形式化是不融贯的。在 SDL 中,从句(1)和(2)可得出 O_q,从(3)和(4)可得出 $-O\neg q$。直觉上融贯的这组句子在我们的形式化中是不融贯的。

很容易看到,上文介绍的形式化并不是在 SDL 中重构句子(1)~(4)的唯一途径。这里的问题是,应该如何使有条件的义务形式化。我们注意到,法律规范通常采取有条件的形式;传统上主张每条规范由前件和后件构成。而且认为(在探讨一阶谓词逻辑时已经注意到),这种结构是实质蕴涵所具有的。然而,在道义逻辑的语言里产生了一个问题。如果 p 是前件,q 是后件,则给定的规范可以形式化为两种方式:

$$p{\rightarrow}Oq$$

或

$$O(p{\rightarrow}q)$$

在实例分析中,规范(3)以前一种方式形式化,规范(2)则为后者。人们可能会认为,区别对待这两个有条件规范是不正确的(尽管其自然语言表述支持这一点)。根据上述观察,有两种可能的结论:或者 $p{\rightarrow}Oq$ 表示规范(2),或者 $O(\neg p{\rightarrow}\neg q)$ 表示

规范（3）。然而事实证明，这两个结论都是不可接受的。在新的形式化中，一些分析的句子在逻辑上依赖于别的句子。在前一种情况下，规范（2）在逻辑上从句子（4）得出，而在后一种情况下，规范（3）从句子（1）中得出。因此可以得出结论，试图形式化奇泽姆的例子导致的结果是，它在直观上是不可接受的。

35　　作为一个创造道义逻辑的理由，CTD 悖论连同一些其他问题，在较大或较小的程度上与 SDL 不同。我们不打算在这里对它们进行描述。我们只想表明导向发展新逻辑系统的机制：一般来说，在建构一个新逻辑系统时，假定它在直觉上具有可靠的语义，并在不同的案例集合中被验证。如 CTD 悖论这样的问题时有发生。他们突出了所提系统的不足，并暗示可能需要探讨其他解决方案。那么，想一想，有些问题什么时候、为什么似乎是个悖论，这是非常重要的。清晰的直觉决定这种事情。奇泽姆的例子是悖论，因为我们直觉上认为，句子的构成应当是融贯的，在逻辑上是独立的。然而，在 SDL 中，那些句子要获得一个融贯的、逻辑上独立的形式化，似乎是不可能的。

2.3.4　例　示

2.2.3 节所介绍的例子对于法律推理似乎并不典型。制定 278 §1 kk 条款的方式并没有使我们对法律规范的处理显而易见。在这一条款中，诸如"应该"、"禁止"或"允许"的说法并没有出现。不过，这是制定法律文本的常见方式：法律条款通常以陈述语气表达。然而，这并不意味着在逻辑层面无需道义算子来重构它们。如果立法者说，"窃取别人的财产将被监禁 3 个月到 5 年"，以下列方式重构这一论述似乎是一种直觉："窃取别人的财产将被监禁 3 个月到 5 年，理当如此"。以下是以另一种方式将道义算子引入 278 §1 kk 条款：窃取别人的财产应当（ought to）被监禁 3 个月到 5

年。第一种情况下，278§1kk 条款可得出下面的符号形式：

$$O\{\forall x[窃取(x) \rightarrow 被监禁(x)]\}$$

第二种情况：

$$\forall x\{窃取(x) \rightarrow O[被监禁(x)]\}$$

如果我们选择第二种，基本法律三段论在约翰的案例中将看起来如下：

（1） $\forall x\{窃取(x) \rightarrow O[被监禁(x)]\}$

（2） 窃取（约翰）

（3） O ［被监禁（约翰）］

在这种形式化中，很明显，（1）和（3）都具有规范特征。

以 278§1 kk 条款为例，还有一个情况可能看上去是违反直觉的。在阅读刑法时，人们预料到会发现行为规范：关于我们应该和不应该做什么的陈述。然而，278§1 kk 条款并没有讲这类内容。人们经常认为，刑法只包含惩罚性规范，而没有认可性规范。正是前者确定了公民的义务和权利，一个惩罚性规范的发布者是国家权力机关。这样的规范要求，在一个认可性规范被打破时，权力机关会采取一种特定的行为方式。例如，就 278§1kk 条款而言，权力机关的行为是，监禁那个打破认可性规范的人 3 个月至 5 年。

原则上，在刑法中只表述惩罚性规范。有时人们认为，认可性规范"在法典之外"。这当然是一个隐喻。在刑法中不直接陈述认可性规范，但我们可以在直接陈述的惩罚性规范基础上进行重构。如果 278§1 kk 条款说，"窃取他人财产将被监禁 3 个月到 5 年"，它是制定以下认可性规范的基础：在任何情况下，都不应当窃取他人的财产。

可以看到，一个法官为了给出他的判决，并不需要一个"在任何情况下都不应窃取别人财产"的规范。这是真的,但是我们可以很容易地想到,在直觉上正确的论证中,认可性规范或者作为前提或者作为结论。比如:在任何情况下都不应当窃取别人的财产,而偷自行车是窃取他人财产的一个实例,因此,在任何情况下都不应当偷自行车。为了提出这样一个论证,人们必须知道,存在一条陈述不应在任何情况下窃取别人财产的规范。该规范没有在刑法典中直接表达出来。它必须被重构,这种重构并不总是可有可无的事情。在这里我们不打算详细分析这个问题。但是,值得注意的是,没有一个在先原因来排除对这种重构的逻辑图式的研究。

在民法典中就不会发现类似问题。让我们来思考一个例子,波兰民法典第 415 kc 条款:"故意给他人造成损害者必须赔偿"。这个条款不仅针对"普通公民",而且也包括一个道义算子"必须"。可以将 415 条形式化如下:

$$\forall x \{\text{造成\_\_损害}(x) \rightarrow O[\text{赔偿}(x)]\}$$

现在让我们思考一下,是否存在一些理由,可运用与一阶谓词逻辑相对的道义逻辑来使法律推理形式化。从实践的视角来看,可以认为,二者之间并没有区别。让我们再考查一下第 415 kc 条款。在我们的道义逻辑形式化中,其形式如下:

$$\forall x \{\text{造成\_\_损害}(x) \rightarrow O[\text{赔偿}(x)]\}$$

运用谓词"必须赔偿"和遵守一阶谓词逻辑如下形式化,似乎一样好:

$$\forall x [\text{造成\_\_损害}(x) \rightarrow \text{必须\_\_赔偿}(x)]$$

如果法官发现约翰故意造成他人损害 [造成__损害(约翰)],他会得出结论——第一次形式化为:O[赔偿(约翰)],第二次形式化为：必须__赔偿（约翰）。两种结论都是相同的：约翰有义务赔偿损害。因此，从实践的角度来看，这里没有区别。

然而，运用道义逻辑至少有两个原因。首先，让我们把 415 kc 条款形式化，以 728 §1kc 条款为例："银行有义务告知账户持有人每一次账目的改变状态"。我们可以把这个在道义演算形式化如下：

$$\forall x\{[银行(x) \land 改变(x)] \to O[告知(x)]\}$$

在一阶谓词逻辑里，它成为：

$$\forall x\{[银行(x) \land 改变(x)] \to 有义务\_\_[告知(x)]\}$$

让我们现在比较一下 415 kc 条款和 728 §1 kc 条款的两种形式化。

前一种情况下，我们得出：

$$\forall x[造成\_\_损害(x) \to 必须\_\_赔偿(x)]$$

和

$$\forall x\{[银行(x) \land 改变(x)] \to 有义务\_\_[告知(x)]\}$$

在后一种情况下，我们得出：

$$\forall x\{造成\_\_损害(x) \to O[赔偿(x)]\}$$

和

$$\forall x\{[银行(x) \land 改变(x)] \to O[告知(x)]\}$$

很明显，只有在后一种情况下，我们处理同一个义务概念（道义算子 O）。在经典逻辑中，形式化迫使我们把义务概念包括在谓词中。这似乎与直觉相反。

第二个理由是，为什么就法律推理形式化来说，道义逻辑比经典逻辑更好，这一点比较深刻。有些情况下，我们从一条规范中推

38 出另一条规范。这里举一个简单的例子：如果不应当杀人，那么就不应当在星期天杀人。或者，如果一个法官要负责任地行为，这是他的义务，并且一个法官要诚实，这也是他的义务，那么，法官要负责任地行为和诚实，这是他的义务。以及，如果亚当不偷窃斯文的天堂是他的义务，那么，亚当偷窃斯文的天堂就是被禁止的。

让我们试着将那些使用不同逻辑系统的三种论证形式化。为了简单起见，我们只限定于命题逻辑：经典的和道义的。我们从经典逻辑开始。假设 p 表示"不应当杀人"、q 表示"不应当在星期天杀人"。问题是，仅仅从 p 得不出 q。我们需要某种释义。如上所述，规范"不应当杀人"可以作为条件规范，其中应用的条件是重言式的（T）：

$$T \rightarrow p$$

因为事实上，在任何情况下 T 都是真的，$T \rightarrow p$ 通过 p 的描述表示无条件的义务。从这个公式，通过前件的强迫规则可得出：

$$(T \wedge q) \rightarrow p$$

自然而然，q 在这里并不表示"不应当在星期天杀人"；它可以表示为"星期天的行为"。规范"不应当在星期天杀人"的完整表达是（$T \wedge q$）$\rightarrow p$。

接下来让我们看看第二个论证。用 p 是表示"法官要负责任地行为，这是他的义务"，q 表示"法官要诚实，这是他的义务"，r 表示"法官要负责任地行为和诚实，这是他的义务"。从 p 和 q 不能得出 r。这次我们也可以试试另一种也许有点反直觉的释义。让我们假设，我们正处理条件规范："如果某人是一个法官，那么，他应当以一种负责任的方式行为"，并且，"如果某人是一个法官，那么，他应当诚实"。让我们将其形式化如下：

$$p \to q$$

$$p \to r$$

从这两个前提可得出一个句子：

$$p \to (q \land r)$$

可将其读作：如果某人是一个法官，那么他应当负责任地行为，并且应当诚实。这并不完全是我们一直在探寻的东西（在规范的后件中，有两个句子通过一个联结词联结起来，而不是一个单一的句子中有复合谓词"负责任地行为和诚实"）。然而，这个问题来自命题逻辑的运用而非一阶谓词逻辑。这与我们在这里放弃运用道义逻辑无关。

三个论证中的最后一个论证对经典逻辑提出了最大挑战。如果我们用 p 表示"亚当不偷窃斯文的天堂是他的义务"，用 q 表示"亚当偷窃斯文的天堂是被禁止的"，那么，q 当然不能从 p 得出。然而，在以上所分析的例子中，找不到任何释义可使我们处理这个问题。

在 SDL 中，居然没有任何问题！设 p 表示"亚当偷窃斯文的天堂"。我可以列式如下：

$$\frac{O \neg p}{Fp}$$

正如我们所愿，这是一个有效的推理，它从句子 $O \neg p$（亚当不偷窃斯文的天堂是他的义务）得出句子 Fp（亚当偷窃斯文的天堂是被禁止的）。在这里我们简单地应用了函子 F 的定义。

SDL 同样简单地处理前面两个例子。第二个例子尤其采取了比经典逻辑更简单的形式。让我们以 p 表示"法官负责任地行为"，以 q 表示"法官诚实"。让我们现在对作为我们论证前提的两个规

39

范进行形式化，即"法官要负责任地行为是他的义务"和"法官要诚实是他的义务"：

$$Op$$

$$Oq$$

在 SDL 中，从这两个句子可得出：

$$O（p \wedge q）$$

读作：法官要负责任地行为并且法官要诚实是他的义务。

人们有理由提出质疑，具有作为前件和后件的规范论证是否重要。答案看上去应当是肯定的。首先，这样的论证实际上在进行，因此，一个完善的法律推理理论应当能够解释它们。其次，可能运用一个给定规范集合的逻辑后件集合的观念来定义有效法律规范的集合。根据法律有效性的系统概念，有效的规范是那些由立法者明确实施的规范，加上那些逻辑上从中可得出的规范。

根据以上所分析的例子，我们可以说，道义逻辑的形式化比经典逻辑的形式化更符合我们的直觉。同样，在道义逻辑中运用的可能世界语义学似乎是直觉的。此外，SDL 是经典逻辑的扩展。这意味着，就没有包括义务算子的允许或禁止的论证而言，道义逻辑与经典逻辑相等。从以上所述并不必然得出，道义逻辑是没有问题的。最重要的问题与一些悖论相关联。但悖论的作用是肯定的：它们表明什么是错的，而且引导对新的更好的道义系统的研究。

2.4 行动逻辑与规范逻辑

2.4.1 两种义务

在对道义逻辑的反对意见中，除了悖论问题外，还有更一般、更哲学性的几个问题。我们将试着更仔细地考查两种这样的反对意见：首先，道义逻辑对**应然**概念的形式化，没有考查**应当做**的概念；其次，道义逻辑不是规范逻辑，因为我们不能说那些规范或者为真或者为假。前一个问题作为讨论行为逻辑的前提。对于后者，接下来对约根森困境进行阐述。

  哲学家们有时区分两种义务概念：一种讲应当是什么，另一种讲应当做什么。[22] 有些人主张后者可以还原为前者，并质疑这种区分的意义。他们坚持认为，[23] 句子"某人 α 应当做 p"等于句子"某人 α 做 p 是应当的"。如果人们赞同这种还原，那么道义逻辑就是充分的，如前边章节所述，它是**应然**算子的逻辑。然而，有意见强烈反对将**应当做**还原为**应然**。[24] 现提出其中一种意见。吉兹（P. Geach）主张分析下列句子[25]："弗雷德应当与金杰跳舞"。根据还原论者的观念，这个句子等于"弗雷德与金杰跳舞是应当的"。然而，句子"弗雷德与金杰跳舞"等于"金杰与弗雷德跳舞"（因为跳舞的关系是对称的）。不能说"弗雷德与金杰跳舞是应当的"因而我们也可以说："金杰与弗雷德跳舞是应当的"。然而现在，颠倒第一次换位的方向，我们写为"金杰应当与弗雷德跳舞"。这似

41

  〔22〕 Cf. G. H. von Wright，"Ought to be-Ought-to-do"，in E. G. Valdes，W. Krawietz，G. H. von Wright and R. Zimmerling（ed.），*Normative Systems in Legal and Moral Theory-Festschrift for Carlos E. Alchourrón and Eugenio Bulygin*，Berlin，1997，pp. 427~438；J. W. Forrester，*Being Good and Being Logical-Philosophical Groundwork for a New Deontic Logic*，New York，1996.

  〔23〕 For instance：Meinong，Hartmann and Chisholm，cf. J. F. Horty，*Agency and Deontic Logic*，Oxford，2001.

  〔24〕 Cf. *ibidem.*

  〔25〕 这不是吉兹的原初的例子，而是由霍特（J. F. Horty）和贝尔纳普（N. Belnap）提出的修订版本：J. F. Horty and N. Belnap，"The Deliberative *Stit*：A study of Action，Omission，Ability，and Obligation"，*Journal of Philosophical Logic*，24，1995，pp. 583~644.

乎是反直觉的。从弗雷德应当与金杰跳舞的句子并不必然得出金杰应当与弗雷德跳舞。

这个问题也可以从法律的视角来阐释。让我们设想有两个人，即约翰与亚当定了一份协议，根据这份协议，一旦满足某种条件，约翰将有义务把自己的汽车卖给亚当，但亚当有权选择他是否愿意缔结这份最终协议和是否买这辆车。如果这里做一个与弗雷德和金杰例子相类似的分析，从句子"约翰应当与亚当缔结一份买卖协议"，以及从缔结协议是一种对称关系这个事实可以得出，亚当应当与约翰缔结一份买卖协议，这在所述语境中是一个悖论。

上述两个例子均表明，将"α 应当做 p"还原为"α 做 p 是应当的"这个观念可以导致反直觉的结论。然而，对**应然**与**应当做**进行的区分是失败的，人们可能想知道，是否以上这些问题真的与此相关联。弗雷德和金杰的例子表明 SDL 的另一个特征：义务概念所涉及的是不讲情面的。在我们的例子中，开始用句子"弗雷德应该与金杰跳舞"，然后用句子"弗雷德与金杰跳舞是应当的"替换。它主张，有时区分"从弗雷德的角度来看的义务"与"从金杰的角度来看的义务"就足以解决问题的困惑。句子"弗雷德与金杰跳舞是应当的"和等同的句子"金杰与弗雷德跳舞是应当的"表达的是从弗雷德角度来看的义务。因此，不能从句子"（从弗雷德的角度来看）金杰与弗雷德跳舞是应当的"推出，金杰应和弗雷德跳舞。就这样，我们承认义务是不同的（因为它们总是与具体的人相关），但我们不是被迫说，**应当做**不能还原为**应然**。当我们更为细致地考查了行为的道义逻辑之后，将会证实这一发现。

2.4.2　行动逻辑

我们现在打算分析**应当做**的某种形式化。有趣的是，构建道义逻辑的第一次尝试目标是把握**应当做**。1951 年，冯·赖特提出一个

42

具有 A、B、C……符号的系统，增加了道义算子如 O（必须……）。A、B、C……代表"一般行为"，如偷窃、出卖等。同一时期，构建行为道义逻辑的各种策略被运用。[26]我们将比较细致地考查其中两种。

第一种策略的背后是以下直觉，人类的行为给世界带来了变化。例如，如果行为是建一个桥梁，在世界上的变化就包括一座桥的出现。在描述世界先于行为的状态时，句子"这里有一座桥"是假的，而在行为之后，这便成了真的。因此，人类的行为引导我们从世界的一个状态到另一个状态。或者，换句话说，它们构成了一个运动，从一个可能的世界运动到另一个。这个简单分析提出以下观念：在语义层面，行为由成对的可能世界表现出来。在成对的世界中，第一个世界所处的状态是行为在进行中，在第二个世界中行为已结束。可以看到，对一个行为的指称并非由一对简单的表述——"世界先于行为—世界后于行为"，而是由所有诸如此类可能的成对表述来界定。因此，在语义层面上，"约翰建一座桥"的行为是一个所有成对的可能世界之集合，在每一对世界里，第一个世界没有桥，在第二个世界中有桥。每一对世界都可以标记为形式化行为的**实施**。[27]

现在，只要运用一个类似 SDL 的程序来界定哪种行为是必须的，哪种行为是禁止的，哪种行为是允许的就够了。在上一节中所介绍的逻辑里，创造一个规范的行为包括确认一个可能世界之集，我们称之为道义上的完善。在行为的道义逻辑中，世界（有序的成对世界）之间的"运动"分为合法（合法集）和非法（非法集）。

---

〔26〕 Cf. K. Segerberg, "Getting Started: Beginnings in the Logic of Action", *Studia Logica*, 51, 1992.

〔27〕 从数学观点来看，在可能世界 W 的普遍化中，一个行为因此是二元论证的关系，即一个有序偶的集合 $<u, w>$，可表示为 $u, w \in W$。

我们说，如果一个行为 A 在世界 w 中所有的实行之集包括在非法集中，那么，A 在 w 中是被禁止的。同样，如果一个行为 A 在世界 w 中至少有一种实行属于合法集，那么，A 在 w 中是允许的。[28] 为了界定义务，让我们设定，OmA 表示 A 不予实行，即它是某种行为非 A 的实行。我们说，如果在 w 中所有 OmA 的实行属于非法集，那么，行为 A 在 w 中是必须的。

人们可以质疑，在哪些方面，如此建构的逻辑是否比"标准"的道义逻辑更好。有如此主张的第一个理由是该系统背后的哲学动机——区分**应然**与**应当做**。与"标准"逻辑相比，该系统的另一个优点与一个事实相关，即在行为逻辑中，可以表达具体的义务，在 SDL 中却不能重构。后者只关涉"理想的"情境，但不能处理"次理想的"情境，即在那些其他义务已被违反的情境中必须要完成的义务。在我们的行为逻辑中，为了完成这样的重构，具体行为的实行，也就是引导从一个次理想世界到另一个次理想世界，这样的行为必然包括在合法集中。该系统的另一个可取的特点是，它可以**轻易地被"人格化"**，即义务在这里可轻易地归于具体的人。

我们第二个力图把握"**应当做**"的形式系统的例子，是运用20 世纪 80 年代由贝尔那普（N. Belnap）创立的 STIT 逻辑，并在此基础上发展了的道义逻辑。[29] STIT 是包括"**确保**"算子的逻辑。这个算子要在非常丰富的语义结构中界定，要运用一种被称之为**分支**的技术来建构。STIT 的基本观念是极为简单和直觉的。STIT 的两个基本概念是**时刻**和**历史**。时刻是有序的（它们形成可递的非自反关系）。两个时刻可以属于同一个或两个不同的历史。这可用

---

[28]　在这里我们再一次处理弱允许的问题。

[29]　Cf. J. F. Horty, *op. Cit.*

一个树形图描述如下，它自下而上地代表时间流动的方向，如图 2 所示。

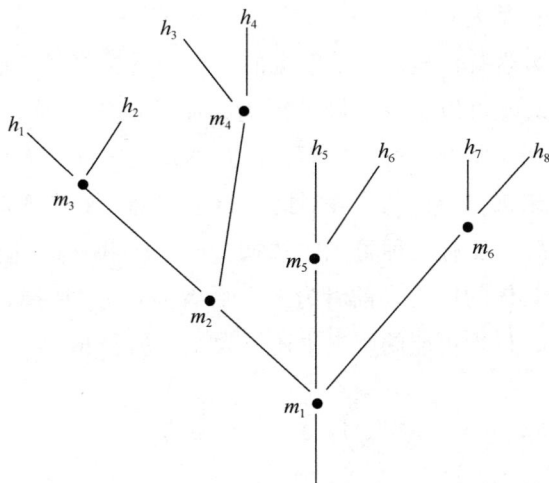

图 2

设 m_1 为现在时刻。如我们所见，m_1 "之下"，树没有分支。44 在直觉上，这对应于过去是不变的（完全确定）命题。然而，m_1 "之上"，我们的树有几个分支，合起来代表不确定的将来。树的每一个"最高的"分支代表一段具体的历史。比如，经历 m_1、m_2、m_3 一直往前的分支构成了历史 h_1（或 h_2），经历 m_1、m_2 和 m_4 的分支构成了历史 h_3（或 h_4）。以 H_m 表示所有"经历"时刻 m 的历史之集是有用的（因此，例如 $H_{m1} = \{ h_1, h_2, h_3, h_4, h_5, h_6, h_7, h_8 \}$，和 $H_{m4} = \{ h_3, h_4 \}$）。从逻辑系统的视角来看，我们已经指出，每一个时刻都是一个具体的可能世界（可能事态）；因此，在命题逻辑中，一个时刻表现为价值认定函数，它赋予语言的所有原子表述以真值或假值。

在这样的语义中，行为的概念，通过定义函子"确保（See to it that）"来编码，我们可以在形式上写为：

$$[\alpha \ 确保 \ A]$$

这是说：某人 α 确保 A。为了给 $[\alpha \ 确保 \ A]$ 一个语义特征，我们必须引入选择的概念。从直觉的角度来看，这很简单。在每一时刻 m，某人 α 可以选择不同的行为，而且他的选择决定其未来，即决定哪种历史将会实现。然而，这并不是说，这个人的选择单一地决定了其未来。下面的图表对此进行了解释，如图 3 所示。在某一时刻 m，某人 α 有三种可能的选择：w_1、w_2 和 w_3。选择 w_1 和 w_3 确定了一个具体的历史（前者为 h_1，后者为 h_5）。选择 w_2 没有单一地确定未来，仅把可能的历史集还原为 h_2，h_3 和 h_4。

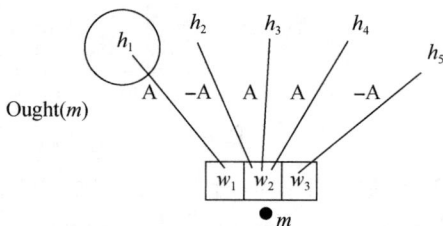

图 3

STIT 的一个重要特征是，我们认为不同的人在某一时刻 m 能够自己做出选择。如果某人 α 在某一时刻 m 有三种可能的选择，这并不意味着某人 β 也有三种选择；而且，β 的选择可以与 α 的选择以一种不同的方式"划分"可能历史之集。[30] 我们用**选择** α^m 表示 α 在 m 的所有选择集。设**选择** $\alpha^m(h_i)$ 表示包含历史 h_i 的选择。所以，例如，**选择** $\alpha^m(h_1) = w_1$。

我们现在可以定义函子 $[\cdots\cdots 确保 \cdots\cdots]$。在某一时刻 m 和某

----

〔30〕 因此，我们得出以下结构：<**树**，<，**中介**，**选择** >，**树**是时刻集，< 为排列时刻的关系，**中介**是中介集，**选择**是一个函子，它赋予每个中介 α 在 m 时刻以"经由" m 的全部历史 Hm 集的一个子集。

一历史 h，表达式［α **确保** A］（"某人 α 确保 A"）为真，当且仅当对于每一个历史 h' 来说，A 为真，它属于**选择** $\alpha^m(h)$。请看图 3 所描绘的例子。在历史 h_1 和 m 时刻［α **确保** A］为真（因为 h_1 是属于 w_1 的唯一的历史，并且在 h_1 中 A 为真）；至于其他历史，［α 确保 A］则为假。这在 h_5 中很明显。［α **确保** A］在 h_3 和 h_4 的 m 中为假，这个结论来自这个事实：在某一历史（h_2）中，正如 h_3 和 h_4 一样属于相同的选择，A 为假。这个对［α **确保** A］真值的定义似乎是完善的。某人 α **确保** A，只要她的选择系 A 为真的结果。

为了进行最后一步，正如上文讨论的道义逻辑一样，把义务算子 O 引进我们的语义结构中，我们需要一个规范的函数。这一次"规范"指为每一时刻 m 选择一个应当（m）集，从立法者的角度来看，那些历史是可欲的。我们会说，在一个时刻 m 并且对于历史 h 来说，X 应当存在（我们写为：OX），当且仅当在时刻 m 和历史 h_i 中 X 为真，因为每一个历史 h_i 属于应当（m）。例如，在图 3 描述的情境中，句子 OA 在 m 和 h_1 中为真，因为对于属于应当（m）的唯一历史即 h_1 来说，在 m 中 A 为真。

从我们的观点来看，最有趣的问题是 O［α 确保 A］（某人 α 确保 A，应当如此）为真的表达式。根据上述定义，对于所有属于应当（m）的历史，在 m 时刻，如果［α 确保 A］为真，那么，在某一时刻 m 和某一历史 h，O［α 确保 A］为真。在我们举的例子中，只有 h_1 属于应当（m），而且我们已经确定，［α 确保 A］在 h_1 的 m 时刻为真。因此，O［α 确保 A］在所有历史 $h_1 \sim h_5$ 的 m 时刻为真。然而，除了 h_1，如果集合应当（m）还包括 h_3，表达式［α 确保 A］在所有历史的 m 时刻为假，因为在 m/h_3，［α 确保 A］为假。很有意思的是，在相同情况下，OA 为真，（因为 A 在 h_1 和 h_3 中均为真）。这表明，在所关涉的语义中，表达式"A 这种情况是应当的"并不等于"情况应当是这样，即某人 α 确保 A"。

上面所介绍的系统没能得到进一步的发展。[31] 然而，我们愿意指出几个事实。首先，表达式 $O\,[\alpha\,确保\,A]$ 还不是**应当做**的义务。上文所述观念的作者霍特（J. F. Horty）指出，即便是现在所定义的算子 O，也足以解决"弗雷德与金杰困境"。我们发现，"情况应当是这样，即某人 α 确保 A" 这种表述不能还原为 "A 这种情况是应当的"这种表述。OA 与 $O\,[\alpha\,确保\,A]$ 之间的区别基于这样一个事实，即在后一种情况下，义务有点被人格化。这支持了我们的判断，弗雷德与金杰案例的悖论性源于一个事实，即在传统的道义逻辑中，义务不是被"人格化"的；相反，它也不是将**应当做**还原为**应然**的结果。然而，[32] 霍特表明，存在一些情况，使用函子 O [……确保……] 并不能对其做出充分的解释。为了描述这些情况，在由 STIT 提供的框架下，他提出了用**应当做**来编码的另一种道义算子。[33]

其次，STIT 能够让霍特建立一个将许多人的义务考虑进来的系统。这个逻辑对"群组应当"问题有重要的意义。人们至少可以确认这样一些义务。让我们来看两个例子。一群学生有两种义务：在上课前擦黑板，在上课中保持安静。如果任何一个学生擦了黑板，第一个义务就完成了。而第二个义务的完成需要所有学生保持安静。只有当我们的逻辑语言不仅表述了存在着不同的人有不同的义务这个事实，而且也解释了那些义务间的复杂关系时，这两种义务间的区别就是可能的。

如我们所见，行为逻辑成为对传统道义逻辑的一个有趣替代

---

〔31〕 For the details, see J. F. *Horty*, *op. Cit.*

〔32〕 *Ibid.* , p. 55 ff.

〔33〕 *Ibid.* , p. 59 ff.

物。首要的，也是最重要的是，它们的特点是运用丰富而直觉上可靠的语义结构。对这种结构的研究，能够模仿越来越复杂的情境，这是当代逻辑研究的最为重要的趋势。[34]

2.4.3 约根森困境

到目前为止，我们的重点一直是，采用了 "p 这种情况是应当的" 这种形式的句子何时可以标记为真。但这样的句子在根本上可以为真或假吗？似乎人们能把真或假归到那些描述性的、告诉我们有关事实的句子上。另外，问题、秩序和规范似乎不属于真值范畴。你可能认为，这不是一个重要的问题；但事实是，现代逻辑，或者至少是通常它可以被接受的部分与真或假的表述有关。如果我们反思这两点发现，即：

（1）在逻辑有效的论证中，只有真或假的句子能够作为前提或结论。

与

（2）规范不能被赋予真值。

那么，我们应当推出以下结论：

（3）在逻辑有效的论证中，规范不能作为前提或结论。

我们的结论（3）对发展任何法律推理逻辑的可能性提出了质疑。然而，我们每天确实提出许多法律论证，它们在直觉上似乎是正确的。因此，我们可以注意：

（4）直觉上正确的规范性论证确实存在。

以上（1）~（4）命题构成了一个困境，这首先由尤尔根·约

47

---

[34] 我们不想主张，发展行动逻辑只是为了解决 "弗雷德和金杰问题"。在其他问题中也可以发展那些逻辑。例如，人们可以指出，非标准道义算子的定义，对这些算子相互关系或责任冲突问题之表述的分析，等等。

根森在 1938 年发表的一篇论文里提出。[35]应当补充一下，在最初的表述中，约根森关注的是命令，而不是规范。

很难说约根森困境对法律的任何形式重构，或者更一般地说，对规范、论辩提出了根本性的挑战。正如我们已经发现的那样，接受这个困境的命题（3）直接导致对规范逻辑可能性的质疑。由于这个原因，有必要腾出一些空间来对这个困境的可能结论进行分析。

约根森困境的命题（3）是命题（1）和（2）的逻辑结论。因此，为了解决这个困境，你可以质疑命题（1）、（2）或（4）。我们愿意从后一个可能性开始，我们发现命题（4）可以两种方式来理解。一方面，"规范性论证"这个表述可以意指"用规范作为前提和结论的论证"。然而，另一方面，"规范性论证"也可以由规范之外的其他表述构成。我们因此有两个版本的命题（4）：（a）"规范性论证"意指"使用规范的论证"；或（b）我们主张直觉上正确的规范性论证由其他表述构成。如果我们不能确认那些"其他表述"，那么，（4a）与（4b）的区分就没有意义。哲学家与逻辑学家给这个被称之为道义句表述的范畴进行了命名与界定。道义句是相对于一个确定道义系统的义务之存在的表述。以下是一个道义句的例子："根据有效法律，约翰不应当偷窃"。常常认为，这些语句只描述什么是义务，以及相对于一个确定的规范系统什么被禁止或允许，它们可以被赋予真值。然而，如果道义句为真或假，那么，它们之间可以存在逻辑关系。[36]

因此，如果我们选择在命题（4b）的意义上理解困境的命题

---

〔35〕 Cf. J. Jørgensen, "Imperatives and Logic", *Erkenntnis* 7, 1938, pp. 288 ~ 296.

〔36〕 See for instance J. Woleński, Z *zagadnie'n analitycznej filozofii prawa* [法分析哲学中的问题], Zeszyty Naukowe UJ, Prace Prawnicze, WarszawaKraków, 1980.

（4），那么，假设所说的"规范性论证"是由道义句组成的论证，这个困境可以得到解决。然而，如果我们接受命题（4a），则问题依旧存在。当然，在规范与道义句间进行区分是有问题的。对这个问题，我们不准备进行细致讨论。然而，我们必须提到一个术语问题。有时要把道义逻辑从规范逻辑中区分出来。前者被认为关涉道义句，即对或真或假的表述。这个观念（不可以赋予规范真值）被称之为非认知主义。从非认知主义的视角来看，在道义逻辑与规范逻辑之间进行细致的区分是有必要的，而在相对的理论即认知主义看来，则是不需要的。

如上所述，约根森困境可以通过质疑命题（1）或命题（2）得到解决。根据命题（1），只有在或真或假的语句间才有逻辑关系。必须承认，并非所有的逻辑学家和哲学家都同意这个立场。一些并非建于真值基础上的逻辑系统证明了这一点。这些逻辑学的支持者必须处理一些非常重要的问题，主要与诸如满足或可靠这些基本的并且通常被接受的元逻辑学概念相关，这些问题以"真"观念为基础。将那些概念适用于不使用真假观念的逻辑可不是个小事情。因此，放弃命题（1）而构成的对约根森困境的解决仍然存在很大的问题。

最后一个对困境的解决方案的提议就是要抛弃命题（2）。这个命题受到认知主义者的质疑，即那些把真值赋予规范的人。某种程度上人们同意阿奎纳（Thomas Aquinas）的认知理论是那些最为融贯理论中的一个。在他看来，我们在生活中应当遵守的规范只是永恒神圣法律的下位复制品。由于它们的谱系，那些规范可以被赋予真值（而且与它们不相容的规范可以被认为是假的）。然而，近来对托马斯哲学的分析表明，在充分确定的程度上，人们仅仅可以表达一条最一般的规范：应当为善（bonum est faciendum）。从这个一

般规范推导出更为精确的行为规则是由个体决定的问题，而非建构
很好的逻辑操作。[37]因此，从一般规范的真（因为其谱系所以为
真）"传递"到我们日常使用的具体规则是很困难的。其他形式的
认知主义也是有问题的。通常说来，它们应用的"真"观念是有问
题的。因此，对约根森困境的这种解决也不是通常可以接受的。

49

　　近年来围绕约根森困境的讨论已变得越来越不激烈了，虽然不
时地出现要处理它的新尝试。[38]尽管还不存在对这个困境的通常可
以接受的解决方案，但对法律推理进行逻辑重构的研究照样进行，
每年都有道义逻辑或规范逻辑的新进展。这可能源于一个事实，即
约根森困境对逻辑学家构成持续的挑战，因而强迫他们研究新的形
式化和新观念。大多数建构的规范话语逻辑建立在真假观念基础
上。上述逻辑系统也是真的。这并不意味着，我们主张其表述不能
赋予真假值的规范逻辑是不可能的。当代法律理论所拥有的上述系
统的重要性激发了我们的选择。我们是否可以将它们作为正当的规
范逻辑，或者依赖于对约根森困境可接受的解决的"唯一的"道义
逻辑，这相应地要基于某种本体论的选择。

2.5　可废止逻辑

2.5.1　可废止的概念

　　现在我们打算转而讨论可废止逻辑。关于这种逻辑系统的研究
始于 20 世纪 70 年代。然而，可废止这个概念在更早的时候就被介

---

〔37〕　卡里诺夫斯基持相反论证，参见 J. Kalinowski, *Le problème de la vérité en morale et en droit*, Lyon 1967.

〔38〕　Cf. the discussion in *Ratio Juris*, caused by R. Walter's paper "Jørgensen's Dilemma and How to Face It", *Ratio Juris 9*, pp. 168～171.

绍进来了。它出现在哈特发表于 1948 年的论文"责任和权利的归属"中。哈特写道:

> 当学生已经学会,在英国法律中,为了一个有效合同的存在,需要肯定的条件,……他对合同的法律概念的理解仍然是不完整的……。因为这些条件虽然是必要的,但并不是总是充分的,即使所有这些条件都满足,他仍然需要学习什么可以废止一个有效合同的主张。学生还要学习,"除非"这个词后面可以跟着什么,哪个应当对这些条件句起补充作用。法律概念的这个特点是,在日常英语中并没有相应的单词。"有条件的"和"否定的"这些词的含义并不准确,但法律中有一个词,我颇感犹豫地从中借来并加以扩展:这个词是"可废止的",它用在财产的法律利益中,在一些突发事件中它有终止或废止的倾向,但如果这样的突发事件没有出现它就会保存完好。那么,在这个意义上,合同是一个可废止的概念。[39]

　　哈特的观念相当于一个声明,即像一个有约束力的合同这种确定的法律概念,缺乏应用的限定条件。经常发生无法预料的情况,这会导致我们撤回所面对的一个有效合同,虽然在通常条件下其有效性得到了满足。[40] 有一点很重要,在这里必须强调一下。我们称某些合同"有效",是因为它们符合一定的法律规则才得出这个结论。因此,法律概念的归属要与法律规范的满足结合起来。如果我们追随哈特,说法律概念是可废止的,那么,法律规范亦当如 50

---

〔39〕　H. L. A. Hart, "Ascription of Responsibility and Rights", in A. Flew (ed.), *Logic and Language*, Blackwell, 1951, p. 152.

〔40〕　这个命题似乎在普通法系中比在大陆法系中更合理。然而,如下文所述,可废止观念可以用于分析在大陆法系传统内所进行的法律推理的某些方面。

此。如果在某些情况下，法律规范应用的条件得到满足，但该规范并没有得到应用，那么，该法律规范是可废止的。

如此定义的可废止性将导致一些逻辑问题。如上所述，如果我们通过实质蕴涵的运用建立了一条法律规范：

$$h \rightarrow d \text{（} h \text{ 表示规范的前件，} d \text{ 表示后件）}$$

我们不能说这条规范是可废止的。这是因为，就可废止的规范而言，以下情形是可能的：$h \rightarrow d$ 是有效的，h 为真，但我们不能推导出 d。在经典逻辑（包括基于经典演算的道义逻辑）中，这是不可能的事情，因为如果我们得出 $h \rightarrow d$，同时 h 为真，那么，基于**假言推理**可以得出 d。

上文清楚显示，接受法律规范是可废止的这个命题，迫使我们寻找法律话语的一种可替代性逻辑。这种逻辑不是在法学理论领域，而是在关于人工智能的研究中被提出来的。很明显，可废止性问题不仅对法律或规范推理，而且对理论话语来说都是重要的。计算机系统遇到以下问题时，逻辑学家为此开发了人工语言。[41] 是否已收集所有的相关信息，一个人（或一个计算机系统）对此并不确定，但仍然不得不进行推理，这种情况时有发生。例如，如果我们知道托蒂是一只鸟，那么说托蒂会飞是合理的。然而，如果我们得到另外的信息，知道托蒂是一只企鹅或一只鸟宝宝，那么，我们不得不收回托蒂会飞的话（因为我们从其他地方知道，如果一只鸟是企鹅或鸟宝宝，那么它是不会飞的）。从这个例子可知，"如果 x 是一只鸟，那么 x 会飞"这样的前提是完全错误的，尽管如此，在我

---

〔41〕 关于其他推动非单调系统发展的问题，参见 J. F. Horty, "Nonmonotonic Logic", in L. Goble（ed.），*Blackwell Guide to Philosophical Logic*, Malden-Oxford, 2001, pp. 336 ~ 361.

们的推理中，我们有时要用到它。当然，这样的前提不能被形式化为一个实质蕴涵。需要探寻一个新的、非经典的蕴涵。

可废止逻辑构成这样一种非经典系统。这是一个非单调逻辑的例子。[42]在这里，扩展一下"非单调的"含义是有指导意义的。经典逻辑是单调的。这意味着，如果一个句子 p 从一个前提集 A 中得出，那么，p 也是从 A 集的父集 B 中得出。每一个缺乏这种特性的逻辑都是非单调的。显而易见，我们的托蒂的例子需要一个非单调逻辑。在这个例子中，我们首先从两个前提中进行推论，即"如果 x 是一只鸟，那么 x 会飞"和"托蒂是一只鸟"。那么，"托蒂会飞"。后来，我们补充说，"托蒂是一只企鹅"（而且我们知道企鹅不会飞）。从这一组扩展的前提集中，不再可以得出托蒂会飞的结论。

2.5.2 可废止逻辑

有很多种可废止逻辑。[43]在这一节里，我们要介绍其中一种，[44]关注这个主要观念而忽略其技术性的细节。

我们的可废止逻辑（简称 DL）将在两个层面上展开。第一个层面是，从给定的前提集建立**论证**；第二个层面是，对论证进行比较，目的是决定哪一个可接受。哪个论证是"最好的"这个结论会成为给定前提集的结论。

DL 的语言是一阶谓词逻辑的语言，这要通过另外的新算子、

---

〔42〕 除了非单调逻辑，所谓的信念修正形式理论也用于解决"托蒂问题"。

〔43〕 Cf. H. Prakken, G. Vreeswijk, "Logics for Defeasible Argumentation", in D. Gabbay and F. Guenthner (eds.), *Handbook of Philosophical Logic*, Kluwer Academic Publishers, Dordrecht, 2002, 2nd edition, vol. 4, pp. 219~318.

〔44〕 本文的相关介绍基于帕肯（H. Prakken）发展的可废止逻辑观念，见 H. Prakken, *Logical Tools for Modelling Legal Argument*, Dordrecht, 1997.

可废止蕴涵而得到扩展，我们用符号⇒表示。对于可废止蕴涵，与实质蕴涵相类似，存在着可废止**假言推理**：

$$A \Rightarrow B$$
$$\frac{A}{B}$$

只有在 DL 的第二个层面上，才可以看出实质与可废止蕴涵之间的区别。

DL 语言服务于论证的建立。在托蒂例子中，我们有两种情况。第一、三句属于我们的前提集："如果 x 是一只鸟，那么 x 会飞"，"托蒂是一只鸟"和"如果是 x 是一只企鹅，则 x 不会飞"。其中第一个前提可以形式化如下：

$$鸟(x) \Rightarrow 会飞(x)$$

当然，第二个前提是：

$$鸟（托蒂）$$

第三个前提是：

$$企鹅(x) \Rightarrow \neg[\,会飞(x)\,]^{[45]}$$

52   这个前提集使我们只能建立一个论证。在可废止假言推理的帮助下，我们得出：

$$鸟(x) \Rightarrow 会飞(x)$$
$$鸟（托蒂）$$
$$会飞（托蒂）$$

---

〔45〕 这个前提也可以运用实质蕴涵→来重建，这自然仍是我们要处理的问题。由此产生的形式化会更为容易，每一个基于→的论证都优于基于的论证（见下文）。

补充的第四个前提：

企鹅（托蒂）

使我们建立论证如下：

$$企鹅(x) \Rightarrow \neg[\ 会飞(x)\ ]$$

<u>企鹅（托蒂）</u>

$\neg$会飞（托蒂）

得出这两个论证后，我们可以转到 DL 的第二层面，为了决定哪个更好，从中要对这些论证进行比较，其结果，句子——会飞（托蒂）或 $\neg$会飞（托蒂），应被视为我们四个前提集的结论。

在 DL 的第二个层面，有两个概念起着重要作用：**反对**与**可废止**。我们说，如果两个论证的结论在逻辑上矛盾，那么论证 A 就会反对论证 B。[46] 在我们的例子中，会飞（托蒂）和 $\neg$会飞（托蒂）矛盾就是这种情况。如果两个论证互相对抗，你必须知道如何决定哪个论证更好，即哪一个**废止**了另一个。对反对论证进行比较，有不同的方式被提出来。[47] 以下所述及的方式是最容易和最灵活的。你可以考查，用来建立反对论证的可废止蕴涵是什么。在比较中，运用更高阶的可废止蕴涵而建立的论证是更好的。在我们的例子中，第一个论证基于蕴涵鸟（x）$\Rightarrow$ 会飞（x），而第二个论证则基于企鹅（x）$\Rightarrow\neg$会飞（x）。假设第二个蕴涵是更高阶的，这是合理的，因为它呈现出一个更强的联系——存在着是鸟就会飞这一规则的例外情况，但第二条规则企鹅不会飞是没有例外的。如果企鹅（x）$\Rightarrow\neg$会飞（x）在阶位上高于鸟（x）$\Rightarrow$会飞（x），那么，

---

[46] 这是一些初步介绍，我们在这里运用抨击的简化定义。

[47] See H. Prakken, *op. Cit.*

第二个论证可废止第一个。

53 　　比较从给定前提集而建立的所有对抗的论证，更好的结论就是该集的逻辑结论。在第一种情况下，我们的前提集只有三个句子 [鸟 (*x*)⇒会飞 (*x*)，企鹅 (*x*)⇒一会飞 (*x*)，鸟 (托蒂)]，这使我们只能够建立一个论证。这个论证的结论会飞 (托蒂)，在第一种情况下是合乎逻辑的。在第二种情况下，另一个句子添加到我们的前提中：企鹅 (托蒂)。这使建立第二个论证成为可能。这两个论证互相反对，而且第二个论证更好。因此，它的结论 一 会飞 (托蒂)，不是第一个论证的结论，而是从第二种情况中在逻辑上可得出的。由此可知，DL 是非单调的。在第一种情况下，会飞 (托蒂) 是合乎逻辑的结论，但在第二种情况下，其中前提集已被扩展，会飞 (托蒂) 不再可从中得出。

2.5.3　对非单调逻辑的异议

　　在本章一开始，我们试图对逻辑是什么进行定义。我们提出的定义对可废止 (或者更一般地说，对非单调性) 逻辑构成巨大挑战。它质疑这些系统在根本上是不是逻辑。

　　大家知道，对于逻辑性质的重要明察，是由塔尔斯基在他的逻辑后件定义中提出的。这个定义可以大致介绍如下：

　　　　一个句子 A 合乎逻辑从前提集 Γ 中得出，当且仅当在任何情况下，前提集 Γ 为真，A 也为真。

　　通过一个简短的反思，我们可以说，塔尔斯基的分析表明，我们对逻辑后件的直觉观念是单调的 (即使我们扩展前提集 Γ，这仍将是某种情况，Γ 集的所有句子为真；因此，如果在 Γ 扩展后，A 不能从中得出，正如在非单调逻辑的情况一样，这样的逻辑后件概念和塔尔斯基的分析是不相容的)。此外，真值的概念似乎也是

"单调的"（很难假设，加入一个新前提可以使之前认为是真的结论变成假的）。在这种情况下，必须扬弃逻辑作为"真值传递"规则集的观念。相反，一些理论家倾向于说"证成传递"。非单调逻辑的作用是，确定哪些推理的形式可从证成的前提推导出一个证成的结论。

抛弃塔尔斯基的分析，也导致抛弃在直觉上诉诸可靠的定理。一方面，关涉到人们是否可以"信任"非单调逻辑这个问题，这就产生了疑问。另一方面，DL 第二层面的概念似乎是可靠的，运用DL 所进行的分析阐述了这个形式系统的灵活性和有用性。

现在让我们更密切地考查一下 DL 中形式化的一些例子。这将使我们能够根据非单调逻辑阐述几个论证。我们将确定 DL 形式化的两个重要特点：模块化和法律文本及其形式对应物之间的结构相似性。此外，我们将指出，DL 如何处理一些疑难案件。对可废止和经典技术的比较，会突出法律推理形式重构的另外一些问题。

2.5.4 例 示

一些特殊的逻辑问题与法律文本的结构相关。让我们考查一下下面这个例子。假如第 1 条款说，达到 18 岁即理所当然具有完全法律行为能力；第 2 条款则反过来构成第 1 条款的例外，它规定由法院认定有精神疾病者没有完全法律行为能力。试图将这两款规定在经典单调逻辑中形式化会得出以下结果：

A1：$\forall x\{[18\_\_ 岁(x) \wedge \neg 精神\_\_疾病(x)] \to 能力(x)\}$

A2：$\forall x[精神\_\_疾病(x) \to \neg 能力(x)]$

这种形式化的一个突出特点是，表达第 1 条款的公式包括谓词"精神＿疾病"，因此，它把第 2 条款所规定的例外也考虑在内。那么，我们的形式化把两个不同规定的信息混合起来了。这样的情况

在运用非单调系统时就不会发生。在 DL 中，第 1 条款和第 2 条款可采取以下形式：

$$A1: 18 \_\_ 岁\,(x) \Rightarrow 能力\,(x)$$
$$A2: 精神\_\_疾病\,(x) \Rightarrow \neg\, 能力\,(x)^{[48]}$$

在 DL 中，第 1 条款和第 2 条款所包含的信息不是"混合"。因此，可废止形式化在**结构上类似于**法律文本。

上文介绍的形式化，除了结构上与法律文本相似外，它也表现为**模块化**。想象一下，引入第 3 条款，规定第 1 条款的另一个例外，例如：结了婚的男人没有法律行为能力。在经典的形式化中，这会引起对表达第 1 条款的公式的修订：

$$A1: \forall x \{[18 \_\_ 岁\,(x) \wedge \neg\, 精神\_\_疾病\,(x) \wedge \neg\, 结婚\,(x)] \rightarrow 能力\,(x)\}$$

也需要表达新规定的公式：

$$A3: \forall x [结婚\,(x) \rightarrow \neg\, 能力\,(x)]$$

在 DL 中，引入第 3 条款更为容易。只要添加：

$$A3: 结婚\,(x) \Rightarrow \neg\, 能力\,(x)$$

DL 中的这个形式化表现为模块化，因为增加了一个新规定并不导致对以前制定的公式进行修订。

如果我们想象一下，连同第 3 条款，立法者也可以制定第 4 条款，它规定第 3 条款的一个例外，说已婚男人中姓氏以 C 开头的有法律行为能力，那么，就可以充分理解在非单调系统诸如 DL 的模

---

〔48〕 为了使这种形式化"有效"，我们需要更多的信息，即第 2 条款在位阶上"高于"第 1 条款，其结果是，在两个条款冲突的情况下，基于第 2 条款的论证更优。

块化和结构上的相似性。

让我们回想一下，第 1 ~ 3 条款在经典一阶谓词逻辑中的形式化看起来如下：

A1：$\forall x\{[18\_\_岁(x) \wedge \neg 精神\_\_疾病(x) \wedge \neg 已婚(x)] \rightarrow 能力(x)\}$

A2：$\forall x[精神\_\_疾病(x) \rightarrow \neg 能力(x)]$

A3：$\forall x[已婚(x) \rightarrow \neg 能力(x)]$

假设姓氏__C 表示第 4 条款中的谓词。那么，这一条款可以表述如下：

A4：$\forall x\{[已婚(x) \wedge 姓氏\_\_C(x)] \rightarrow 能力(x)\}$

然而，我们必须也改变第 3 条款的形式化：

A3：$\forall x\{[已婚(x) \wedge \rightarrow 姓氏\_\_C(x)] \rightarrow \neg 能力(x)\}$

在 DL 中，我们得出：

A1：$18\_\_岁(x) \Rightarrow 能力(x)$

A2：$精神\_\_疾病(x) \Rightarrow \neg 能力(x)$

A3：$已婚(x) \Rightarrow \neg 能力(x)$

我们只需要增加：

56

A4：$[已婚(x) \wedge 姓氏\_\_C(x)] \Rightarrow 能力(x)$ [49]

模块化和结构上的相似性似乎弱化了支持非单调系统的论证。然而，有一些事实正好证明相反。非单调的形式化，不仅会得出关于"质"，而且也得出关于"量"的更简单的结果。例如，试图对

---

〔49〕　在这里，你还要更新可废止蕴涵之间的排序。

波兰的刑法典关于杀人的规定进行形式化，在经典逻辑中会得出一百多个公式。而在 DL 中，类似的形式化只需要 33 个公式。[50]

为了说明这一点，并阐述支持非单调逻辑另一个论证，让我们试着将《波兰刑法典》（kk）的 148 §1 条款进行形式化。这个规定说，杀人者将被监禁至少 8 年。在经典逻辑中，这可以形式化如下：

$$148 \S 1 kk : \forall x [杀人(x) \rightarrow 惩罚(x)]$$

然而，这不是一个完整的形式化。例如，它没有考虑到 148 §2 kk 条款规定的例外，这些例外将杀人的某些类型定性为合格。如果我们用合格谓词将它们包含在内，我们的形式化必须改变为以下方式：

$$148 \S 1 kk : \forall x \{ [杀人(x) \wedge \neg 合格(x)] \rightarrow 惩罚(x) \}$$

你必须把表示 148 §2 条款的这一公式添加进来。148 §1kk 条款的例外也可以在第 148 条的其余部分和 149 - 151 kk 条款中找到。此外，在刑法典的总论部分，有关犯罪和自我防卫的规定也构成了 148kk 条款的例外。因此，由于其缺乏模块化和结构上的相似性，148kk 条款在经典逻辑中的形式化，要求至少要考虑 10 种例外，如果不是更多的话。这会导致以下问题：如果这种形式化被接受为法官判决的基础，法官必须在判决时核实，是否有 148kk 条款的任何例外发生；因此，法官必须要问，是否这种杀人属于安乐死的行为、特别残忍杀害等。在实际案例中，这种证成并不存在。法官直接解决的仅仅是那些明显相关的问题。这样一个法律适用的过程，

---

〔50〕 你可以使用一些较小的公式来形式化经典逻辑中的那些规定。然而，即使这种所谓的形式化将比 DL 中的更为复杂。

似乎可以运用非单调系统成功地构形，因为它们提供了模块形式化，并显示出结构相似性。

更重要的理论与逻辑问题与疑难案件相联。这类最广为人知的案件似乎是德沃金在《严肃对待权利》（*Taking Rights Seriously*）中描写的里格斯诉帕默案（Riggs vs. Palmer）。[51]这里的事实是：埃尔默·帕默（Elmer Palmer）杀害了自己的祖父弗兰西斯·帕默（Francis Palmer）。根据可适用的继承法，埃尔默将要继承弗兰西斯的部分财产。在所述法律中，不包含埃尔默因其所作所为而被剥夺继承权的任何规定。然而，纽约上诉法院判决，埃尔默没有继承权利，因为"没有人应当从自己的错误行为中获利"。

德沃金对法院的判决解释如下：在法律系统中有两种类型的法律规范——规则和原则。一方面，法律规则如给予埃尔默继承权的规范，以"或全或无"的方式适用，即它们要么实施要么不，没有第三条路。另一方面，法律原则有"权衡的维度"，即他们可能在或大或小的程度上被考虑。此外，在特殊情况下，原则可以"创制"法律规则的例外。在里格斯诉帕默案中，我们处理的正是这样的情况。法律原则"没有人会从自己的错误中获利""创制"了给予帕默继承权规则的一个例外。

让我们从逻辑的角度来考查一下这种情况。我们得出以下谓词：死、祖父和继承。祖父和继承都是二元谓词，我们不能说"弗兰西斯是祖父"，而应说"弗兰西斯是埃尔默的祖父"；同样，我们可以说"埃尔默从弗兰西斯那里继承"，而不可以说"埃尔默继承"。继承法的规则明确规定，如果有人死了且其有一个孙子，那么，孙子有继承权。在经典一阶谓词逻辑里，它可以形式化如下：

---

〔51〕　Cf. R. Dworkin, *Taking Rights Seriously*, Harvard University Press, 1977.

R：$(\forall x)(\forall y)\{[死(x) \wedge 祖父(x,y)] \to 继承(y,x)\}$

反过来说，"没有人会从自己的错误中获利"的原则可写为：

P：$(\forall x)[错误(x) \neg 利益(x)]$

一方面，既然弗兰西斯死了［死（弗兰西斯）］，且他是埃尔默的祖父［祖父（弗兰西斯，埃尔默）］，那么，根据假言推理，我们可以得出结论，埃尔默从弗兰西斯那里因继承而获利［继承（埃尔默，弗兰西斯）］：

58
$(\forall x)(\forall y)\{[死(x) \wedge 祖父(x,y)] \to 继承(y,x)\}$

死（弗兰西斯）

祖父（弗兰西斯，埃尔默）

继承（埃尔默，弗兰西斯）

另一方面，埃尔默是错误的（杀害弗兰西斯），因此，根据我们阐述的原则，他不得从他的行为中获利［$\neg$获利（埃尔默）］：

$(\forall x)[错误(x) \to \neg 获利(x)]$

错误（埃尔默）

$\neg$获利（埃尔默）

如果我们预设看上去显而易见的东西——继承是获利的事实{它可以形式化为：$(\forall x)(\forall y)[继承(yx) \to 获利(y)]$}，那么，我们对规则 R 和原则 P 的形式化就产生了一个矛盾。一方面，应用我们得到的规则继承（埃尔默，弗兰西斯），因此，根据上述关系，得出结论获利（埃尔默）；另一方面，应用原则使我们得出结论$\neg$获利（埃尔默）。

我们的分析表明解决这个问题的方法为：在规则 R 的形式化

中，我们必须将原则 P "创制" 例外包含进来，从而成为：

$$(\forall x)(\forall y)\{[死(x) \wedge 祖父(x,y) \wedge \neg 错误(x)] \rightarrow 继承(y,x)\}$$

现在，这个论证得出的结论是，埃尔默因从弗兰西斯那里继承而获利 [继承（埃尔默，弗兰西斯）] 被阻止：

$$(\forall x)(\forall y)\{[死(x) \wedge 祖父(x,y) \wedge \neg 错误(x)] \rightarrow 继承(y,x)\}$$

死（弗兰西斯）

祖父（弗兰西斯，埃尔默）

错误（埃尔默）

现在我们不能把假言推理用到 R 中，是由于得出错误（埃尔默），而不是 ¬错误（埃尔默）。

这里所提出的解决方案令人满意吗？很容易看到，R 在结构上不像其表示的规则。这种形式化也不是模块的。人们很容易想到，说孙子因从其死去的祖父那里继承而获利的规范，在和某种原则相反时可能 "失效"。这个某种例外在 R 的形式化中也必须被包含进来。如果在规则和原则之间存在相互作用，那么，模块化的缺乏会有灾难性的后果。在特殊情况下，原则可以 "创制" 规则的**例外**，这些例外的数目在理论上是不可预见和潜在无限的。因此，没有人能构建任何法律规则 "最终" 的形式化，因为总是有一种可能性，在某些情况下，一个原则将会 "创制" 一个额外的例外。

当人们转移到非单调逻辑时，这些问题就被忽略了。在 DL 中，R 变成：

$$R:[死(x) \wedge 祖父(x,y)] \Rightarrow 继承(y,x)$$

并且原则：

$$P:错误(x) \Rightarrow \neg 获利(x)$$

正如在古典形式化的情况下，我们不得不增加：

$$(\forall x)(\forall y)[继承(y,x)\rightarrow获利(x)]$$

各种原则非常容易地"创制"没完没了的 R 规则的各种例外，要处理这些问题，非单调形式化中的模块使其成为可能。这些例外不一定包括在 R 的形式化中。

到目前为止，我们还没有看到在 DL 中如何运用法律规范。这个过程是极具特色，甚至可能被视为是有问题的。

首先，让我们回忆一下上文介绍的第 1、2 和 3 条款的经典、单调的形式化（为了简单起见，我们省略第 4 条款）：

A1：$\forall x\{[18\_岁(x)\wedge\neg精神\_疾病(x)\wedge\neg已婚(x)]\rightarrow能力(x)\}$

A2：$\forall x[精神\_疾病(x)\rightarrow\neg能力(x)]$

A3：$\forall x[已婚(x)\rightarrow\neg能力(x)]$

现在想象两种情况。第一种情况是，约翰超过 18 岁、没有精神疾病且未婚。根据第 1 条款，我们得出这样的结论：约翰有法律行为能力 [能力（约翰）]：

$$\forall x\{[18\_岁(x)\wedge\neg精神\_疾病(x)\wedge\neg已婚(x)]\rightarrow能力(x)\}$$

60 18_岁（约翰）

$\neg$ 精神_疾病（约翰）

$\neg$ 结婚（约翰）

————————————————

能力（约翰）

通过第 1 条款形式化与已知事实的假言推理的简单图式的运用，我们得出这个结论。该图式可以应用在第二种情况中，即约翰除了超过 18 岁外，且已婚。这一次我们根据第 3 条款得出结论，约翰没有法律行为能力：

$$\forall x[\text{已婚}(x) \rightarrow \neg \text{能力}(x)]$$

$$\underline{\text{结婚（约翰）}}$$

$$\neg \text{能力（约翰）}$$

在非单调形式化中，确定两种情况下法律规范的逻辑结论要更加复杂。在 DL 中，第一种情况如下。我们有三条法律规范：

$$A1:18\_\text{岁}(x) \Rightarrow \text{能力}(x)$$
$$A2:\text{精神}\_\text{疾病}(x) \Rightarrow \neg \text{能力}(x)$$
$$A3:\text{已婚}(x) \Rightarrow \neg \text{能力}(x)$$

且有以下事实：

$$18\_\text{岁（约翰）}$$

$$\neg \text{精神}\_\text{疾病（约翰）}$$

$$\neg \text{结婚（约翰）}$$

根据这些前提只能建立一个论证：

$$18\_\text{岁}(x) \Rightarrow \text{能力}(x)$$
$$\underline{18\_\text{岁（约翰）}}$$
$$\text{能力（约翰）}$$

既然我们只有一个论证，其结论——能力（约翰），就是在第一种情况下得出的逻辑结论。

在第二种情况下，除了表示我们三条规范的公式外，我们 61 也知：

$$18\_\text{岁（约翰）}$$

$$\text{已婚（约翰）}$$

我们现在可以建立两个导致矛盾结论的论证：

（A）

$$18 \_\_ 岁(x) \Rightarrow 能力(x)$$

$$18 \_\_ 岁（约翰）$$

能力（约翰）

和

（B）

$$已婚(x) \Rightarrow \neg 能力(x)$$

$$已婚（约翰）$$

$\neg$ 能力（约翰）

在第二种情况下，为了确定合乎逻辑的结论，我们必须对论证（A）和（B）进行比较，或者更确切地说，"权衡"在论证中产生的两条法律规范：第 1 条和第 3 条。因为第 2 条规定构成第 1 条的一个例外，它可以在位阶中置于"更高"，因而论证（B）优于论证（A）。因此，论证（B）的结论———$\neg$能力（约翰），是第二种情况下必然的逻辑结论。

上文表明，DL 显示了结构相似和模块化，这会导致法律规范较为复杂的应用（在给定的案件中确定逻辑结论）。在这方面经典的形式化比较简单。然而，一旦情况比应用第 1～3 条款更加困难时，这种经典演算的优势就消失了。例如，让我们看一下里格斯诉帕默案。在经典的形式化中，一旦引进从原则"没有人会从自己的错误中获利"所导致的例外，我们就得出以下复杂的公式：

$$R:(\forall x)(\forall y)\{[死(x) \wedge 祖父(x,y) \wedge \neg 错误(x)] \rightarrow 继承(y,x)\}$$

我们不会将本规范适用于里格斯诉帕默案，因为没有满足其中的一个联言支，即没有得出 ¬ 错误（x）（因为埃尔默做错了）。

在 DL 中，我们得出： 62

$$R:[死(x) \wedge 祖父(x,y)] \Rightarrow 继承(yx)$$
$$P:错误(x) \Rightarrow \neg 获利(x)$$

在案例分析中，得到以下事实：

死（弗兰西斯）

祖父（弗兰西斯，埃尔默）

错误（埃尔默）

这使我们能够建立两个论证：

（A）

$$[死亡(x) \wedge 祖父(x,y)] \Rightarrow 继承(yx)$$

死（弗兰西斯）

祖父（弗兰西斯，埃尔默）

继承（埃尔默，弗兰西斯）

和

（B）

$$错误(x) \Rightarrow \neg 获利(x)$$

错误（埃尔默）

¬ 获利（埃尔默）

而且由于受益于继承是获利的 $\{(\forall x)(\forall y)[继承(y,x) \rightarrow 获利(x)]\}$，两个论证的结论相互矛盾。比较论证（A）和（B），我们"权衡"规范 [死（x）$\wedge$ 祖父（x，y）] $\Rightarrow$ 继承（yx）和错误（x）$\Rightarrow \neg$ 获利（x）。在里格斯诉帕默案中，纽约上诉法院给后

一条规范以优先地位，接受了论证（B）中得出的逻辑结论。

让我们稍微修正一下这个案件，假设埃尔默杀了他祖父，但并不是有意的。他当然是错误的，根据法院运用的那条原则，他不应该从行为中受益。规则 R 在经典逻辑中的形式化应用得出的结论是，在所修正的情况下，埃尔默没有从对弗兰西斯的继承中受益。但是，可以说，这修正后的情况与原初情况是不同的，剥夺埃尔默的权利是不公正的。这样的推理在 DL 中可以很容易地表示出来。此外，在这个"权衡"论证（A）和（B）规范的过程中，会优先考虑第一条规范。那么，很明显，在 DL 中这些规范的"复杂"应用的灵活性可能有深刻的实际后果。

2.5.5 两点评论

在我们对 DL 介绍的结尾部分，我们想增加两点评论。首先，以"证成传递"观念替代"真值传递"观念，使人们把 DL 作为一种把握法律推理实用方面的逻辑，并且寻找实用的逻辑结论观念。其次，非单调系统可以作为一个根据，以此质疑那个命题，即：逻辑的作用仅限于证成的语境中。在 DL 中应用规范的复杂程序，可以被看作是试图把握发现语境的形式方面。

2.6 小 结

我们对法律推理逻辑重构的分析，虽然不能包罗万象，但可以作为与运用逻辑方法性质和范围相关的一些结论的基础。首先，它们表明，关于法律话语的逻辑看起来像是什么，并没有达成共识。应该说，我们介绍的形式化并不是互补的。在大多数情况下，它们是并不相容的形式系统。例如，可废止逻辑的支持者提出论证反对经典逻辑，而行为道义逻辑的建构者们则反对在 SDL 中责任被定义的方式。

其次，每一种提出法律话语逻辑的尝试都面临两类问题。一方面，存在一般的、哲学性质的问题。约根森困境、各种责任的考量、反对把非单调系统标记为"逻辑"等都是例证。另一方面，存在一些更具体的问题，如道义逻辑的种种悖论。然而，重要的是，这些问题并不会导致人们放弃构建一种法律话语逻辑的尝试；相反，它们鼓舞了在该领域中进行新的研究。

我们想再强调一点：直觉在建立规范逻辑中起着重要作用。在某些情况下，正是直觉位于"悖论"感受的背后。这并不是说直觉决定一切，而是说它的作用是不可低估的。

关于规范逻辑的当代研究，还有一个特点：引入越来越复杂的 64
语义学，以此方式提出新系统来克服不断发生的悖论。这种"语义学战略"最近已由另外的语用成分而得到扩展。我们必须强调，直觉和语义学，再加上一点语用学，几乎在目前进行的任何逻辑研究中，都可以发现当代规范逻辑的这个特点。

必然还存在一个疑问，我们对运用逻辑方法界限的分析，其结论应该是什么。应当注意到，当代法律话语逻辑的目的是"征服"，它要超出经典逻辑的所作所为。是否逻辑的作用应限于证成的语境，或试图对里格斯诉帕默等疑难案件进行逻辑分析，应当回忆一下这些问题。情况表明，没有什么问题不可以从一个合乎逻辑的观点进行分析。即使是疑难案件也有一个逻辑维度。当然，并非可由逻辑建构运算法则来解决可以想象到的每一个法律案件。然而，随着逻辑方法的扩展，不可能确定形式工具应用的严格界限。这种界限可能只是表明这样一个事实，即逻辑的作用依然是，根据给定的前提，我们可以接受某种结论。然而，至少是**显而易见**的，这也是分析和论证的目的，我们甚至可以说，这

也是诠释学的目的。

最后，我们想提一下上文没有讨论的那些逻辑：归纳逻辑和概率逻辑。我们对这些逻辑的省略，并不意味着在法律推理的逻辑建模中它们不重要。它们可以很好地服务于有关证据的某些论证的重构。然而，我们决定对它们不作介绍，是因为在法律话语中，它们的应用并无"特殊"之处。换句话说，这些形式化与任何特殊方式的实践话语并不相联。

除了上文提到的那些，还有可能在文献中找到其他种类的"逻辑"：非形式的、话语的、论辩的，等等。我们故意给"逻辑"插入引号，因为其所涉及的理论，与本章如何理解逻辑无关。我们不是想说，我们认为这些概念是无用的。然而，引入它们会破坏我们行文的连贯性。此外，它们的基础观念与第 4 章讨论的法律论证理论的基础观念相类似。

3.1 导　论

对分析很难下定义。主要原因是有许多程序被标记为"分析"。当然这里我们关注的只是其中少数，例如，化学分析将不予考虑。我们将只专注于那些可用于推理、解释或论证的分析工具。

下文将确定分析概念的三种基本含义并介绍其简史，然后描述在法哲学中扮演重要角色的两种分析方法。这些方法是语言分析和经济分析。

3.1.1　分析的概念

从历史上看，曾提出过很多对分析的定义。为便于论述，我们以三个范式为例开始阐释。古希腊数学家帕普斯（Pappus）说：

> 在做分析时，我们假定被探寻者已经存在，而且从中能得出什么结论，以及后者的前提是什么，我们对此进行研究，直到我们依据后推的方法发现已知的和原初的某物。我们称这样的方法为分析，它是一个后推的方法（向后推理）。[1]

---

〔1〕　Quoted after J. Hintikka, U. Remes, *The Method of Analysis*, Dordrecht, D. Reidel, 1974, p. 8.

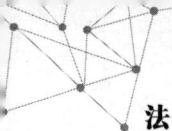

而笛卡尔（Descartes）在其著作《指导心灵的规则》（*Regulae ad directionem ingenii*）中这样评论：

> 如果我们要完全理解一个问题，我们必须使之从任何多余的预想中解脱出来，将其还原为一些最简单的术语，并通过列举的方法将其划分成一些最小的可能的部分。[2]

几百年后，罗素提出了关于分析的另一种定义：

> 我们［分析］是从一个共同知识体开始，它构成了我们的材料。在检验中，我们会发现材料是复杂的，相当模糊的，并在逻辑上、在很大程度上是相互依赖的。通过分析我们将其还原为命题，这些命题尽可能地简单、精确，我们在演绎链中将其整理，其中一定数量的原初命题为其余命题提供了保证。[3]

70　　上述关于定义的引文看上去描述了一些有区别的、尽管并非完全不同的步骤。第一个定义是探寻逻辑理由的分析（让我们把它标记为分析$_1$）。第二个定义是"分解"（分析$_2$）。第三个定义将分析转化成一种语言，它满足一些特定的条件，如简单或精确（分析$_3$）。这三个设想，[4]即作为探寻逻辑理由的分析、作为分解的分析、作为转化的分析，其中分析$_2$看上去与我们的直觉最相符。在欧洲各种语言的词典中，通常将"分析"理解为从复杂概念转化为简单概念的方法。这样定义的分析通常与综合相对应，即综合是一

---

〔2〕　R. Descartes, *Regulae ad directionem ingenii*, Rodopi Bv Editions, 1998.

〔3〕　B. Russell, *Our Knowledge of the External World*, Routledge, London 1993, p. 214.

〔4〕　比尼（M. Beaney）确定了相似的分析类型。M. Beaney , in "Analysis", *Stanford Encyclopedia of Philosophy*, plato. stanford. edu. Beaney tags them: *regressive analysis, decompositional (resolutive) analysis and transformative (interpretive) analysis.*

个从简单因素创建复杂事物的过程。

让我们关注一下分析$_2$，与其他两个概念的不同之处在于，一方面，它有作为其对象的概念，即被分解成更简单的概念。另一方面，分析$_1$与分析$_3$关涉句子或命题。只有命题可以有逻辑推理，而且只有句子可以转化成其他的句子（句子也可以分解，但那样的话，它们被视为句法现象而非意义的载体）。必须指出的是，这种差异并不像乍一看上去那样重要。作为维也纳学派与分析哲学的一个重要代表人物卡尔纳普（R. Carnap），他把逻辑分析定义如下："对一个特定表述的逻辑分析在于，建立一个语言系统，并把这个表述置于这个系统中"。[5]当然，所说的表述可以指一个特定的概念。因此，在分析$_2$与分析$_3$之间可能存在着非常紧密的联系。

3.1.2 分析的概念史

古代思想家运用了不同的分析方法。研究那些追寻正确定义的过程，非常有趣。这种方法常常与苏格拉底（Socrates）的名字相联，在柏拉图（Plato）对话中得到了很好的表述。苏格拉底方法是分析$_2$的一个例子。另外，可以在对话的那些残篇中找到分析$_1$，柏拉图在此提出一个假设，并探寻接受它的理由。在亚里士多德的"分析篇"里也有分析$_1$，这本著作为逻辑研究奠定了基础。有一点很有趣，在古代，只有分析$_1$在理论上得到描述（尤其在已经引用过的帕普斯的著作中）。

在中世纪，尤其是 12 世纪的"复兴"之后，分析方法被广泛运用，这在经院学派的成果中很容易看到。我们极易赞同波亨斯基 71

〔5〕 R. Carnap, "Die Methode der logischen Analyse", in *Actes du huitième Congrès internationale philosophie, à Prague 2 – 7 Septembre 1934*, Prague：Orbis, 1936, p. 143.

（J. M. Bochenski），[6]精确层面上的分析的复兴不会早于 20 世纪的观点。相比之下，中世纪并没有提供任何新的、充分发展的分析方法，除了约翰·布里丹（John Buridan）的某些理论外。

在对分析进行方法论上的探讨中，笛卡尔的著作构成了重要的一环。在"关于方法的讨论"中可以找到一个段落，它在推理的四原则之间进行了区分，并介绍其中之一如下：

> 把我检查到的每个困难分成尽可能多，且为了更好地解决它们而可能需要的部分。[7]

这里很少质疑笛卡尔的观念：分析即分解（分析$_2$）。这个分析概念在著名的《波尔·罗亚尔逻辑》（*Logic of Port Royal*）中得到了普及，这本书来源于笛卡尔精神，作者是阿尔诺（Arnauld）和尼古拉（Nicole）。该著出版于 1662 年，直到 19 世纪都一直是逻辑学的基本教材，它导致了对分析$_2$的普遍接受。可以在现代最伟大的哲学家们的著作中找到分析$_2$的方法，如莱布尼茨、英国经验主义学派和康德。

分析的第三种意义，即作为转化的分析，其始于在哲学上所谓的"语言学转向"之后，是对这个重要方法论概念的分享，它随着弗雷格、摩尔、罗素和怀特海著作的出版而产生。关于"语言学转向"引发分析概念如何改变，这里讲一点以便于理解。大胆点说，在语言学转向前，至少从笛卡尔开始，哲学家们对思维或推理的构成感兴趣。"内篇"或者如"方法篇"的作者所言，"人类心灵的观念之链"构成哲学家兴趣的对象。这种兴趣加上对推理的一种特

---

〔6〕 See for instance J. M. Bocheński, "Subtelność"［精确性］, in *idem*, *Logika i filozofia. Wybór pism*［逻辑和哲学选集］, PWN, Warszawa 1993, pp. 133 ~ 149.

〔7〕 Descartes, *Discours de la méthode*, French and European Pubns, 1965.

殊理解，它基于"看"的隐喻：对于笛卡尔来说，"思"的意思是"用心灵的眼睛去看观念"。那么，在这样一个框架中，让哲学家们感兴趣的是观念或概念，以及分析所带来的将复杂图景分解成简单图景的方法，这并不奇怪。语言学转向之后，情况发生了变化：句子现在占据了原来由概念所把持的中心地位（虽然概念在一些分析哲学中仍起重要作用）。[8]

然而，这并不是说，语言学转向的哲学家们完全不知分析作为 72
分解的观念。罗素写道：

> 分析可以定义为对一个给定复杂体的构成要素和组合方式的发现。该复杂体是一个我们所熟悉的整体；当我们熟悉其所有构成要素及其组合方式，并知道其没有更多的构成要素、这就是它们的组合方式时……，就完成了分析。[9]

上文表明，并不总是能够在上述三种分析之间做出区分。甚至可以说，并没有三种分析，它们只不过是相同过程的三个方面，根据分析的目的、已接受的哲学预设等，不同方面发挥或多或少的作用。[10]然而，这样的解决方案，即尽可能使其简单，使一个分析的精确定义成为不可能。

小结：不能给分析很容易地下个定义。这就是说，人们可以确定三种类型的分析，但任何给定的方法都可能或多或少地与其中之一相类似。例如，数学分析首先与逻辑推理研究相关。无论如何，上述三种类型可以为描述任何运用（或假设）的分析方法提供基础。

---

〔8〕 Cf. I. Hacking, *Why Does Language Matter to Philosophy*, Cambridge University Press, 1975.

〔9〕 B. Russell, *Theory of Knowledge*, George Allenand Unwin, London, 1984, p. 119.

〔10〕 That is how M. Beaney puts it, see his "Analysis", *op. Cit.*

3.1.3 分析哲学

20 世纪发生了一个哲学运动，就是通常所说的"分析哲学"。将分析哲学描述为一个以分析为方法的思想学派是不恰当的，因为有许多其他哲学传统也在运用分析。这个问题是由于，称为"分析的"学派具有多样性，很难建立必要或充分条件来把某人称为一个"分析哲学家"。

波亨斯基主张，关于分析哲学有四个关键词：分析、语言、逻辑和客观主义。[11] 他把分析理解为与哲学综合相对；哲学家的任务并非构建一个无所不包的体系，而是要解决具体问题。关键词"语言"意指将语言作为哲学化的基本媒介，"逻辑"则强调分析哲学家对形式工具的信任，"客观主义"则反对任何主观主义。

73　　上述原理在分析哲学的不同学派中得到不同程度的实现。例如，维也纳学派的成员和追随者特别强调运用逻辑方法。相反，牛津日常语言学派认为逻辑无用而拒绝逻辑，其专注于刻苦分析日常语言如何实际运用语词。因此，波亨斯基的主张并非关于分析哲学的一个定义，而只是表明对于分析哲学家而言的重要原理。

通常将分析哲学家分为两"翼"（阵营）。一翼为重构者，他们的目的是用逻辑工具改造日常语言。另一翼为描述者，其目的只是描述日常语言如何发生作用，并运用非形式特征的方法。常常将重构的方法指称为"强式"，而描述的技术则被称为"弱式"。因此，一方面，我们有"强式"（形式）分析哲学家，另一方面，也有"弱式"（非形式）分析哲学家。

上述划分在今天是有问题的。但它在 20 世纪中期却有很好的

---

〔11〕　J. M. Bochenski, "O filozofii analitycznej"〔分析哲学〕, in *idem*, *Logic …*, *op. cit.*, p. 38 ff.

理由并得到确证。一方面，"形式方法"以维也纳学派的成员及其追随者为代表（二战后他们居住在美国或英国）。另一方面，"非形式"方法则由剑桥时期的维特根斯坦和牛津日常语言学派运用。两种方法的区别是显而易见的，正如在分析哲学两翼代表之间那样。

摩尔（G. E. Moore）被认为是分析哲学"开创之父"。他的《伦理学原理》（*Principia Ethica*，1903 年）标志着一门在共同感基础上专注于概念分析的哲学的诞生，它与新黑格尔主义相对立。很容易将摩尔划分为分析哲学之非形式那一翼的代表。对于维特根斯坦的"后期"哲学或牛津日常语言学派也可以这样说。

在摩尔"开创"非形式分析哲学时，"形式"那一翼也开始出现。德国逻辑学家弗雷格通常被认为是这个哲学路径中的第一个代表人物。弗雷格的著作不仅成为逻辑史，而且也是"强式"分析的一个里程碑，除此而外，还应当提到罗素与怀特海于 1910～1913 年出版的《数学原理》。根据《数学原理》的精神，维特根斯坦写出了他的第一本主要著作《逻辑哲学研究》（*Tractatus Logico-Philo-sophicus*）。在 19 世纪 20 年代由石里克（M. Schlick）创立的维也纳学派将哲学中运用逻辑方法的观念激进化。在这个学派的成员中，应当提及纽拉斯（O. Neurath）、卡尔那普和魏斯曼（F. Waissmann）。不太激进、仍然处于逻辑路径的是另一个著名的哲学学派：洛文—华沙（Lvov-Warsaw）学派，其开创者是特瓦多夫斯基（K. Twardowski），著名的成员有：卢卡斯威茨（J. Łukasiewicz）、列斯尼也夫斯基（S. Leśniewski）、阿杜科也威茨（K. Ajdukiewicz）、塔尔斯基、科塔宾斯基（T. Kotarbiński）及其他人。

更为现代的分析方法主要以美、英哲学家为代表，不能轻易地将其划分为形式或非形式，虽然在某些情况下这样的分类在一定程

74

度上可以得到确证。一方面，蒯因可以被称为"强式"分析的代表，欣蒂卡也是如此。另一方面，伊文斯（G. Evans）则运用相对"弱式"的方法。然而，诸如普特南（H. Putnam）、达米特（M. Dummett）和戴维森（D. Davidson）则不能轻易地被划归为两组代表中的任何一组。

在分析哲学家们运用的很多方法中，我们在下文中仅考查语言分析，这是牛津日常语言学派的特征。关于这一点有几个原因。首先，分析哲学有着丰富的方法论，要陈述一切是不可能的。其次，语言分析是一种相对容易界定的方法。再次，在法律理论与法哲学中，它具有重要的作用。最后，它是一种非形式分析的事例类型。

在第二章里我们也写到了强式分析，其致力于在法律推理的逻辑重构中提出不同的尝试。那里所提的逻辑系统是"强式分析"的工具。这种形式分析是把自然语言表述转换为某种逻辑系统，并从所获得的形式化中得出结论。虽然在第二章中我们没有给转换的真实过程予以相应的注意，但在重构法律论证的所有地方都运用了转换。在第二章里所提到的逻辑方法的发展也是另一种分析的阐述。我们所描述的逻辑系统构成了法律规范、责任、许可等概念定义的分析$_2$。

决定给逻辑和分析安排成单独的章节，并非要夸大"弱式"和"强式"分析的区别。我们所考虑的是陈述的一致性。对法律推理逻辑重构的历史方法的阐述，可使人们看到形式化方法的发展，并确定法律推理中的重要逻辑问题。从这个角度来看，混淆"强式"和"弱式"方法会使法律理论中逻辑研究的图式更不清晰。

75　　　我们必须增加对一个术语的讨论。下面我们将介绍语言分析，牛津日常语言学派的成员们在最纯粹的形式意义上使用它。上文已经表明，它是一个"弱式"、非形式分析的典范。就"语言分析"
而言，人们也可以将其称为"语言哲学"。语言分析（哲学）必须
从关于语言的哲学中区分出来。语言哲学被确定为某种方法，而关
于语言的哲学则被确定为某种学科。关于语言的哲学因此可以随着
语言分析、形式方法、现象学等的使用而得到发展。反过来，语言
哲学并不局限于发展一种语言理论，它可能关涉任何哲学问题。

3.2　语言分析

现在我们打算考查一下语言分析的基本预设，特别是它附属于
日常语言的特殊作用。然后介绍几个经过语言分析的重要的法律理
论概念。

3.2.1　语言分析的历史和基本预设

被标记为"弱式"的哲学分析可以在作为分析哲学"开创之
父"之一的摩尔的著作中找到。比如在《伦理学原理》（1903 年）
中，摩尔提出了共同感哲学，它广泛使用了对语词日常意义的分
析。剑桥分析学派的一些哲学家，如威斯登（J. Wisdom）、布莱克
（M. Black）和斯蒂宾（S. Stebbing）也运用了类似的方法。

关于语言分析，人们不得不提到维特根斯坦的"后期"哲学。
维特根斯坦声称其在《逻辑哲学研究》中已经解决了所有主要的哲
学问题，同时，在该著出版后的 20 世纪 20 年代，他决定不再从事
任何"学术职业"。20 世纪 30 年代初，他又回到剑桥进行了哲学思
考。然后他提出了一个新观念，一反旧著中运用的观念，他抛弃了
逻辑，转而赞成形式多样的日常语言分析。

在牛津的奥斯汀及其追随者提出了语言分析的经典形式。作为
《如何以言行事》（*How to Do Things with Words*，1962 年）的作者，

奥斯汀把普通的语言置于哲学关注的中心，主张对以微妙的方式发挥作用的日常语言进行分析，这是处理哲学问题的正确方法。在牛津学派的其他代表人物中，应当提到斯特劳森（P. F. Strawson）和赖尔（G. Ryle）。还应该把塞尔（J. Searle）加到这个名单里，虽然他并没有把自己当作一个语言哲学家。

76　　　斯特劳森重视语言分析的方法表明，它可以应用于所有的传统哲学学科，包括形而上学［《个体》（*Individuals*），1959 年］。从 20 世纪 30 年代起，赖尔在英国哲学界就是一个极具影响力的人物。他的主要著作是《心灵的概念》（*The Concept of Mind*，1949 年），书中对笛卡尔二元论进行了抨击。塞尔在转向心灵哲学问题前，在《言语行为》（*Speech Acts*，1969 年）中进一步发展了奥斯汀式的语内表现行为概念，我们将在下文中阐述。

在运用语言分析的法律哲学家中，应当关注到哈特，而且也可在德沃金或拉兹（J. Raz）的著作中追溯这种分析的一些元素。在这里提及奥派克（K. Opatek）并不恰当，他在其专著《基于方针与规范的理论》（*Z teorii dyrektyw i norm*，1974 年）中运用"强式"和"弱式"方法分析了诸如"指令"、"规范"或"命令"等概念。

很难精确地说明语言分析是由什么构成的。人们可以说，那就是在日常语言中运用的概念分析，然而，这既不精确也不充分。通过考查斯特劳森关于这方面的言论，我们将开始尝试描述语言分析。

语言分析最重要的特点是，日常语言有着特殊地位。斯特劳森认为，从哲学角度来看，将概念作为基础，如果有这样的事情的话，它是要在非技术的、日常语言中探寻，而不是在专门的语言里。[12]那些包括科学语言的专门语言，相对于日常语言来说是第二

---

〔12〕　P. F. Strawson, *Analysis and Metaphysics*, Oxford, 1992, p. 2 ff.

位的，因为在熟悉各种科学的理论概念时，预设了早些时候已熟悉的日常活动的前理论观念。斯特劳森说，日常语言是基于所谓的概念图式，即我们日常和科学思维的一般结构；[13]哲学的目的是发现和分析这种结构。这当然是很强的预设，虽然可以阐述一些支持它的理由。例如，在奥斯汀的阐述中，我们可以发现：

> 我们语词的共同积累体现了所有的区分，人们发现这样做很有价值，而且人们发现建立其中的联系也很有价值，在代代相传的生命中：比起你或我一个下午在扶手椅里可能会想到的，这些肯定会更多、更可靠，因为它们经得起优胜劣汰的长期检验，而且更微妙，至少在所有普通和合理的实际问题上，它是最受青睐的替代方法。[14]

这一段中最引人注目的是"适者生存"，这让我们把奥斯汀的日常语言具有一种特殊地位的论证称之为"进化的论证"：如果日常语言是一个长期进化的结果，人们可以推论，它很"适应"世界。换句话说：如果它是一个有效的工具，它肯定包涵了一些关于世界的知识。

最具说服力的是，进化论证不足以使奥斯汀主张日常语言是哲学思维的"终极语词"。正如《如何以言行事》的作者所言：

> 事实上，[日常语言]体现了比石器时代的形而上学更好的东西，即如我们所说的所继承的经验和多少代人的智慧。……[但是]当然，日常语言不是最终的：原则上到处都可以对

〔13〕 See the entry "Metaphysics" in: *The Concise Encyclopedia of Western Philosophy and Philosophers*, Routledge, 1992.

〔14〕 J. L. Austin, "A plea for excuses", *Proceedings of the Aristotelian Society*, 1956 – 7, p. 125.

其加以补充、改进和取代。要记住，这只是最初的言语。[15]

奥斯汀的观点不仅削弱了进化论证的结论。在这段引文中，人们可以发现更多：语言分析的一种具体观念，这是一个对斯特劳森观念的可替代物。一方面，根据斯特劳森的理论，概念性图式的分析隐藏在日常语言之后，它是哲学的最终目的。另一方面，奥斯汀主张分析日常语言发生作用的方式；但其所谓的分析只是作为哲学的一个出发点而不是其最终目的。只有通过分析语言，人们才能为严肃的哲学事业做好准备。如上所述，我们可以将斯特劳森的分析观念称之为最大路径，而奥斯汀的则为最小路径。

下文我们将考查最小和最大两条路径。在3.2.2节中所介绍的哈特的分析是最大而非最小路径。在第3.2.3节所介绍的言语行为理论就是一个最小路径图式的例子。

对语言分析图式最重要的异议可以归结如下：如果哲学将自己限定为仅描述概念如何在日常语言中起作用的话，那么它是一个应然的漫画，即对重要问题的深入探寻。非形式哲学家对此以下面的隐喻回应，这也许可称之为"语法"。我们大多数人都能够使用我们的语言，不会产生许多严重的错误。然而，这并不意味着，我们知道所有语法规则。像语言学家发现了语法规则，哲学家分析支配我们经验的规则，但我们并不（也不必）知道。这样的分析不能被称为只是一个"漫画"。

另一个问题与语言分析的具体特征相关，斯特劳森非常强调这一点。语言分析的目的不是要发现"简单元素"。打个比方来说，这毋宁是试图绘制一幅概念设计图式的地图。《个体》的作者呼吁我们放弃分析必须通往简化的想法。相反，他建议设想一个网络模

78

---

〔15〕 *Ibidem*, p. 126.

型、一个互联单元的系统，从哲学视角来看，其中每一单元只有在与他者的相互联系被把握之后才可得到正确的理解。[16]

这种哲学方法并不适合上述三种分析模型中的任何一种，这是显而易见的。它与逻辑推理研究，或从一种复杂语言转换成一种简单语言无关。此外，斯特劳森明确声明，在实现更大的简化过程中，这并没有帮助。然而，我们相信，人们不应该想当然地认可斯特劳森的观点。斯特劳森的概念图式是基础的东西，这不正确吗？哲学家的任务是发现图式，但也要将其与哲学问题关联。比如：斯特劳森阐述笛卡尔的二元论问题，从任何标准来看，这都是一个重要的哲学问题，在概念图式中确定，存在着一个人的概念，从一些重要方面来看，它的确与一个物的概念不同。可对二元论的问题进行分析，来反对这个重构的日常语言的概念图式的片段背景。因此，在斯特劳森看来，分析的目的不仅是为了发现（描述）概念性图式，而且也是要通过与此图式相关联来处理哲学问题（下文将说明这一点，特别是在 3.2.2 节）。因此，可以说，在其最大的形式中，语言分析是分析$_3$的一个实例。随后我们将回到这个有争议的问题。

语言分析的支持者都意识到了所提出的许多反对其方法的意见，他们已经阐述了各种回应。为了更准确地评估将语言分析运用于法律的长处和局限，有必要更为仔细地考查这种方法在实践中如何运作。

3.2.2 法律概念图式

让我们更为仔细地考查一下哈特如何用语言分析方法以阐明"法律的概念"。从最高的角度来看，哈特的事业可以被看作是表明

---

[16] See *Analysis* …, *op. cit.*, p. 15 ff.

法律概念如何在我们的概念图式中产生作用的尝试。因此，人们在哈特的分析中不会找到法律的定义，即在描述法律时把法律还原为更为原初的元素。此外，在《法律的概念》（*The Concept of Law*）

79　中，哈特运用了非定义的方法。这种方法与奥斯汀学派中盛行的对语言普通概念的诊治相联系。

　　这样的概念必然是含糊的。因此，每一个概念都有确定意义的核心和不确定的边缘；换句话来说，那肯定有对象被包含在概念的外延里，但也有很多边界事例，即不能轻易地置于概念外延的内部或外部的对象。关于这样的概念、定义，根据传统理解，就是要为给定对象的给定概念确定具有必要和充分条件的集合，毫无意义，因为它导致边界事例的消除，并因此创造了一个关于概念如何在日常语言中起作用的虚假的图像。

　　然而，这种非定义的方法并不意味着人们对日常语言概念无法说什么。相反：日常语言的首要原理使对各种概念及概念之间相互关系的细致分析成为可能。然而，结果是，我们从未得到一个简单的定义。当哈特在其代表作中提出："……这本书提供的是对法律概念的说明而不是一个'法律'的定义"。[17]

　　哈特这样来开始他的讨论：通过批判 19 世纪英国哲学家奥斯汀对法律的定义，奥斯汀是《法理学范围》（*The Province of Jurisprudence Determined*）的作者。[18]奥斯汀的定义通常被还原为下列口号："法律是通过制裁威胁而支持的秩序"。为了说明哈特如何通过语言分析抨击奥斯汀的定义，让我们从《法律的概念》中引用一个更长的段落。考虑到在这种情况下，"命令"这个词是适当的，这

---

〔17〕　H. L. A. Hart, *The Concept of Law*, 2nd edition, Oxford University Press 1994, p. 213.

〔18〕　J. Austin, *The Province of Jurisprudence Determined*, Hackett Publishing, Indianapolis, 1998.

位英国哲学家写道：

> ［它们］可由一名持枪歹徒呵斥银行职员为例得到说明：
> "把钱交出来，否则我就开枪了！"我们说，持枪歹徒是在**命令**，而非**要求**，更不是**恳求**银行职员交出钱，这种明显的特点与他的欲望一致，讲话人威胁可能要做某事，这让一个普通人感到伤害或不幸，这对于那个职员来说，放弃对钱实质上的管理是一种非法的行为。如果歹徒成功，我们会将他的行为描述为**强迫**职员，在这个意义上，职员处于持枪歹徒的暴力之下。从这些案例中可提出很多细致的语言问题：我们如果说，歹徒**命令**职员交出钱，职员照做了，那么这种说法或许是正确的，但如果说歹徒给职员**下达**了交出钱的**命令**，则可能会引起某种误解，因为这一相当军事化的用语表明了该歹徒具有发布命令的某种权利或权威，而这种权利或权威在我们的案例中并不存在。然而，如果说歹徒命令他的同伙把守大门，听起来则非常自然。[19]

这段话代表了"非形式"哲学家的论证方式。哈特提出了一个挑战奥斯汀定义的简单的反例。"把钱交出来，否则我开枪了"，歹徒的话可以被称之为以制裁威胁而支持的命令，但它不是"法律"。由此，哈特表明，关于法律概念是如何在日常语言中起作用的，奥斯汀的定义过于简单了。 80

通过提出许多类似的区分，哈特继续对奥斯汀定义进行分析。他表明，即使我们修改了这个定义，说所提到的秩序必须是一体共同遵循的，我们仍然远未能确定法律运行的概念。如果考虑到授权性规范或确定正确程序的规范，如意志的书面表达，这就很容易理

---

〔19〕　H. L. A. Hart, *The Concept …*, *op. cit.*, p. 19.

解了。这些都是法律规范，但它们不是一体共同遵循的、由制裁威胁而支持的秩序。

通过对如何运用"法律"进行分析，哈特认为，法律由原发性和继发性规则的联合而构成。原发性规则是关于授权或陈述责任的规则。继发性规则是关于原发性规则的规则：它们确定如何引进、修改和解释那些原发性规则。在继发性规则中也有承认规则，这使我们能够说出哪些法律规则是有效的。

哈特在不同的语境中分析了法律概念的这个预设，阐述了主权、正义、道德和国际法的问题，这也是为了表明其心目中法律概念的目的。这些问题中的最后一个特别令人感兴趣，反思一下国际法是否可以被称为"法律"，哈特有时运用一种被称为"范式论证"的方法。[20] 这种方法是指：要确定一个给定的现象是否可以被称为"X"，或者是通过表明该现象非常符合一个范式，即一个 X "模型"，或者是表明它在哪些方面与此不同。运用这个策略，哈特提出一个问题，即国际法是不是一个原发性和继发性规则之联合的事例。由于各种各样的原因，他的回答是否定的。在分析了国际法的问题，如缺乏制裁、缺乏承认的统一规则之后，哈特的结论是，国际法与国内法之间有一些相似性，这是一种原发性和继发性法律规则统一的范式。因此，国际法表现了"典型"法律的部分但不是全部特征。[21] 我们注意到，关于国际法是不是法这个问题，哈特的方法不需要一个确切的答案。这足以说明这是一个不明确的例子。当然，这事实上出于哈特的目的并不是要给出一个确切的法律的定

---

〔20〕 Cf. J. Woleński, "Wstęp. Harta *Pojęcie prawa*" 〔导论：哈特的法律概念〕, in H. L. A. Hart, *Pojecie prawa*, J. Woleński (transl.), PWN, Warszawa 1998, p. XIX. See also J. Woleński, *Issues* …, *op. cit.*

〔21〕 H. L. A. Hart, *The Concept* …, *op. cit.*, chapter X *passim*.

义，而只是要说明法律的概念在日常语言中如何发生作用。这种方法与奥斯汀在《法理学范围之限定》（*The Province of Jurisprudence Determined*）中提出的有所不同。界定了"实证法"后，奥斯汀毫不犹豫地声称，国际法不是实证法，因为它不能通过主权来执行。[22]

    由上面的例子可以得出一个虚假的结论，即语言分析无助于处理"真实的"问题，它只能用来批判其他的方法。如维特根斯坦所做的那样，撇开事实，即许多真实的问题只不过是些假问题，这源于我们对语言如何运行缺乏了解，而语言哲学尝试解决老哲学问题。这种尝试也可以在哈特的著作中看到。例如，这位牛津哲学家看重责任的概念，因而批判所谓的预测理论。总之：给定的责任意味着，如果不履行责任，就会有受到足够高的惩罚的可能性。哈特提出了两个论证来反对这个社会学观念。首先，他认为，一个规则的有效性不应与其适用性相混淆，似乎适用它只是因为认为它是有效的。

    其次，他根据"语言"的精神说：

      一个人有责任，意味着如果他不服从就有可能受到惩罚，如果这个陈述是真的，那么，这就是矛盾的。例如，说他有责任服兵役，但由于他已逃离管辖范围，或已成功贿赂警察或法院，因此没有任何机会抓住他或使他受到惩罚。事实上，这种说法是没有矛盾的，这种陈述常常出现且能被理解。[23]

    除了批评对责任的预测性解释外，还有一个特点，即哈特提出了自己的办法，用来解决责任概念和有关法律制度效率的陈述之间的

81

---

〔22〕 *The Province …, op. cit.*, p. 201.

〔23〕 *The Concept …, op. cit.*, p. 84.

关系问题。他声称，这些陈述可以被视为那些关于法律规范效力的陈述的预设。为了把握这一观念，有必要针对预设概念讨论一下。[24]

这种被称为"预设"的现象最初由弗雷格提到，后在斯特劳森的论文"论指称"中得到了一个成熟的哲学问题的地位。[25]斯特劳森的想法是要回应罗素对一个具体逻辑难题的解答。这个难题与"当今法国国王是秃头"这个句子有关。由于事实上法国是一个共和国，法国国王并不存在，引述的句子应该被视为假。然而，基于同样的理由，这个句子的否定："并非当今法国国王是秃头"也似乎为假。在这里，我们遇到一个真正的问题，如果认为两个句子都为假，那就打破了逻辑的基本规律，即排中律。

82　　　罗素是这样来解决这个问题的，他说，这两个句子逻辑结构显然不同于其语法形式所表现的那样。"当今法国国王是秃头"这个句子在逻辑上是三个句子的合取："存在 X，且 X 是法国国王"和"X 是秃头"和"只有一个 X"。这个句子为假是由于第一合取支为假（存在 X，且 X 是法国国王）。与此相类似，人们也可以这样来处理句子"并非当今法国国王是秃头"。

斯特劳森批评罗素的解决方案，主要是由于在一个句子的语法和逻辑结构之间人为地做了区分。[26]相反，他建议使用预设的概念。我们说，如果赋予 q 任何逻辑值的可能性要取决于 P 为真，那么，句子 p 是句子 q 的预设（或者，换句话说，q 预设 p）。我们可以说，q（或¬q）为真或假，当且仅当 q 的预设即句子 P 为真。所分析的句子"当今法国国王是秃头"和"并非当今法国国王是

〔24〕　Cf. J. Woleński, "Introduction …", *op. Cit.*

〔25〕　P. F. Strawson, "On Referring", *Mind* 59, 1950, pp. 320 ~ 344.

〔26〕　Cf. A. Grobler, "Presupozycje"［预设］, in R. Wójcicki, *Ajdukiewicz. Teoria znaczenia*［埃杜凯威兹·意义理论］, Prószyński i S - ka, 1999, pp. 96 ~ 105.

秃头"为真或为假，要取决于其预设即句子"存在着当今法国国王"为真。如果这个预设为假，正如我们所举的例子，那么所分析的句子不能被确定为真还是假。通常认为，不能被确定为真或假的句子是没有意义的。[27]

让我们回到有关责任和有关法律效力的陈述之间关系的问题上。哈特认为，后者是前者的预设。根据推测，此外他并不在确切意义上使用预设观念。相反，他会说，只有假定有关法律效力的陈述为真，才能把握有关责任陈述的全部意义。[28]

我们想在这里补充一点发现。似乎语言分析的整体方法，尤其最大路径，是"松散地"理解预设的研究。为了发现概念图式的元素，人们会追问，给定的语言现象预设了什么概念。

3.2.3　言语行为理论

语言分析最重要的成就之一是对语言众多方面的分析。它不仅考查一些特定的概念，如"法律"如何在语言中发挥作用，而且也考查这些"发挥作用的方式"是什么。在这个研究领域中，一条重要的线索是对实践话语（包括伦理与法律）的分析，以及对规则在其中作用的说明。[29]规则概念是维特根斯坦《逻辑研究》（*Philosophical Investigations*）中的一个中心对象。分析这个对象的其他作家有 A. 罗斯[30]、K. 奥派克[31]或 R. 德沃金。[32]

语言哲学的另一个重要方面是言语行为理论，让我们更为细致

83

---

〔27〕　范·弗拉森（B. van Frassen）提出了一种预设的语义学。B. van Frassen, "Presuppositions, supervaluations, and self-reference", *Journal of Philosophy* 65, pp. 136 ~ 152.

〔28〕　J. Wolenski, "Introduction...", *op. cit.*, p. XX.

〔29〕　Cf. R. Alexy, *Theory ...*, *op. Cit.*

〔30〕　A. Ross, *Directives and Norms*, London, 1968.

〔31〕　T. Opalek, *Z teorii dyrektyw i norm*〔指令分规范理论〕, Warszawa, 1974.

〔32〕　R. Dworkin, *Taking Rights ...*, *op. Cit.*

地考查一下这一点。言语行为的概念最初是由奥斯汀提出来的，后来在塞尔及其他人那里得到进一步的发展。

奥斯汀首先提出了行动理论，他分析了早期哲学家们所忽视的一类语言表述。属于这一类的一些有意思的奥斯汀式的例子，如："我给这艘船取名为'伊丽莎白女王'"（说这句话时一瓶香槟撞上了船舱）；"我把这块表遗赠给我的兄弟"（在一份遗嘱里）；"是"（在回答"你要娶这个女人为妻吗?"这个问题）。奥斯汀认为，比起我们用来描述世界的句子，这样的表述发挥着不同的作用：说这些话的目的是要改变世界。（在特定情况下）第一种表述使得一艘特定的船从那个时刻起被称为"伊丽莎白女王"；第二个表述表达了关于一只特定的表的遗嘱；第三个表述（假设女人的回答也是相同的）得出了结婚这个结论。

奥斯汀将那些相似的表述称之为施事话语并描述如下。它们：

（A）根本不'描述'、'报告'或构成任何事物，非'真或假'；并且

（B）说出的句子是行为或是行为的一部分，这不再如通常那样描述为说点什么或'只'是说点什么。[33]

不能将施事话语的陈述赋值为真或假，然而它们可以被描述为成功（幸运、快乐）或不成功（遗憾、不快乐）。比如，如果遗嘱没有以法律上正确的方式写出，那么句子"我把表遗赠给我的兄弟"将是不成功的。换句话说，它是一个遗憾的施事话语。与此相似，如果未婚夫当下是一个无力举办婚礼的人，那么他说的"是"就会是一个不快乐的施事话语。

上述事例的特点是，有特定惯例的程序来确定一个成功行为

---

〔33〕 J. Austin, *How to do Things with Words*, 2nd edition, Oxford, 1976, p. 5.

（因而也是有关快乐的施事话语）的必要条件。至于遗嘱与结婚，其程序则由法律规范来调节；关于给船命名，习惯则定好了那种程序。那些不遵循程序的施事话语是遗憾的。

84

然而，正如奥斯汀所论，并非每一个施事话语均与传统程序相联。如果一个人说："我答应明天来"，这类言语的发出，独立于任何外在环境，其结果是做出了一个承诺，并因此改变了世界。"我答应明天来"这个表述因此是一个施事话语，因为它满足了这种表述的奥斯汀式条件。在这种情境中，唯一会"犯错"的事情，即结果会导致施事话语遗憾的是我的意向：如果我发出"我答应明天来"这类言语，但没有实现这个承诺的意向，人们会说，这是一个遗憾的施事话语。

奥斯汀大量地关注施事话语表现为遗憾的情境（所谓的不恰当语言）。这些思想对于我们来说特别有意思。奥斯汀提出了不恰当语言的类型学。首先要强调的是，我们正在讲的是一个类型，而非分类（逻辑上的划分）。这说明奥斯汀不打算简化所描述的现象，而是根据其复杂性和丰富性及其有时模糊的关系，旨在提出方法来调节语言的运用。这看起来可能很奇怪，且没有必要把这么多努力付诸一个不恰当语言的类型上。但是，在事实上，对"什么可以出错"的描述，就是对服从规则的现象适用否定性分析，即不恰当语言的类型有助于我们划出快乐施事话语之集的界限，这就够了。[34]

奥斯汀提出其类型学的方式需要我们特别关注，因为在这个过程中，语言哲学的方法特征表现得很清楚。在提到奥斯汀想要给予日常语言的丰富性应有地位时，我们已经注意到这一点。奥斯汀在

---

〔34〕　斯托尔（A. Stroll）声称，对什么"不算作是正常的"分析，目的是建立"什么是正常的情况"，这是奥斯汀哲学最有特点的特征。See A. Stroll, *Twentieth Century Analytic Philosophy*, Columbia University Press, New York, 2000, pp. 170～171.

其著作中运用的另一个典型分析策略是，提出一个很长的示例列表来赞成或反对所提出的假设。使用简单的语言直觉甚至在奥斯汀称之为不同种类的不恰当语言中也是很明显的。在这些情况中，一个施事话语之所以不快乐，是因为没有遵循某个程序，奥斯汀称之为**未成**；由于说话者的态度而导致"出错了"被称为**侮辱**。对这种区别评论如下：

85　　　　当话语未成时，我们所诉求的程序是遭驳的或错坏的：我们的行为（结婚等）为空或无效等。一方面，我们说，我们的行为作为一个诉求的行为，或者是一个尝试——或我们使用'经历了一个结婚的形式'这样一个表述而非'结婚'。另一方面，在滥用的情况下，我们说有欠缺的行为是'伪称的'或'虚伪的'，而非'诉求的'或'空洞的'，是没有实现或没有完成，而非为空或无效。但我急于要补充的是，这些区分并不强也不彻底……[35]

令我们惊讶的是，上述引文不仅有许多语言实例，而且奥斯汀还回避介绍没有例外的区分。

在那些"未成的"例子中，奥斯汀对程序诉求和程序执行的错误进行了区分。第一类包括不存在适当惯例的情境以及错误应用现有程序的情境。第二类中有缺陷（程序被部分地错误执行）和故障（程序尚未完成）。奥斯汀也区分了不同种类的滥用，确定不诚实（我做了承诺，但不打算履行）和违规或破坏（我做了承诺，但后来没有履行）。当然，奥斯汀为每个范畴提出了一长串的例子。例如，在思考不诚实时，他区分了"无需感受"（例如，在说"祝贺你"时，我并不感到高兴）、"无需思想"（例如，在说"我认为你

---

〔35〕　*How to do Things …*, *op. Cit.* p. 16.

无罪"时,其实我相信你是有罪的)或"无需意图"(例如,在说
"我承诺"时,我并不打算做什么)。奥斯汀详述了这些区分,指
出了不诚实的各种特征,并认为:"这些区分是如此松散,这些情
况不一定能容易区分开来:当然,无论如何,这些情况可以结合起
来,而且通常也是结合起来的。例如,如果我说'祝贺你!',一定
真有一种感受或者说是一种想法,那表明你做得好或应得到的
吗?"〔36〕

就上述区分的其他例子中,奥斯汀指出了所介绍的类型学的局
限性,强调了它们的含糊性,等等。这再次让哲学家们确信,他的
目的不是提供语言的简单结构,而是要记录所有的细微差别。在奥
斯汀的作品中,有很多模糊或不确定概念的其他例子。也许可以在
《如何以言行事》的结构中发现最引人注目的地方。该著以一种非
常特殊的方式构成:第一部分介绍了一个施事话语的概念,并对施
事话语与记述话语(描述现实的陈述)做了区分;接下来,在第二
部分质疑了施事话语概念的有用性,并介绍了一种表达我们"在世
界中做某事"的新理论。更为仔细地考查导致奥斯汀放弃施事话语
概念的原因(和方法)是有趣的:那些原因与推进奥斯汀原初理论
的原因一样重要。

首先,奥斯汀发现在施事话语与记述话语行为中有相似之
处。让我们考查下面的句子:"约翰的孩子是个秃头",在说这句
话时约翰没有孩子。"约翰的孩子是个秃头"这句话的预设,即
句子"约翰的孩子"是错误的。根据我们前面所讨论的预设理
论,一个预设为假的句子既不可以归为真也不可以归为假;我们
说这样的句子是无意义的。在奥斯汀看来,即使约翰没有孩子,

〔36〕 *Ibidem*, p. 41.

句子"约翰的孩子是个秃头"也不能被称为是无意义的，它应该被描述为"空的"。

这种观点使我们能够看到所述情况之间的相似性，例如，新郎说"我愿意"，但一些程序条件并没有实现，这是一种"未成"情况。在这种语境下，奥斯汀主张，在约翰没有孩子的情况下，句子"约翰的孩子是个秃头"也应该算作一个"未成"。与此相同的情况是，说"猫在垫子上"时其实我并不认为猫在垫子上。这种情况类似于我说"我保证"，然而我并不打算遵守诺言。两者都可以称之为"滥用"。

奥斯汀对这些论述总结如下："［它］至少在某些方面主张，打破我们最初对记述话语和施事话语的区分是有风险的"。[37]这个结论给我们提出的关键问题是：有可能提出一套区分记述话语和施事话语的精确标准吗？奥斯汀首先思考了一个语法标准：施事话语是根据第一人称单数而使用动词来提出直陈的表达式（例如，"我承诺"、"我给"，等等）。然而，这个标准不起作用。在施事话语中，人们可以按照下列方式使用动词：第三人称（如，"特此授权你支付……"、"警告乘客们……"）、复数（"我们承诺……"）、不同的时态（"是你做的"而不是"我发现你有罪"）、被动句（"你被迫"）和不同的情态（"我命令你……"）。

因此，奥斯汀提出一个标准，而不是一个纯粹的语法规范，可称之为"释义标准"：一个施事话语完全可能是"以**第一人称单数的动词**表达直陈行为，可还原或延伸或分析为一种形式，或改造成一种形式"。[38]但是，在这种情况下，我们有权说"我读一本书"

87

---

[37]　*Ibidem*, p. 54.
[38]　*Ibidem*, pp. 607～608.

是一个施事话语，然而它似乎并不是。因此，上述定义应扩充一个条件，即施事话语（或其释义）包括一些特定动词的表述；"承诺"是这样一个动词，但"阅读"不是。

奥斯汀认为，在第一人称单数陈述指示性行为和在不同的人称、时态中，那些特殊的动词显示出一定的不对称性。例如，"我答应"这句话当然是一个外在的语言行为，但"你答应"或"他答应"只不过是这种行为的描述。诸如"赌博"这样的动词与此类似，等等。然而，在"阅读"或"行走"这样的动词中不能找到这种不对称性。

然而，存在一些动词表明，奥斯汀的尝试是徒劳的。例如，一方面，所说的动词"声明"表现出不对称性（"我声明……"而不是"你声明，那么……"），但是称之为施事动词是有问题的（"分类"这个动词也与此类似）。另一方面，一个人可以用动词侮辱某人，但"我侮辱你"这句释义看起来并不充分。

那么，结果表明，所有试图制定一个标准来区分记述话语和施事话语都是失败的。无论是语法标准还是增加了"非对称性"动词的释义标准都无法满足要求。这一结果促使奥斯汀重新考虑这个问题。在这里暂停一下，是什么原因导致奥斯汀放弃其最初的理论、构成其方法基础的预设在其决定中扮演什么样的角色，追问这个问题是有益的。我们应该问问，为什么奥斯汀要关注其提出的区分是毫无例外的。是不是含糊就是日常语言的某种本性，是不是有些区分不是唯一的和精确的这个事实，并不意味着它们是错或无用的？唯一的答案与语言分析方法一致，即施事话语和记述话语之间的区分错误地描述了日常语言的功能。另一个自然而然的问题是：我们如何知道这个理论是错误的，答案如下：分析实例展现了一个更充分和简练的观念。所说的这个观念就是言语行为理论。

言语行为是语言交际中的基本单位。促使放弃施事话语与记述话语之间区分的例子表明，每一个言语行为都可以从不同的角度来考查；因此，可以说，每一个言语行为至少有两"维"：施事话语和记述话语。奥斯汀认为，言语行为应当从三个不同的角度看待：人们可以将其作为具有某种意义的表述，或作为具有某种传统力量的话语，或作为非由传统决定的引起某种结果的表述。

为寻求这个论证，奥斯汀区分了一个言语行为的三个方面：所谓的话语行为、话语施事行为和话语施效行为。一个言语行为是话语行为，就是在言说什么的行为；而作为一种话语施事行为，它是在实施某种其他的事情（例如，要求、命令、判决、道歉）；最后，作为一种话语施效行为，它给听者或言者的行为、思想或感受带来某种后果。让我们回到奥斯汀的例子上来，如有人对我说"向她开枪"，这种言语行为是：

——话语行为：他对我说"枪毙她"，用"枪毙"意指枪毙，用"她"指称她；

——话语施事行为：他力劝（或建议或命令）我枪毙她；

——话语施效行为：他说服我枪毙她。*

奥斯汀对此的分析并不止于这个区分。这位哲学家考虑其概念的充分性，关注话语行为、话语施事行为和话语施效行为之间的关系，以及在它们之间进行区分的标准。我们不再追踪这些分析的细节，虽然它们构成了一个运用语言分析方法的很好的例子。但是，我们想说的是，奥斯汀的理论不是关于言语行为的语言哲学的"最终言词"。有许多哲学家试图对它进一步发展。其中特别有意思的

＊　关于这个例子的译文，参见［英］J. L. 奥斯汀：《如何以言行事》，杨玉成、赵京超译，商务印书馆 2012 年版，第 87 页。——译者注

是塞尔的著作《言语行为》。[39]塞尔批评了对话语行为和话语施事行为的区分，指出意义构成话语施事行为的动力并非不寻常的（如"我答应做这个"）。在这种情况下，无法分辨话语行为和话语施事行为。[40]

塞尔着手取代奥斯汀的理论。塞尔将言语行为作为语言交际的单位，包括**话语行为**、**命题行为**、**话语施事行为**和**话语施效行为**。话语行为是说出某些话的行为。命题行为是表达某一命题的行为。正如塞尔所描述的那样，话语施事行为和话语施效行为可以与奥斯汀的相应概念进行广泛的比较。我们不打算对塞尔的观念做详细的分析。其观念是对语言分析如何进行及其面临的问题的另一种阐述。日常语言的丰富性使其容易找到任何假设的反例。然而，这并不意味着，这样容易犯错的假设和理论是没有用的；关于语言及其运用，他们说出了重要的东西，这是一定的。

对这个事实进行另一种阐述的是所谓的言语行为类型。在《如何以言行事》的最后一章，奥斯汀用"下列或多或少讨人厌的名称"标识了言语行为的五种一般类别：[41]**裁决式**、**运用式**、**承诺式**、**表态式**、**表明式**。裁决式的典型特点是提供了一个裁决；那些行为可表示为一系列动词："宣判无罪"、"宣判有罪"、"判定（作为一个事实）"、"推测"、"权衡"、"分析"。运用式是行使权力、

89

〔39〕　J. Searle, *Speech Acts*, Cambridge University Press, Cambridge（Mass.），1977. 我们不得不说，塞尔强调，他的书是在关于语言的哲学中的工作，并不是语言哲学的一个例子。然而，尽管塞尔的论证有时与奥斯汀的方法论相矛盾，但塞尔对奥斯汀的感激是显而易见的。See also A. Grabowski, *Judicial Argumentation and Pragmatics*, Ksiegarnia Akademicka, Kraków 1999, p. 61 ff.

〔40〕　See for instance J. Searle, "Austin on Locutionary and Illocutionary Acts", *The Philosophical Review*, vol. LXXVII, no. 4, 1968, pp. 405~424; A. Grabowski, *Judicial ...*, op. cit., p. 77 ff.

〔41〕　*How to do Things ...*, op. cit., p. 151.

权利或影响（"任命"、"免职"、"命令"、"投票"等）。承诺式具有承诺或否则履行的特点（"承诺"、"约定"、"要约"等）。反过来，表态式关注的是态度和社会行为（"欢迎"、"告别"、"祝酒"、"吊唁"等）。最后，奥斯汀自己也承认，表明式难以下定义，它将我们的话语置于辩论或讨论的一种结构中（"我的答复是……"、"我给的例子是……"、"我假设……"）。

对上述范畴之间的关系做进一步的分析表明，这不是一个详尽的分类，而只是一种类型，这并不奇怪。同样不足为奇的是，奥斯汀的类型受到了严厉的批评，尤其是塞尔，他提出了自己的言语行为分类系统。[42]迄今为止，已经提出了几种这样的类型，它们有时采用非常复杂的概念结构。关于言语行为，今天不仅哲学家对其进行研究，而且语言学家和法学家也进行了研究。特别令人感兴趣的是实用—论辩分析，即对由大量言语行为所构成的论辩结构的分析。[43]

在我们对此分析的结尾部分，我们应当注意的是，将语言方法应用到言语行为观念中，这一理论对于法律理论和法哲学具有特殊的意义。不需要竭尽全力表明，施事话语的观念对于法律语言的充分说明是必要的。

3.2.4 方法及其局限性

方法 综上所述，到目前为止，我们可以阐述一些关于语言分析方法的评论。首先，可以说，这些方法以如下方式表达出的一般性指导为基础：

> 提出关于你感兴趣的问题的假设，根据与日常语言使用有关的直觉而引发的事例来验证。

---

〔42〕 Cf. A. Grabowski, *Judicial …*, *op. cit.*, chapter III.

〔43〕 Cf. *ibdem*, chapter V.

如果一个人希望叙述一条指导原则，既包括通向语言分析的最 90
大也包括最小路径，这种指导以一种非常普遍的方式阐述出来，这
是不可避免的。一般性指导，可以应用于使用不同"程序"的特殊
情况。在我们介绍的过程中，我们已经确定并描述了其中一些。一
个例子是提出类型学，这种方法常用在最小路径的支持者中。他们
构造的是类型学，而不是逻辑分支，这个事实来源于日常语言的特
点，如其模糊性。其他语言分析程序，包括基于范式的论证和特别
有趣的预设方法。必须强调的是，这里包含的一系列方法，并没有
穷尽那些用于语言分析的实现一般指导的方法。这些例子非常有特
点，并没有构成整个方法目录。

语言分析代表了哪种分析模型，思考一下这个问题是有益的。
这个问题有点麻烦，尤其是在奥斯汀"极简主义"的情况下。我们
已经分析了奥斯汀的语言观，但这并不针对去解决特定的哲学问
题，它们只是试图把握理论研究的"基本媒介"的基本特征。然
而，至少在最初或准备的阶段，奥斯汀的方法也可处理语言之外的
问题。例如在"为辩解进一言"*（1956 年）一文中这位哲学家对
自由问题的思考。另外，斯特劳森最大化方法旨在发现概念图式。
然而，这种"发现"与将所分析的问题还原或关联到该图式相关。
因此，正如奥斯汀的方法一样，人们也可以称之为分析$_3$。

在语言分析中，也有推理方法可以作为分析$_2$的实例。在奥斯
汀类型学中可见到一个好的例子。最后，一些"弱"分析哲学家使
用的方法可以称之为分析$_1$。回想一下上文我们描述的预设方法，
它表现出与分析$_1$一个惊人的相似之处。不同的是，在分析$_1$中，人

---

* 在洪谦先生主编的《现代西方哲学论著选辑》里，将该题目译为"为辩解辩"。
陈嘉映先生将该题目译为"为辩解进一言"。本书采用陈译。参见陈嘉映："为辩解进一
言"，载《读书》1998 年第 3 期。——译者注

们为所分析的句子寻找合逻辑的理由，预设的方法则在寻找预设了给定的句子的那些句子。在这两种情况下，给定什么与寻找什么之间具有逻辑上的特点。

我们的思考不可避免地导致的结论是，不可能给语言分析以一个精确的定义。此外，不应该真的把语言分析当作一体的、唯一的方法。相反，这是我们对哲学问题的不同处理的策略，每一个旨在91　实现我们所阐述的一般指导：提出关于你感兴趣的问题的假设，根据与日常语言使用有关的直觉而引发的事例来验证。

局限　我们对语言分析的讨论集中于法律理论问题。讨论表明，该方法可以很好地服务于法律哲学家。这并不奇怪，语言分析已被用于研究许多问题，从法律语言、话语和法本体论，到像规范的有效性等更具体的问题。不难想象，也可以将这种分析运用在法教义学与法律实践领域中。

萨科维茨（R. Sarkowicz）认识到了语言分析方与法律解释之间有趣的关系，他提出了法律解释的三层观念。[44]在这三层解释中，他确定了预设层面，在此解释者重构了世界观、价值体系和立法者假定的社会制度观念。这些信息是法律文本的预设（就该词的广义而言）。因此，根据萨科维茨的观念，语言分析方法的特征之一是，它成了法律解释过程的一个重要组成部分。

小结　在对我们的介绍进行总结时，我们想强调三个要点。

首先，语言分析方法定基于对日常语言极为重要的地位的强烈辩护。根据这个假定，分析的结果得出了重要的结论。尤其是，日常语言的特点，如模糊与不精确，被语言分析的结论所

---

〔44〕　Cf. R. Sarkowicz, *Poziomowa interpretacja tekstu prawnego*〔法律解释概念的三个层面〕, Wydawnictwo UJ, Kraków, 1995.

"继承"。

其次，今天很难发现任何理论家仅在纯粹形式方面应用语言分析。除此而外，很多有效的分析运用了语言分析。

最后，一些"弱"分析哲学家的观念具有深刻的重要性。就历史而言，人们不能忽略一个事实，即语言分析强调语言领域，这并没有得到由维也纳学派理论所主导的哲学世界的恰当分析。这个领域包括实践话语以及语言的实用维度。从一个更为现代的视角来看，"弱分析"已产生了一些成果，比如言语行为理论，它被认为是对法律理论和法哲学的非常重要的贡献。

3.3 法的经济学分析 92

3.3.1 法与经济学

法的经济学分析，即运用经济学工具来对法应当是什么进行分析，这并非一个新观念。这种路径的某些元素可以追溯到马基雅弗里（Machiavelli）、孟德斯鸠（Montesquieu）与德国历史学派的代表人物那里。然而，最杰出的对法的经济学分析源自盎格鲁—撒克逊世界。考虑到盎格鲁—撒克逊人建立了经济学本身的基础，这并不奇怪，苏格兰启蒙运动和边沁、密尔的哲学是为见证。

早在 1897 年，法律理论中美国实在论的最伟大的代表人物霍姆斯写道：

> 对于法的理性研究，现在的人可能是不幸的，但是未来的人将会掌握统计和经济学。[45]

霍姆斯的预言在 20 世纪初已经开始成为现实，因为，美国、

---

〔45〕　O. W. Holmes, "The Path of Law", *Harvard Law Review* 10, 1897, p. 469.

德国和斯堪的纳维亚法学家已试图运用经济学的方法对法律进行分析。[46]然而，经济学并非他们采取的唯一视角。经济学工具只是法律实在论运用的理论武器之一。

在这个传统之外，产生了法经济学芝加哥学派。通常认为，该学派成立于 20 世纪 70 年代。然而，到了 20 世纪 50 年代末，对法与经济学的边缘研究才得以展开。在那个时代的开创性文章中，应该注意到科斯（R. Coase）的"社会成本问题"（The Problem of Social Cost，1960 年）、阿尔奇安（A. Alchian）的"产权经济学"（Some Economics of Property Right，1965 年）和卡拉布雷西（G. Calabresi）的"关于风险分配和侵权法的一些思考"（Some Thoughts on Risk-Distribution and the Law of Torts，1961 年）。1972 年，波斯纳发表了他的《法的经济学分析》（*Economic Analysis of Law*），为普通法的传统制度在经济上是有效的这个命题进行辩护。芝加哥学派在 20 世纪 70 年代中期以这种方式完全确立起来了，波斯纳成为其主要代表。将经济学工具运用到法学中，这个观念推动了美国和世界范围的各种学术中心的研究。今天，难以计数的学派在法的经济学分析这个题目下展开了研究。[47]鉴于热心于法经济学分析的类别与数量，这使得谈论一个统一的研究计划是不可能的。不过，法经济学的所有代表人物似乎共享一个基本命题，即法是（或应该是）经济上有效的（即它导致或应当导致产品在经济上有效的分配）。

93　　围绕这个基本命题，有一些难处理的问题。例如，必须给出一个解释，到底什么是"商品在经济上的有效配置"。经济学家和法

---

〔46〕 Cf. H. Pearson, *Origins of Law and Economics—The Economists' New Science of Law. 1830 ~ 1930*, Cambridge, Cambridge University Press, 1997.

〔47〕 Cf. E. Mackaay, "Schools: General", in *Encyclopedia of Law and Economics*, http://encyclo. findlaw. com.

律人至少提供了两种解释。首先，人们可以提到帕累托效率。在给定的社会中，在没有使其他人境况变坏的情况下，也不可能使社会的任何成员的境况变得更好，这就是所谓的产品的分配有帕累托效率。其次，人们可以运用卡尔多—希克斯效率，即使假设一些社会成员的境况变坏，也不可能使社会福利的总和变得更好，这就是所谓的产品的分配是有卡尔多—希克斯效率的。上述效率定义不是我们分析的目的。我们只需要强调，经济效率的概念是不明确的，而所争论的对效率起着重要作用的理解，与法经济学分析的基础相关。

界定经济效率的问题应放在一个更一般的框架中进行。法经济学的基本命题要求，效率作为法律是（应该是）什么的主要指标。这个建议似乎与法律体系是什么的传统观念相矛盾：按照传统的解释，法律体系应确保正义，而非效率。然而，对于法经济学的支持者来说，在正义与效率之间不存在张力。我们甚至可以说，效率是正义的一种经济学解释。人们没有必要另外再说，这种假设有争议。我们搁置这个问题，仅仅强调它的存在。[48]

法经济学分析的另一个前提基于这样一个事实，即其经济模型使用了人的行为是理性的这个概念（**经济人**）。心理学家经常质疑这个假设，他们认为人类的行为远远不是"理性的"。这种特定的反驳也受到了挑战，比如说，至少在一定程度上，他们所批评的假设已被证明在经济学的历史上是有用的。应该指出的是，在当代经济学中，正以不同的方式"消解"建立模型所基于的假定。[49]

让我们进一步研究，法经济学分析的基本命题可以两种方式解

〔48〕　Cf. E. Mackaay, "Schools: General", in *Encyclopedia of Law and Economics*, http://encyclo. findlaw. com.

〔49〕　Cf. Th. S. Ulen, "Rational Choice Theory in Law and Economics", in *Encyclopedia of Law and Economics*, *op. Cit.*

读：描述的和规范的。在第一种情况下，我们会说法律在经济上是有效的。在第二种情况下——它应当是。法经济学学派的先驱试图确证描述性命题。例如，波斯纳《法的经济学分析》的目的是表明，美国法院的侵权法判例导致的是经济上有效的结果。随着时间的流逝，更多的重点被放在了基本命题的规范性维度。[50] 下面我们将规范性地解读这个基本命题，它使我们得以表明，经济学工具不仅可以为法学理论，而且可以为法律实践服务。

3.3.2　经济化观念

我们现在考查以下的事例。我们假设，我们有仅由一条规范构成的简单法律体系：

（A）任何给他人造成损害者，必须做出赔偿。

（A）表达的责任不是非常明确。表述中几乎所有的概念都产生了如何解释的问题。应该怎样界定"损害"？A 给 B 造成损害，这意味着什么？就是 A 的那些行为直接导致作为侵权行为的损害，应该是这样的吗？"赔偿"损害是什么意思？这些是在解释（A）的过程中要回答的问题。解释要采用的标准是什么？

让我们看看下面的情况。约翰已给亚当造成损害。因此，根据（A），他必须赔偿。但在某些情况下我们会问：约翰应该赔偿全部损害吗？在亚当的行为造成了损害的情况下，这样一个问题是合理的。回答这个问题的标准是什么？

让我们尝试建立一个简单的经济模型，它可以作为所需回答的问题的一个基础。需要考虑什么指标？很显然，我们需要知道损害的价值。让我们称之为 S。我们进一步假设，亚当本来可以采取行

---

〔50〕 Cf. J. D. Hanson, M. R. Hart, "Law and Economics", in D. Patterson (ed.), *A Companion to Philosophy of Law and Legal Theory*, Blackwell, Malden-Oxford 2000, pp. 311 ~ 331.

动不至于造成损害。这样一种行为自然有其自身的代价。假设 K_p
代表亚当预防措施的代价。对 S 与 K_p 比较不会得出多少结论。显
然，如果预防措施的代价 K_p 高于损害 S，那么采取预防措施就不是
理性的。

现在我们思考，如果 $K_P < S$，是否应该期待原告（在该案例中
即亚当）采取预防措施。只有当但凡原告不采取措施，损害就会发
生时，对这个问题的回答才是肯定的。然而，并非但凡原告不采取
措施就会导致损害，不等式 $K_P < S$ 是无意义的。假设通过 P，我们
可以了解原告不采取预防措施而造成损害的可能性。我们进一步假
设，采取预防措施能消除了损害的可能性。在这种情况下，任何时
候预防的单位成本均低于损害的单位成本（$K_p < P \cdot S$），采取预防
措施就是理性的。我们举例来说明一下。假设约翰造成亚当的损害
S 为 100。设损害 P 的概率等于 10%，且成本 K_p 为 4。很容易得
出，$K_p < P \cdot S$，因为 4 < 10。那么亚当采取预防措施是理性的。如
果他不这样做，法院可以说，他的行为造成了损害。因此，约翰不
对全部损害负责。[51]

在这里让我们更仔细地看看法院是如何推理的。约翰给亚当造
成了损害；损害共计 100，法院必须回答的问题是：约翰应该赔偿
全部损害，还是一部分？法院会选择前一个可能性，除非亚当的行
为没有造成损害。什么时候人们可以说情况就是如此呢？这个简单
的经济模型表明，情况就是在预防的单位成本低于损害的价值乘以
其发生的概率时。

当然，上面所述模型相当简单，这取决于许多理想化的假设。

---

〔51〕 Such a rule was actually formulated by Justice L. Hand in *US vs. Carroll Towing Co.*
case; cf. J. D. Hanson, M. R. Hart, "Law and …", *op. Cit.*

例如，我们假设了，预防措施使损害发生的概率降低到 0。然而，如果预防措施使损害发生的概率只降低到一半呢？让我们对表 1 进行检验（从现在开始，我们用 P 表示特定情况下损害发生的概率）：

表1

	K_P	P（%）	S	预期损害	全部社会成本
情形 1	0	10	100	10	10
情形 2	4	5	100	5	9

在这些可变的境况下，在情形 1 中，原告没有采取预防措施，社会成本为 10。在情形 2 中，采取了预防措施，把损害发生的概率降低到 5%，社会成本等于 9（包括预期损害和预防措施的成本）。既然情形 2 中的社会成本较低，这是理想的情况，原告就应采取预防措施。否则，就会产生损害，法院可以让他为产生的损害负责。若 P_1 代表情形 1 中的概率，P_2 代表情形 2 中的概率，可以下列方式表达构成法院判决基础的规则：如果 $(P_2 \cdot S) + K_P < P_1 \cdot S$，那么原告造成了损害。

96　　　在上文构建的模型中所做的另一个假设是风险中立性。一个对风险中立的人，将获取 5000 美元的确定性在价值上等于有 50% 的机会获取 10 000 美元。相比之下，一个对风险规避的人，认为获取一笔钱的确定性在价值上要高于有 50% 的机会获取那笔钱的双倍。最后，一个风险爱好者宁愿有 50% 的机会获取 10 000 美元，也不要确定地获取 5000 美元。如果我们假设所说的人是规避风险的，以此取代风险中立的假设，那么情形 1 和情形 2 之间的社会总成本的区别就会增加：在情形 2 中损害发生的风险要低于情形 1，这对于规避风险的人来说等同于一种附加值（然而，要注意，在为回答一般诠释性问题而建构模型时，可能没有好的理由去放弃风险中立的假设）。

在上述给定的模型中也隐含着下列进一步的假设：①当事人的行为程度（频率和持续时间）不影响预防行为成本的确定；②法院能够准确地确定当事人行为的成本和结果；③所有的成本是可度量的，并且可以用货币形式表示。[52]接受这假设是否可靠，对此提出质疑非常重要。换句话说：假设如何影响分析结果，且其影响是否足够重要以至于应当分析假设本身？关于风险中立以及行为程度，扩展我们模型的包括那些额外因素数学结构是可能的。然而，假设②和假设③强调了有关法律经济分析的一个本质问题。

对法律案件进行经济分析的一个最大的困难是案件的"经济化"，即量化、对事态和行为成本和价值的估算。如果约翰给亚当的车造成了损害，损害值10 000美元，那么，损害的价值可以很容易地估算出来。然而，想象一下，约翰的汽车撞到了亚当的自行车。如果唯一损坏的是自行车，那么价值可以直截了当地估算出来。但如果亚当在车祸中撞断了腿，情况就变得比较复杂了。在这种情况下，如何能够验证是否亚当对损伤的发生也有责任？预防行为的成本应该如何计算？

估计损伤的数量不仅对于经济学派是个麻烦的问题，这在司法实践中也是一个典型问题。在民法典中，人们通常找到一些规则，以便有助于确定所说的价值。在其他体系中，规则是由法院提出来的。因此，上述问题不仅仅影响法的经济学分析。

从上面的讨论中可以构建一幅蓝图，将经济学方法的应用分为三个阶段。第一个阶段是案件的"经济化"，即将案件的相关方面量化，并用货币形式表示。在第二个阶段，提出一个合适的经济学

97

〔52〕 Cf. J. D. Hanson, M. R. Hart, "Law and …", *op. Cit.*

（数学）模型来协助解答在案件中出现的问题。最后，在第三阶段，从经济学模型中得出结论。有问题的决定是在三个阶段中做出的。在第一阶段，很难给行为和事态赋予确定的经济价值，它仍然是"估算的"。在第二阶段，人们总是怀疑，是否构建的模型考虑进了所有重要的因素，或者说它是否基于过于简单的假设。在第三阶段，从"经济学回归法律"也可能是麻烦的，虽然支配它的原则——提出解决方案使总的社会成本最小化，似乎很清楚。

对应用经济学方法的三阶段的说明当然是一种简化。例如，第一阶段不能完全从第二阶段中分离出来；可能的经济学模型确定在一个给定的案件中什么可以被"经济化"。同样，我们从模型中得出的结论不一定就结束了这个分析。如果它们不能被接受，那么它们可能会导致对模型的修正或对案件的一种新的"经济化"。即便如此，上述的三阶段图式的确对经济学方法的关键要素给了一个满意的说明。

3.3.3　方法的局限性

现在要思考一下将经济学分析应用到法律中的界限问题。为了做到这一点，这里要更为细致地介绍一下不同法律领域的几个例子（特别是私法和刑法），并分析法律人所面临的一些典型的情形（法的解释、法的创制、施加制裁的决定等）。

在私法领域，经济分析已得到最广泛的应用，这并不奇怪，其中的经济效益可能被认为是最高的目的。在上一节提出的例子中，构建一个经济学模型，在对构成侵权责任的一般规定的法律规范的解释中是有用的：

谁造成损坏，谁必须赔偿。

现在想象一下，一个立法者即将提出这样一条规范，但他们想制定更为精确的侵权责任概念。我们假设，这个立法者必须在确定

98

责任的两种不同方法之间进行选择。第一个基本责任的前提条件是，行为者可能已经采取措施将损害发生的概率降到最低。如果造成损害的行为是为了照顾当事人，则不承担责任；否则，他/她要承担损害的责任（这种责任称为过失）。确定责任的第二种方式是宣称任何造成损害的人要承担责任，而不论他是否在行为上是故意的（这就是所谓的严格责任）。从经济学的角度来看，第一种观念根据当事人是否造成预防行为（尽到适当的注意）的相关成本来确定责任。在第二种观念中，当事人要承担责任，这与他采取预防行为所产生的任何成本无关。

我们思考一下，立法者应当运用哪一种观念。从法经济学分析的观点来看，问题是哪种责任模型会导致经济上最有效的解决方案，即最大限度地降低社会总成本。让我们看看表 2 和表 3：

表 2

预防行为	KS	P（%）	S	损害预计	社会总成本
不	0	20	100	20	20
是	4	5	100	5	9

表 3

预防行为	KS	P（%）	S	损害预计	社会总成本
不	0	20	100	20	20
是	4	18	100	18	22

KS 在这里表示预防行为的成本。在表 2 中，预防行为的成本为 4，将损害发生的概率从 20% 降低到 5%。没有预防行为的社会成本为 20，有预防行为则为 9。这意味着采取预防行为是合理的，

因为根据社会成本来看，它导致了更好的结果。表3说明了这样一种情况，其中预防行为降低损害发生的概率只有2%，从20%降低到18%。在这种情况下，没有预防行为的社会总成本为20，同时，有了预防行为则社会总成本为22。在这种情况下，克制预防行为则为最优决策。

现在要思考的是，对于当事人来说，在两种情况下，合理的行为依赖于接受责任的观念。在情形1（见表2）中，接受过失的观念导致以下结果：①如果当事人的行为并非尽到适当的注意（成本为4），那么他将不得不赔偿整个损害（20），而②如果他的行为尽到适当的注意（成本为4），他将不承担责任，因此其成本仅限于预防行为的成本（4）。那么，显然，一个理性行为者宁愿支付4，其目的是为了避免支付20。在情形1中，如果采用严格责任的观念，不采取预防行为的当事人将支付20，否则为9（预防成本＋损害成本）。因此，在情形1中，当事人会选择经济上有效的采取预防行为的途径，而不论遵循的是哪种责任观念。然而，我们注意到，在严格责任的情况下，他的成本显然高于在过失的情况下的成本（9～4）。这意味着，他以严格责任活动的频率会比以过失责任低得多（因为成本越高，就会使活动效率越低）。

在情形2中（见表3），如果已经采取预防行为，遵循过失的观念导致当事人支付4，否则支付20。一方面，理性的态度要求采取预防行为，这在情形2中导致经济效率低下的解决方案（社会成本为22）。另一方面，严格责任观念的结果是，采取预防行为的当事人支付22，否则为20。在这种情况下，将不会有任何的预防，这是一个有效的解决方案。让我们注意一下，在类似情形2的情况下，接受过失的途径导致效率低下，而且使当事人提高了他的活动频率（低成本等于4）。相比之下，严格责任在情形2中是一个有效的解决方案，并且降低了所说的活动频率（高成本等于20）。

可以从上述对问题的分析中得出以下结论：应该选择过失还是严格责任？很容易注意到，如在情形1的情况下，采取预防行为会产生理想的结果：损害发生的概率从20%降低到5%。在情形2中预防行为的效率更糟糕（从20%到18%）。关于表2和表3所描述的活动说明了什么？一方面，情形2中的活动必然都是危险的，因为在那些情况下损害发生的概率非常高，并且在这里预防行为并没有帮助多少。拆除旧建筑是这种活动的一个好例子。从社会的角度来看，这种活动频率的程度应尽可能低。因此，严格责任在这里是可取的。另一方面，情形1的活动较少危险，因为在那些情况下减少损害的可能性是相对容易的。建造一条高速公路可以作为一个例子。这项活动经常被社会接受，并且法律应该鼓励。如果接受过失的观念而非严格责任的观念，就会作为鼓励而行动，因为其成本要低于严格责任。

对不同国家的法律法规进行一个简短的调查表明，法律制度与这种分析一致。在美国、德国、法国或波兰，侵权责任通常是基于过失或类似的理念。只有危险活动才要以严格责任或类似的东西来区别对待。

上面讨论的例子可能给人的印象是，应用法律的经济分析仅限于那些涉及侵权的私法部分。早期关于法和经济学的著作中，真的是探讨法的这个领域。然而，今天，经济学分析应用于私法的各种问题。很多著作致力于财产概念，对合同法也有很重要的贡献。这里可以注意到一个有趣的视角转变。考虑一下对协议的条款进行解释。在法律条款中，从经济学的观点来看，解释的主要目的是降低社会成本。然而，协议应以最大限度地减少双方的成本而进行解释。法律经济分析的支持者也对私法的其他领域，如保险法、法律

100

程序等进行分析。[53]

更有问题的是经济学方法在刑法中的运用。一个例外是制裁的决定和设计制裁制度，这似乎适合经济学分析。边沁在 1788 年就写道："犯罪的获利是促使人做不法行为的动力；惩罚的痛苦是用来阻止他的力量。如果第一种力量更强大，就会犯下罪行；反之，就不会犯下罪行"。[54] 边沁的研究可以一个简单的经济学公式表达。用 Z 表示从犯罪中获得的预期收入，K 表示与惩罚相关的损害，P 表示惩罚的概率。行为理性的人只有在预期收入将高于惩罚的成本乘以惩罚的概率时才会犯罪：

如果 $Z > P \cdot K$，就会犯下罪行。

在前述案件中，该模型大大简化。它可以不同的方式自然地得到扩展，例如，通过考虑到对风险的不同态度（人们可以假设，在罪犯当中有一个相对高的人群喜欢冒风险）。尤其有问题的是对 Z、P 和 K 值的估算。例如，许多种犯罪预期收入或成本应包括"心理价值"这样的因素。这是一个重要的问题，但是这里的分析是依据定义的简化分析。为了当前的目的，有必要对经济学方法进行概述。

比如，在一个给定的制裁和执法制度内，假设我们想确定一下，制定适用于更严厉的制裁和增加执法支出的规范是否合理。为了回答这个问题，让我们先回到一个潜在罪犯的视角上。根据上述模型，如果 $Z > P \cdot K$，就会犯下罪行。一方面，显然惩罚 P 的概率取决于执法的状态。另一方面，K 的值与如何设计制裁制度相关联。必须补充一点，该制度要有经济维度。如果大多数的犯罪都处

101

---

[53] Cf. S. Shavell, *Foundations of the Economic Analysis of Law*, Belknap, 2004.

[54] Quoted after E. Eide, "Economics of Criminal Behavior", in *Encyclopedia of Law and Economics*, *op. cit.*, p. 346.

以监禁，那么对监狱系统的费用要求就会很高。

因此，一方面，我们有来自犯罪的社会成本，另一方面，也有预防的成本，这等于执法费用。如果预防成本低于犯罪成本，而避免犯罪来自预防，那么，这个刑事法律制度就是有效的。换句话说，执法投入的有效性在于预防的边际成本等于犯罪的边际成本，犯罪由于额外的预防而避免。[55]这些简单的依赖关系有助于解决这个问题，即是否增加执法经费，和/或是否引进更为严厉的制裁：只要刑法制度仍然有效，改变将是合理的。

这个解决方案当然不是一个苦心进行经济计算的结果，这是从一般思考中获得的，它不过是基于一个简单的经济模型。可以进行更为精确的分析，例如，对于具体类型的犯罪，哪种制裁是最高效的。比如，人们可以思考，运用货币制裁，还是非货币制裁，哪种更好。[56]决定制裁的方式应是阻止潜在的罪犯去犯下罪行。因此，给定惩罚概率 P，K 必须以 $Z < P \cdot K$ 包含的这样一种方式来计算。如果这个目标可以用货币制裁来实现，那么，这些就应该得到应用。其中的原因很简单：从经济学的观点来看，货币制裁并不比非货币制裁昂贵，因为它们使我们能够避免监狱系统的费用。

很容易确定一些因素，来防止服务于其目的（即它们不能阻止）的货币制裁，其中一个因素是潜在罪犯的有限财产。如果一个带来足够威慑的货币制裁明显高于财产价值，那么，必须运用非货币制裁（包括监禁）。同样，惩罚的概率越低，货币制裁必须更严重（因为 $P \cdot K > Z$）；在这种情况下，甚至对于一个有一些财产的

102

[55] 边际成本是一种额外成本，由给定产品或进行给定服务的额外单位的产生而引起。在我们的例子中，预防的边际成本是执法的额外成本，而犯罪的边际成本是由于执法的投资而避免犯罪的成本。

[56] Cf. S. Shavell, *Foundations ...*, *op. Cit.*

潜在罪犯来说，它的结果可能会是，K 的程度会很高，以至于它将不会服务于作为一种威慑的目的。非货币制裁的应用也可以证明是必要的，当犯罪（Z）的预期收入很高时，规则 $Z < P \cdot K$ 将使 K 极高。[57]因此，货币制裁并不服务于它们的功能，无论在一个人拥有有限财产的情况下，还是在一个富人打算窃取 1 000 000 美元的情况下。这一分析的可靠性表现在事实上，如在刑法中，大多数"基本"犯罪执行非货币制裁。[58]

这种以及其他对制裁的经济分析，可以引起两种异议。第一，人们可以质疑罪犯理性行为的假设。第二，惩罚的"经济化"让我们忘记了刑法的基本维度，即公正地惩罚的观念。

事实上，对于潜在的罪犯来说，行为的简单模型基于一种假设，即行为人是理性的，并且他/她会计算潜在的收益和损害。如上所述，理性的假设是大多数经济学模型的基础。然而，问题是，这不同于私法，在刑法中这个假设是非常反直观的。这是因为，在传统中，犯罪学家和社会学家依心理学和社会学而论犯罪，强调罪犯的非典型特质。然而，这并不构成对将经济分析应用于刑法的一个决定性论证。至少它可以作为一种对传统犯罪学的替代性选择。例如，注意有很多罪行是在对获利的预期中犯下的。此外，与古典经济学模型相关，理性假设也受到质疑。尽管如此，假设证明是有用的，因为所分析的不是一个具体人的行为；我们是在运用经济学工具来做成某些（小麦或犯罪！）市场的行为模型，其中的人员以理性的方式"统计地"行为。

---

〔57〕 Cf. *ibid.* See also K. Pawt usiewicz, B. Broz. ek, "Prawo karne wświetle ekonomicznej analizy prawa（Uwagi krytyczne）"〔基于法律经济分析的刑法：批判性评论〕, *Państwo i Prawo*, 12, 2002.

〔58〕 Cf. S. Shavell, *Foundations …*, *op. cit.*, chapter 24.

　　上述第二个质疑关涉以效率替代正义，如上已经得到了分析。
我们在这里重复一遍，经济效率可以被视为一种对正义的说明。如
果这个有争议的论题被接受，那么，人们不应该论及以效率来"替
代"正义。一种依据经济效率的最优的制裁也是正义的。另外，一
方面，接受效率是正义的说明这个论题，不仅有助于对制裁应如何
适用进行分析，而且也有助于对关涉刑事责任的最基本的概念进行
分析。[59]另一方面，反对效率是正义的说明这个论题，不一定会导致
对刑法进行经济学分析有用性的质疑。在这次重读中，经济学分析
可以被视为处理刑事政策问题的一种可选择途径。

　　除了私法和刑法，法的其他领域也可以运用经济学方法来分
析，例如法律程序或宪法。[60]后者与广泛运用经济学分析的研究领
域有关，例如，政治学和社会选择理论。在这个背景中分析这个问
题，其目的不仅是要回答法律应该是什么的问题，而且也使人能够
从一个更一般的视角来考查法律制度。著名的科斯定理是这种分析
的一个好起点。科斯是 1991 年诺贝尔经济学奖得主，他在 20 世纪
60 年代发表了一篇著名的文章——"社会成本问题"。[61]文章中阐
述的一个定理可以重构如下：在一个交易成本等于零的世界里，资
源配置的效率与财产权的初始分配无关。[62]上文使用的"交易成
本"概念在经济学和法律经济文献中引起了激烈的争论。通常人们

103

---

〔59〕　Cf. S. Shavell, *Foundations …*, *op. cit.* ; K. Paw usiewicz, B. Broz. ek, "Criminal Law …",
op. Cit.

〔60〕　See S. Shavell, *Foundations …*, *op. Cit.*

〔61〕　R. H. Coase, "The Problem of Social Cost", *Journal of Law and Economics*, 3, 1960,
pp. 1 ~ 44.

〔62〕　See S. G. Medema, R. O. Zerbe, "The Coase Theorem", in *Encyclopedia of Law and
Economics*, *op. cit.* , *passim.*

使用"交易成本"时就意味着，它或者是建立和维护财产权的成本，或者是转移财产权的成本。[63]科斯定理说，如果没有这样的成本，那么，无论法律制度如何建立，（与财产权的初始分配无关，）都会实现资源的有效配置。换句话说，假设交易成本等于零，法律的形式并不重要，重要的是，法律是否存在。

人们当然不应当因为科斯定理所言而得出以下结论：法律无用，或我们可以本着市场会"照顾自己"的信念而行事。然而，对于法律理论和法律哲学来说，这个定理指出了法律形式与交易成本之间的重要关系，因而从这个定理可以得出一些有趣的结论。在现实中，这些成本决不等于零，因此建立法律制度的方式很重要。根据法经济学的支持者的观点，如果假设法律应促进经济效率，那么在科斯定理的基础上，至少可以阐述两条创制（或解释）法律的方针。第一条是说，如果可能的话，法律规范应当将交易成本最小化。第二条则是，如果不能消除高交易成本，那么，法律应当以资源的有效配置为目标，而不能指望"市场看不见的手"。

在这里不可能思考科斯定理背后的所有假设以及从中得出的结论。仅仅有必要表明，经济学分析可以用于最一般的法律理论问题。此外，这里的经济学分析不包括在数学模型的建构中（虽然科斯定理有一种非常精确的数学形式）。

关于上面介绍的例子，可以用贝克尔以下的话做出很好的总结："事实上，我已得出的观点是，经济学方法是综合性的，适用于所有的人类行为，不论行为涉及货币价格还是估算的影子价格、

---

〔63〕 See D. W. Allen, "Transaction Costs", in *Encyclopedia of Law and Economics*, *op. cit.*, *passim*.

重复或罕见的决定、大或小的决定、情感或机械的目的"。[64]经济学分析方法不仅可以适用于私法，也可以适用于法律的任何领域，包括法哲学的大多数一般性问题，诸如对法存在的证成。

3.3.4　结　论

前面章节的分析表明，有各种各样的法经济学分析方法：它们使用各种工具，或多或少地直接利用数学建模，并且基于不同的假设。但是，它们都是相似的，它们的目标是用经济学语言表述与法律相关的情况，并试图得出结论，从中促成经济上有效的解决方案。

诚然，处于法经济学分析背后的假设是有异议的。以效率"替代"正义、价值的"估算"似乎无法量化、对经济人反事实模型的接受，这一切都是有问题的。但是，人们可以说，经济学方法的缺点也是其优点。运用这种方法，不需要诉诸直观或其他含糊的范畴。此外，虽然确实经济学模型（尤其如上文所述）明显地简化并模拟现实，然而，考虑到所有这些重要的由我们的案例（在第3.3.2节中阐明）所强调的因素，它们没有理由不能得到扩展。还有，基于经济学原理而提出的方法，显示了一致性而且也有一些结果。如果经济学方法只适用于私法领域，那么，功利或正义二者（一个属于私法，另一个属于法律的其他领域）必须得到证成。从这一观点来看，将经济学方法应用于法的任何领域，以及任何法律问题，似乎都是合理的。

105

---

[64]　G. Becker, *The Economic Approach to Human Behavior*, Chicago, The University of Chicago Press, 1976, p. 81.

3.4 小 结

3.4.1 分析的特征

在本章中讨论了两种特殊的分析方法：语言学与经济学。可以将经济学分析相对容易地确定为进行分析$_3$，即作为翻译的分析。法经济学的支持者试图将令其感兴趣的案件"翻译"为经济学语言，并解释所得到的结论。很难以类似的方式给语言分析归类。它表现了分析$_3$的特征，但在某些情况下还有分析$_1$和分析$_2$的特征。

现在可以指出上述方法及更一般的任何一种分析最重要的特征。在分析$_1$中人们为分析句子寻找逻辑理由，这些理由必须是自明的，或在某种基础上先前接受的。分析$_2$导致将一个给定的实体分解为更基本的因素。最后，分析$_3$旨在将"解释的案件"翻译为一种语言，这更为简单、清晰、"更为基本"。任何分析方法的这一关键特征都会有点宽泛，表述如下：任何分析导致将分析的案件（例子）还原（表述）为某种选择的概念性图式（概念性图式论题）。就经济学分析而言，所谈的图式是当代经济学的概念性图式。相应地，语言分析将分析还原为日常语言的概念性图式。如在描述那两种方法时已注意到，概念性图式论题有分析的缺点与优点。它有缺点，因为很容易将一个"被选择的"概念性图式作为一个武断的决定来反对。它有优点，因为选择这样一个图式使分析成为一种很好确定的方法，其中的假设可以很容易地确定，而且其结论可以同样容易地估计。

3.4.2 法律中的分析

难以评估分析在法律中的可能应用。到目前为止，根据上文所论，在法律推理中，至少分析$_2$与分析$_3$有一定的价值。分析$_1$，即对

逻辑理由的追寻，不能直接应用，虽然人们不能排除它（已经评论 106
过在分析₁和预设方法之间的相似性）。上文讨论的例子，其中将分
析方法应用于法律表明，法律人发现很难接受一个单一的概念性图
式为"被选择的"那一个。比较容易找到各种相关领域的分析方法
在法律中的应用；同时它主张，或至少假定，存在一个多元化的概
念性图式。法律人利用经济学、常识、日常语言、伦理学等构建他
们的论证。

在法律教义和法律实践的各种"理论"中，对此有一个很好的
说明。民法（例如，关于财产）、刑法（犯罪构成）和宪法（比例
原则的构建）规范都可以被视为分析（分析₂或分析₃）的实例。然
而，它们是局限于一个特定域并使用各种"概念性图式"（通常指
的是普通的模糊范畴感）的分析；换句话说，它们并不构成在一个
独特、被选择的概念性图式的框架内分析整个法律制度的任何更广
泛计划的一部分。

这表明，法律人所做的不能被称为分析（不可能有分析而没有
被选择的图式）。当然，这只是一个描述性判断：对事情怎么样的
一个陈述，而非法律人应该做什么的一个陈述。在规范层面上，人
们可以支持"纯种"分析方法的应用。然而，在法律话语中只使用
某种分析工具的想法，比"纯种分析"为法律人更容易接受，它将
导致一些理论问题。当然，人们可以主张，应（具体地）运用不同
的分析方法来建构论证。但在那种情况下，需要一种新理论，能够
比较运用基于不同概念性图式的分析方法而建立的论证。论证理论
可以对这种理论挑战提供一个答案。

第 **_4_** 章 论 证

4.1 导 论

作为一种解释哲学，论证为包括法律理论在内的人文科学提供了方法，这些方法诉诸逻辑和分析（在前面的章节中已讨论过），以及诠释学（将在本书的最后一章中讨论）；因此它具有广泛的应用性。鉴于该哲学一方面在形式逻辑和"强"分析，另一方面又在"弱"诠释学中占有一席之地，因而将其描述为人文科学方法论中的"第三条道路"是合理的。通过论证，人们可以证成具有规范特征的解释性命题。这种证成通常是基于公平、公道、正当、可靠或有效的标准，而不是"真"标准（这些标准可以作为规范领域运用的"真"标准的对应物）。这些标准的前三条，即公平、公道、正当通常诉诸理性的观念；至于有效的标准，其定义基于经验（心理）的考虑，而非理性的观念。

尽管论证不采用"真"标准，而是用上面提到的对应物来取代它，但它也与逻辑和各种理性分析一样追求一致性。更具体地说，论证旨在创建自己的分析——非形式逻辑，并广泛地吸收多种分析方法（从语言到经济）。然而，论证的独特性在于它对其他解释性哲学尤其是诠释学保持开放性，人们可以将其从更为形式的方法中区分出来。有一个很难被反驳的事实是，是否接受实践话语标准，这要由其基本规则来决定，而基本规则要通过诉诸直觉来证成。唯一有争议的问题是，在制定这些规则时，要运用什么样的直觉，也就是说，是否这种直觉是纯理性的（分析的）、现象学的（诠释学的支持者所假定的），或者毋宁是心理的。在理论上，心理直觉的作用尤为重要，它认为，话语的目的是说服对方，不惜一切代价来赢得争论，换句话说，这些理论断言，仅仅根据效率来对论证进行评价。

112

此外，论证是一个具体的"法律"方法。最为重要的论证理论史可以证成以下命题：它们或是来自法律理论，或是基于主要在法学领域应用的意图而创造。这种情况下，两种观点都具有代表性。第一个观点（佩雷尔曼表述过）认为，法律论证（法官的推理）是所有其他类型的实践推理的范例。反过来，第二个观点（其作者是阿列克西）认为，实践的法律话语是一般论证话语的一个特例[即所谓的特别情形命题（*Sonderfallthese*）]。当然，无论这些观点是否令人信服，这是另一个问题，我们将在第 4.2 节回到这个问题上。然而，这里需要注意的是，这些观点表达了一个明确的信念，在一般话语的框架中，实践话语占有一个特定位置，正是基于这个原因，它值得单独和特殊对待。

4.1.1 论证哲学

与流行的观点相反，在实践话语中关于好理由的争论并非始于 20 世纪元伦理学和法学理论，而是在古代一些哲学流派中就开始了。当代论证理论的支持者们继续进行方法论研究，这种研究是由诠释学、论辩术、论题学，以及至少在某种程度上甚至也包括诡辩术和巧辩术的学者们所开创的。论证哲学来自如此不同的传统和起源，这个事实使得关于其本质和应用范围而产生了无休止的讨论。

这种讨论通常在元理论层次上进行；结果是，具体观念的实践应用问题几乎完全离开了这种讨论。诉诸不同且并非总是相容、同源的论证理论引起了折中主义者的合理反对。这类理论的其中一些包含两种不同路径的因素——先验的（客观的）和心理的（主观的）。而且，一些哲学家意图将形式逻辑的特征归到论证的非形式逻辑上，其结果就是要通过"真"标准来评价实践的、论证性话语。甚至人们常常带着立即证成自己命题的专门眼光，而给予论证哲学具

113 体的、关键的概念以不同的、不断重新界定的意义。术语上的混乱和哲学问题的多样性导致 20 世纪末人们对论证理论兴趣的减少，这些理论的"存在"似乎只是通过研讨、会议和大量的出版物而得到认可。然而，这些理论本身并没有给法律实践带来重要影响，法律实务界的大多数代表人物对法律论证理论的研究依然不知，那些极少数熟悉这种理论的人除外。必须承认，对于所有的这一切，在许多疑难案件中，基于逻辑和分析的解释是"不充分的"，其中人们并不愿意应用相对的（或多或少的程度上）诠释学，保证确定性和客观性的唯一方法是论证。在我们看来，对于整个人文科学尤其是法学来说，论证是其中最重要的一种方法。因此，我们将尝试介绍这种解释性的哲学，在我们看来，在第 4.3 节所描述的内容可以得到普遍运用。

不过，先让我们追述一下历史。正如之前所说，论证（连同有关理解、解释和解释性决定的证成）问题在古代哲学流派的代表人物那里就已被探讨过了。

诠释学　早在最古老的诠释学理论中，尤其是在圣经、语言和法律诠释学中，与论证有关的问题就已被讨论过了。那些理论是要为有关各种文本（宗教、文学、哲学和法律）的解释和理解提供一些普遍有效的规则。这些普遍规则在解释的过程中，同时也在解释

的应用和证成的语境中被运用。至少在其发展的早期，诠释学与论证哲学尤其是逻辑学、论辩术、修辞学和论题学等紧密相连。即使在 19 世纪，诠释学变得完全独立于上述哲学（产生了一般人文科学诠释学）了，但它也依然与其他哲学的联系比较近。为了支持这个观点，追述一下施莱尔马赫、狄尔泰、米施（Misch）、李普斯（H. Lipps）、贝蒂（Betti）、伽达默尔或利科（Ricoeur）（与 19 和 20 世纪诠释学哲学有关），还有，如莱纳赫（Reinach）和考夫曼（与法哲学有关）等是适当的。我们将在第 5 章处理诠释学的相关内容。

逻辑 论证哲学与逻辑之间也有密切联系。自古以来，很多论证理论的学者都诉诸逻辑。逻辑或者作为一种论证方法直接被应用，或者作为一门给定的话语哲学的一种方法论基础被间接应用（例如，逻辑使论证性话语的可接受标准更精确）。当然，论证哲学诉诸形式和非形式的（软）逻辑观念。由此产生的困境可以概括如下：①论证理论要达到最高的精确性，或者换句话说，使在论证性话语中提出的命题得到逻辑证成的可能。这就解释了为什么这些理论往往诉诸逻辑的形式化观念，包括经典逻辑，以及各种各样的道义和模态逻辑。②然而，形式逻辑在实践话语运用中显得非常有限。因此，论证哲学的倡导者们最擅长处理较少形式的逻辑种类（往往只是为了这些哲学目的而进行建构）。

因此，每一种论证哲学都发展自己的逻辑，而且这些逻辑就其价值和应用范围来说差别很大。另一个困难是，在古代，"逻辑"这个术语与其他术语相关，对于论证，逻辑也很重要（包括最容易理解的分析、论辩术、修辞和论题）。此外，在那个时代，至少在某些情况下，"逻辑"和"论辩术"这两个术语是同义词；重点要强调的是，虽然在古代"逻辑"这个术语已经与思考、反思和计算等行为相关，而"论辩术"这个术语是直接与话语即对话相关。可以在亚里士多德的著作中找到两个术语更为严格的定义：他断言，逻辑和分析可以推导出真（绝对）结论，而论辩术仅仅作为一个得出正当（即可能）结论的工具。为什么亚里士多德认为论辩术、修辞和论题在本质上与逻辑不同，其原因是它们在争论中构成了说服对手的手段，而非建立真值。这两组理论功能上的差异构成亚里士多德区分逻辑结论（基于真标准）和论辩结论（基于正当标准）的基础。这种区别对于当代论证理论即便不具根本性的意义，也具有特殊的意义。我们要特别关注论证哲学各种概念之间的关系。这不过是因为这些哲学之间的差异，通常来自对这些关系在理解方式上的差异。要强调的一点是，给予这些观念以独断（与上下文割裂）的意义，可能导致毫无结果的学术讨论，幸运的是，这对于那些真正重要的论证哲学几乎没有影响。

115

论辩术　尽管希望论辩术成为一种相当严格（在逻辑意义上）的方法，但可以将其最恰当地描述为一个旨在产生可能正当结论的"弱"论证方法。这与亚里士多德的观点是一致的，根据他的观点，论辩术是一种诉诸"善"标准的实践哲学方法，而不是使用"真"标准的方法（后者在理论哲学中运用）。然而，还有一些论证证明，在逻辑与论辩术之间存在着密切的联系。更为明确的是，常常在实践话语中使用的**当然论证**与**归谬论证**，在本质上同时是逻辑和论辩的。在卡利诺夫斯基看来，在被认为更为重要的事物包含较少重要事物的条件下，**当然论证**以"举重以明轻"的形式（如果允许更多，那么更少就是被允许的）成为形式逻辑的公理。[1]与此类似，似乎**归谬论证**可以从形式逻辑"转移"到规范推理领域。

---

〔1〕　G. Kalinowski, *Introduction à la logique juridique*, Paris, 1965, pp. 163~164.

　　然而，还是让我们回忆一下历史。对于苏格拉底来说，论辩术是一种进行讨论（一种哲学争论）的方法，包含两个独立的部分：反方——辩驳，和正方——助产术。辩驳法（即一种反驳）指的是将一个争论者的伪命题归结到荒谬的结论上。该方法是为了清除争论者心中的错误见解，该方法的一个要素是讽刺，它暂时假定争论者的伪命题是真的，通过熟练的论证迫使争论者阐述一个与其最初辩护不相符合的真命题（这其实就是**归谬论证**）。"苏格拉底反讽"实际上依赖于"无知的知识"，即认识到错误的特定能力，这应该是通过每一个参与者在讨论中而获得的。助产术的方法即"产科医生的方法"因此而构成"探明真相"。主导讨论的那个人的作用基本上是问问题，从而"帮助真理来到这个世界"。在苏格拉底看来，一个争论出发点的构成，是通过询问人所共知和经验证实的最简单的问题而建立的；更复杂的事实是通过在后一阶段的类比而建立的。这种归纳概括因而获得对"共同主题"的界定（亚里士多德 116 将在论题学语境中提到），即普遍有效的命题。

　　在第欧根尼·拉尔修（Diogenes Laertios）看来，是柏拉图首次使用"论辩术"这个术语，他将其理解为永久运用理性的活动，同时在这种活动中获得了实践。柏拉图使用论辩术，既为了研究理念世界也为了解释现象。在《斐多篇》里，他得出一个结论，只有诉诸论辩术，才是分析现象的真正的科学方式，而非目的论或因果关系的思考。柏拉图赋予"论辩术"这个术语宽泛的内涵：在他看来，这是一种寻求话语（谈话－哲学对话）的方法，一种在不同的命题之间建立联系的方法，是简短的哲学（tout court）。它是简短的哲学是因为，它能使人以一种非经验的方式掌握理念和现象世界。鉴于论辩术是理念的科学，即真正自主的存在，那么可以正确地称之为形而上学，即简短的哲学。因此，既然论辩术探讨一般观

念和包含这些观念和理念的公理之间的联系，那么它就是一种演绎法，它促成并强调了一种严格意义上的逻辑。

论辩术也是亚里士多德关注的中心内容，他将逻辑和分析看作论辩术的准备。逻辑的对象仅仅是陈述的形式，而论辩术的对象则是陈述的内容即实质。一种对形式的分析（作为一般的某物）应先于对内容的分析（作为具体的某物）。在亚里士多德看来，论辩术的主要目的是最终的讨论，虽然他也认为论辩术可作为一个发现真理的工具（在其一部著作中，他说命题要经过逻辑处理，即通过真理标准的棱镜，以及论辩处理——通过他人赞成或观念的棱镜，即根据表象）。如上所述，亚里士多德区分逻辑（分析）——旨在提供真（绝对的）结论的理论，以及论辩术——旨在促成正确的结论，或者在交流中发现自己在哪里是正确的。因此，最终论辩术的主要功能不是确定一个给定的命题是真还是假，而是使观众相信一个给定的命题是正确的；因此，它是一种实践而非理论哲学的方法。〔叔本华（Schopenhauer）在其《争论》中提出一种类似亚里士多德论辩术的解释。〕

117　　19、20 世纪的解释哲学常常运用论辩术方法。在 19 世纪，解释哲学首先由叔本华提出，他的**争论论辩术**观念非常有影响。在 20 世纪，值得一提的（除了诠释学之外，往往关注论辩术的方法——参见莱纳赫、伽达默尔和考夫曼）是佩雷尔曼的观点，他在"古典的"的论辩术基础上建立了自己的论证哲学。

修辞　修辞也许可以证实不同论证方法和技巧之间互动与密切的联系。这门学问一开始本来是纯语言学的，在比较早的时候发现了它在各种解释哲学中的应用，从而成为几乎所有论证理论中第三个（除论辩术和论题学之外）最重要的组成部分。这个词一直是指在讲话和写作中好的、诚实的和可靠的说服技能（技巧）。在古代

修辞学最杰出的代表人物中，最具代表性的是希腊哲学的高尔吉亚
（Gorgis）、伊索克拉底（Isokrates）、亚里士多德；法勒鲁姆的德米
特里厄斯（Demetrius）；哈里卡尔那斯的狄俄尼索斯（Dionysus）、
塔尔苏斯的赫莫根尼（Hermogenes），以及罗马哲学的西塞罗
（Cicero）和昆体良（Quintilian）。在随着时间的推移，"修辞"开
始不仅运用于演讲术，而且也运用于散文理论、公共演说指南、一
种教学体系，当然还有一种特定的论证哲学。修辞学科的分支与准
备和发表演讲的结构一致。第一阶段（发端）涉及的是在一个特定
情况下搜集相关的论证；第二阶段（组成）在于构建一个必须适应
特定情况的演讲；第三阶段（演讲）包括确定所需风格，以及通过
语言媒介表达思想所需的正确和精确的规则和条件；第四阶段（记
忆）关注对演讲文本的记忆；最后阶段（**行动**）包括发表演讲的
所有技巧（确定如何通过一个人的声音、手势、体态、模仿等来打
动观众）。要达到演讲的目的即有效说服，同时要影响观众的推理、
意志及情感。以下原则基于修辞技巧（即正确构造"一个有说服力
的信息"的技巧）的基本方法而排列：限制原则（演讲应该是一
个内在融贯的"活的有机体"）；"修辞手法"充分的原则（演讲应
考虑到所有相关情况）；功能原则（演讲者应该以一种反思和有目
的的方式运用说服的修辞手段）。最后，所发表演讲的种类确定了　118
将要使用的修辞技巧的"剧目"（例如，可区分为以下演讲类型：
倡议、阻止、谴责、辩护；此外，还有颂扬且详尽的演讲，比如，
欢迎和告别演说）。[2]

　　在亚里士多德看来，修辞是在各种情况下找到说服的充分手段

---

〔2〕　K. Szymanek, *Sztuka argumentacji. Slownik terminologiczny*〔论证技艺·术语词典〕，
Warszawa，2001，pp. 286～288；M. Korolko, *Sztuka retoryki. Przewodnik encyklopedyczny*〔修辞
技巧·手册〕，2nd edition，Warszawa，1998，pp. 19，3 ff.

的技巧。甚至可以说，修辞和论辩术事实上是同样的学问，因为二者都有相同的目标——通过言语的手段说服，二者都诉诸同一评价标准——有效。但是，应该强调的是，修辞强调的这个标准要比论辩术更强。论辩术也诉诸正当的标准，甚至诉诸真标准（因为它与逻辑和分析保持密切的关系）。佩雷尔曼发展了亚里士多德的修辞定义，主张修辞的目标是分析话语技巧，旨在引起或加强观众接受所提命题的支持。这意味着，修辞是一个通过话语而说服的方式，而不是通过真理来说服的方式。为此，在佩雷尔曼看来，修辞在**广义上**也包含论辩术和论题学。修辞不能等同于形式逻辑，因为不可能证明**话语**过程中前提的真。在实践话语中，具体命题被接受的程度可能会有所不同，因为争议关涉价值，或者更准确地说，命题的正当性与其真值相反。此外，实践话语的主要目标之一是要说服别人接受自己的推理；因此，说服总是需要说服**某人**（一人或多人），因此要针对听众。[3]亚里士多德、西塞罗和昆体良的修辞成为当代一种最有影响力的论证哲学，即佩雷尔曼的"新修辞学"（在本章的下一节中详细讨论）的起点。

论题学 基于论题学的论证哲学（或者说问题）与修辞相关（可论证为最密切的），同样也与逻辑与论辩术相关。"**论题**"这个词在希腊语和拉丁语中意味着中"一个场所"，在此演讲者或作者获得"有独创性的材料"。一个**论题**可以置于一个不确定的场所——思想，或置于确定的场所——标志、符号、手势、词语、文本。根据亚里士多德（顺便说一句，他并没有提出一个**论题**的定义），**论题**是"要素"或"前提"，论辩术家可以以此构建自己的

---

〔3〕 Ch. Perelman, *Logika prawnicza. Nowa retoryka*〔法律逻辑·新修辞学〕, Warszawa, 1984, p. 145.

三段论，修辞学家可以以此构建自己的推理论证（ethymemes）。论 119
辩三段论的结构不同于逻辑三段论。三段论的前一种类型是为了揭
示命题的正当性（因此有明显的规范性色彩）。反过来，推理论证
是一种修辞（省略）三段论，即其中一个前提（明显的那个）隐
而不说。它因此由两部分构成——假设和结论，并省略了一个主要
的前提，这是由于这个前提很明显（举个例子，如从小前提"苏格
拉底是人"得出结论"苏格拉底是会死的"；由于明显从而忽略的
大前提是"所有人终有一死"）。一个修辞三段论可以是逻辑的
（当它省略的和提到的前提是描述句时），也可以是规范的［当其
一个或两个前提（包括省略前提）采取命令或价值判断的形式
时］。[4]

　　亚里士多德区分普通和特殊的**论题**。他把普通**论题**，即**通用论
题**理解为指称一般（普遍）问题的（在思想或记忆中的）"场所"，
并由此构成所有实践话语的一个出发点和基础；通过特殊**论题**，即
具体场所或**适当的因果关系**，从而把"场所"理解为内在于一个具
体情况中或处于一个给定的知识分支（后一种类型的**论题**经常被使
用在法律话语中）。总之，论题学是一种在特定话语的至关重要的
观念之间建立联系的方法（这些观念出现在一个讨论问题的命题
中，继而出现在解释和证明那个命题的假设中）。

　　在《论题学》中，亚里士多德考查了四种关系：定义关系、**种
属关系**、本质特性（**固有**）、偶然特性（**偶然**）。他认为，在每一
个讨论中出现的问题至少处于这些关系中的一个。在《论题学》接
下来的八章中，亚里士多德提出了对四种关系组合成的观念之间相
互关系的分析。因此，他制定了 382 条规则（他称之为**论题**），以

---

〔4〕　M. Korolko, *The Art* …, *op. cit.*, p. 64 ff.

此把握具体观念范畴之间的一般相互关系。[5]因此，**论题**不纯粹是实质的（因为它们不是指称一个具体的对象或观念）——它们总是关注观念的整个范畴，因此可能在作为"通用论题"的论辩中产生作用。换句话说，**论题**构成普遍同时也是"非特定"的论证，因为它们不属于一个具体的学科（鉴于通用论题不是专用论题，这当然是真的），也不是一种纯粹的科学（逻辑）论证。论辩术和修辞三段论的普遍性和"非特定性"就在于这样一个事实，与古典形式逻辑不同，它们在争议问题的两个不同方面却可能使用了同样的论

120 证。作为那种发现真理的辅助学科，论题学可能帮助其他论证哲学找到好的推理（论证、前提），从而促成在解释性争论中的成功。

在 20 世纪，之所以对古典论题和修辞重新产生兴趣，这尤其要归功于法律哲学学派，这将在 4.2 节进行更详细的探讨。

巧辩与诡辩　巧辩与诡辩有着相同的哲学根源（由于智者广泛地运用和讲授巧辩技巧）和目标，就是不惜以任何代价赢得争论（即通过允许和禁止的手段），并不过多关注所提推理的可能性。通过将这些学问与论辩术联系起来，叔本华使其视域更为广阔。因此，在其关于论证的论述中，他讲的推理与"论辩性技巧"有关。亚里士多德提出的这种分类不仅考虑到逻辑和论辩推论，而且还有巧辩和诡辩推论。至于巧辩推论，其形式是正确的，但陈述本身并非真——它们只是表现为真。对于诡辩推论来说，它们的形式是有谬误的——它只是创造真的表象。然而，很难赞成叔本华关于论辩巧辩的目标是证明所提命题正当性的主张。论辩术（而非论辩性巧辩）的目标是对所提命题的正当性进行证成，这是话语（除了证明

---

〔5〕　Aristotle, *Topiki. O dowodach sofistycznych*〔论题学·论诡辩〕, Warszawa, 1978, books I ~ VIII, pp. 3 ~ 235.

为真之外）的另一个目标。证成所提命题的正当性是修辞和论题学、而非巧辩和诡辩的目标。巧辩和诡辩话语只有一个目标——赢得争论；每一种都是仅仅通过效率标准来评估。正当性总是参照某种道德上可接受的善，而效率仅仅参照纯粹的工具价值。柏拉图与亚里士多德对巧辩都不心存敬意，这并不是偶然的。在亚里士多德看来，巧辩是在争论中进行语言争锋的不诚实的方式，巧辩支持者与论辩家之间的关系，类似于一个图表都能画错的人与一个几何学者之间的关系。[6]

　　巧辩与论辩运用了一种广泛的方法与技巧。最为重要和常用的"巧辩技巧"是：①运用巧辩扩张，即将混乱无序引入论证中，以此方式来扰乱对手；②引入旁侧情节，它几乎对所论问题没有影响，但可以在关键命题中分散对手的注意，如果得到发展，对于对方来说可能是"危险的"；③诉诸真或者听众明显接受的命题（通过指出对手的观点与听众视角的不一致，与这种不一致是否存在无关）；④用对手的武器攻击其自身，即将对手的论证转为对自己有利（**反证**）；⑤运用"命题——反命题"和独特论辩术，将对手所辩护的反命题以一种难以说服和荒谬的方式阐述出来，以至于让对手产生疑问并放弃，进而接受了原来他所反驳的命题；⑥"捏造结论"，意即通过归谬推论而从对手实际上并没有包含的陈述中获得命题；⑦隐藏其在论证中真正追求的目的，比如，这可以通过"争论扩张"和拖延讨论而获得；⑧以另一种诡辩论证来回应对手的诡辩论证；⑨要求对手证成其自明命题；⑩讽刺性地承认一个人的不足，目的是指出对手提出的命题只不过是荒谬的。[7]

121

　　〔6〕　Aristotle, *Topics* …, *op. cit.*, books I ~ VIII, p. 264.

　　〔7〕　Aristotle, *Topics* …, *op. cit.*; A. Schopenhauer, *Erystyka czyli sztuka prowadzenia sporów*〔诡辩或讨论技巧〕, p. 45 ff; K. Szymanek, *The Art* …, *op. cit.*, p. 45.

大多数（难以准确地说是否全部）巧辩和诡辩"方法"与理性话语规则正好相反，后者是为了给手头的事物提供一种正当的（在某些哲学家看来甚至是为真的）结论。正当性毫无疑问构成了评价一个实践话语的基本标准，而另一个重要的标准则是有效性。假如一种论证实现了"最低道德"的必要要求，没有任何事情阻止它诉诸有效性最大的方法，如果可能的话，巧辩技巧也是如此（只要这些技巧并不侵害理性话语的原则）。比如，想一想，**归谬论证**相当于使对手的论证转而对自己有利（举一个运用这种论证的例子：当对手说："应当迁就他，因为他仍然是一个孩子"，我们可以回答说："既然他仍然是一个孩子，他应当受到处罚，从而使这些坏毛病不会在他身上扎下根"）。在一个实践（规范）话语中，两个或者更多的正当结论是可能的，一个通过这种论证得到证成，所有其他的结论并不必然要与话语正当性的其他规则搅在一起。假如这里表述的是对巧辩论证总体上的否定意见，那么这种发现尤其重要。[8]

叔本华的论文"巧辩，或引发争议的技艺"致力于巧辩论辩术，他在当代论证哲学中重新引起对巧辩的讨论。

当代论证理论　在回应最为重要的论证哲学之间的争议中，当代论证理论得到了阐述。"实证——分析"与"现象学——诠释学"范式采用了它们的最终形式。除此之外，主要归因于在人文科学中，心理分析、心理解释仍然处于一种重要地位。关于选择人文解释方法的争议，与主要在元伦理学和法律哲学中进行的讨论相联系，关涉规范陈述的认识论（语义——逻辑）特征，这种争议变得更为激烈。因此，20世纪后半叶论证理论的主要目标是找到一种

122

---

[8]　J. Stelmach, *Code ...*, *op. cit.*, p. 33.

认识论平衡，即对立的解释哲学之间的一种独特的"第三条路"。论证哲学被认为应该替代形式逻辑以及分析（在实践——规范——话语限定的范围内是适用或不适用），还有依赖于直觉的"更弱"的现象学诠释学方法。这一过程的结果是各种各样论证哲学的崛起。

这种哲学中的一些仍在分析哲学的基础上进行阐述——与伦理学上的"好理由"之争相联。在那些哲学家中，为实践话语分析理论的建构做出重要贡献的有维特根斯坦、艾耶尔（Ayer）、史蒂文森、奥斯汀、黑尔、图尔敏和拜尔。[9] 例如，黑尔将其论证理论建立在对道德语言的分析基础上，并因此提出对描述性和规范性（评价性）意义上伦理谓词的区分。两个主要规则，即普遍性规则和要求伦理陈述成为规范性的规则，要求每一个道德论证建立在确认这一区分的基础上。尽管道德话语规则不同于精确科学论证的规则，但它们诉诸同样的理性标准。

由洛伦岑和施韦默尔主持的一项研究，致力于使用建构主义方法（逻辑）来满足实践主张的需要。在施韦默尔看来，"建构主义伦理学"（理性道德话语）依赖于两个基本原则：理由原则（Vernunftsprinzip），也称为主张原则（Beratungsprinzip），以及道德原则（Moralprinzip）。

对于哈贝马斯来说，他为证成关于真的共识理论中的话语理性概念建立了基础。这种理论使他能够区分行为和话语（对话）。他将话语作为一个发生在交往共同体中理性交往的过程，此外，在一个理想的言语情境中，可以使话语的参与者获得"正当结论"，即达成一个协议（共识）。同时，理论话语要根据真标准来评估（因

123

---

〔9〕　R. Alexy, *Theory ...*, *op. cit.*, p. 51.

为在这种话语中，将要阐述的是经验确证和逻辑判定命题），一个实践话语要通过正当性的棱镜来评估（因为在这种话语中，试图要证成规范性陈述的正当性）。然而，特别要强调的问题是：构成最终真和正当性标准的是由"更好的论证力"给予合法地位的共识，这是在理性语言交流过程中达成的。这一过程只有在其找到一些形式规则时，才可以说满足了理性的要求，例如，话语参与者（交往共同体的成员）平等规则、论证自由规则、诚实规则、取消特权和任何话语参与者义务的规则。[10]

在较短的时期内，关于理性话语的讨论已经渗透到法律哲学领域。这个过程主要是由《论题学和法学》（*Topik und Jurisprudenz*，1954 年）的作者菲韦格，以及《新修辞学：一部关于论证的论文》（*La nouvelle rhetorique. Traite de l'argumentation*，1958 年）的作者佩雷尔曼与奥布莱希特 – 泰提卡（L. Olbrechts-Tyteca）引发的。在致力于阐释法律论证问题，并且是由布鲁塞尔学派的代表人物（特别是其领导人佩雷尔曼）执笔的一系列作品中，后者是第一个。为正处于兴趣减退中的法律论证问题的保持和复兴做出重大贡献的是阿列克西的《法律论证理论——作为法律证立理论的理性论辩理论》（*Theorie der juristischen Argumentatiion. Die Theorie des rationalen Diskurses als Theorie der juristischen Begründung*）。古典论证哲学如古老的论题学和诡辩为菲韦格和佩雷尔曼提供了一个出发点。至于阿列克西，他利用了不同的资源，尤其是康德哲学（康德的实践理性概念）、分析哲学和哈贝马斯的话语理论。结果是，他的法律话语程序理论与古代解释哲学几乎没有共同点。在下一节将要详细讨论这

---

〔10〕 J. Habermas, *Vorstudien und Ergänzungen zur Theorie der kommunikativen Handelns*, Frankfurt am Main, 1984, p. 160, p. 174 ff.

两个话语概念。

4.1.2　实践话语的标准

　　每一种论证哲学所关注的根本问题是，选择运用哪条标准来"衡量"话语，并从而决定是应该接受还是拒绝。据说这个问题不仅是最重要的，也是最有争议的。首先，一个给定的标准就是个问题；其次，它的应用范围：这里的问题是，是否一个给定的标准应该只用在内部证成（interne Rechtfertigung）的过程中，或只用在外部证成（externe Rechtfertigung）的过程中，还是在两者中（内部证成质疑所提的解决方案是否从话语的假设前提合乎逻辑地得出，而外部证成的目的则是评估那些前提的正当性）。[11]

　　不过，让我们还是回到实践话语标准的问题上来。最早的论证理论其目的是要提供应该接受还是拒绝一个给定话语这个问题的答案。回答这个问题至少有三种方式。在有些哲学家看来，真实性是论证性话语唯一可以接受和最终的标准：如果人们可以证明提供给一个争议的解决方案是真实的，那么这个解决方案的可接受性不仅是可能的，而且是话语所有参与者所要求的。另一些哲学家们则选择了一个"较弱的"标准，即正当性（最佳图式是那个可以证明为最正当——公正的）。放弃了逻辑标准（真实性）的主张后，这些哲学家想要把正当性标准与合理性关联起来（伦理意义上正当的必然也是合理的；反之，讨论的所有参与者应当将合理的解决方案作为正当的而接受）。还有其他的哲学家认为，只有评价实践话语的合理、有效标准才是有用的。有用性标准完全与真实性和正当性标准隔离开，会导致对论证话语有彻底的工具性和相对性理解，比如，这可以在诡辩与巧辩概念中找到其表述。

---

〔11〕　See R. Alexy, *Theory …*, *op. cit.*, p. 273.

真实 正是在那些允许运用逻辑和分析方法的论证哲学中，真实性作为评价话语中所提出的解决方案的基本标准。亚里士多德已经指出，逻辑和分析应作为获得真实（绝对）结论的工具。论辩术的情况更为复杂：它或者仅仅服务于真实性（柏拉图），或者服务于真实性与正当性（亚里士多德）——在后一种情况下，论辩术是一种旨在得出有效的结论或发现其在交流中是有效的理论。

应该强调的是，逻辑与论辩术的关系一直密切（对规范逻辑内阐述的特定论证的分析清晰地显示了这点，如同上文对论辩术的讨论一样）。真实性回归为一个用当代概念评价论证性图式的标准。某些论证哲学的代表人物所持的信念是，运用这个标准可能是对规范谓词和陈述（指令和规范）意义采用认知观的结果，或是某种"温和"的非认知观。如果我们假设指令（规范）是可以赋予逻辑值的陈述，那么，当然我们也可以假设借助这些陈述的论证可以由纯粹的逻辑范畴来评估。然而，在某些情况下，即使我们否认指令（规范）具有认知意义，我们也不能被迫完全放弃构造特定类型逻辑的可能性（形式的或非形式的），可能将其用来作为构建一个基于事实的标准的工具，以此来评估一种实践话语。

在我们看来，不涉及哲学争论，问题就不能得到解决，我们想指出，在论证过程中，人们经常诉诸纯粹为真或假的命题和论证。但是，这些命题和论证在一个可以被称为理论的话语中得到阐述。规范性质的命题和论证则在其他类实践话语中得到阐述。像往常一样，这种话语诉诸其他标准：正当性和有用性。亚里士多德理解在这两种话语之间做出一个区分的必要性，他区分理论与实践哲学。让我们回忆一下，理论哲学基于真实性标准，而实践哲学则基于善——正当性标准。康德也区分甚至对立起先验主体的两种认知能力，即诉诸真实标准的理论（科学）理性与诉诸形式上所理解的正当性标准的实践（规范）理性。这两种话语之间的区分也可以在哈贝马斯的作品中发现。在他看来，理论话语由真实性来衡量，而实践话语则由正当性衡量，然而，最终这两种话语都诉诸相同的标准，即以理性的方式而达成的共识。[12]

在我们看来，法律认知的过程（大致理解为解释）包含两个相互关联的话语：理论的和实践的。把每一种话语中所阐述的命题混在一起，话语的参与者在讨论中经常卷入激烈的、但同时也是没有结果的争议。多数论证的结论完全是话语的、认知的和逻辑上可证实的。我们已经可以处理整套科学手段——包括严格形式的（例如逻辑或"强"分析）和经验的。众所周知，对于逻辑上可证明与经验上可证实的结论不应该有任何争议。因此，争议可能仅仅是由于不完满或有点投机取巧才发生，结果上成为一种扩张的（巧辩）的论证，其目的是不惜以任何代价甚至是牺牲真实性而获胜。如果给予认知命题以规范意义（就是说，如果我们讨论已经公认为无疑是正确的陈述的正当性），或者如果给予规范性命题（也就是说，通过真实性以外的其他标准来评价的命题）以一种完全认知的意义，就会加重论证的混乱程度。基于这个原因，人们在决定是否可以根据其真实性和虚假性，还是根据某些其他标准——诸如正当、公正、有效、可靠、功效等来评价前，应当深入研究一个命题。在我们看来，只有后一类的命题才可以是"适当论证"，即实践话语的对象。

在这一点上，我们要把注意力转移到一些术语问题上来。从历史的角度来讨论论证概念，我们已将其与诠释学（尽管在相当有限

126

〔12〕 J. Habermas, *Wahrheitstheorien*, in H. Fahrenbach（ed.）, *Wirklichkeit und Reflexion*, Pfullingen, 1973, p. 239 ff.

的意义上)、逻辑、论辩术、修辞学,最后与诡辩和巧辩联系起来。所有这些由各种哲学、方法和技巧所界定的术语都直接与一个论证过程(行为)相联系。同时,话语的概念被用于分析其两个方面——理论与实践。人们可以合理地提出进一步的区分,比如一般与具体的话语(后者包含其中的法律话语)。然而,话语的概念,由于其意义不明确可能会引起很多疑义(这种情况基于以下事实而增强了:它要运用到许多领域探索本质上不同过程的知识,而在这个意义上,它是一种"时尚")。如果不是不可能的,似乎很难给这个术语确定一个完善的定义:难以对话语概念确立一个分析的定义(即,反映接受——历史——意义),因为这需要考虑到与这一概念意义有关的整个范围的直觉。说明所有这些直觉似乎当然会使这个概念模糊。更具体地说,在确立这样一个定义的过程中,必须承认的事实是,话语概念指的是认知过程、交往、逻辑论证、讨论、演讲、通过言语行为令人信服等。因此,这个概念用来表明认知与交往的一般过程,以及与主导讨论方式相联的具体行为。

一方面,假定在这些意义之间进行选择缺乏一个合理的标准,必须承认,其中的唯一选择必然是武断且非证成的;另一方面,一个解释很多不同意义的定义,对于更为专业的分析来说是没有意义的,此外,它与论证的经济原则也是不一致的。反过来,对话语概念的一种综合(规定)的定义也将是武断的,原因很简单,它必然只是基于一种直觉(作者的):它是该概念很多合理意义中"最合理的"。

正当性 基于上文的考虑,可以得知,正是正当性应当构成评价一个实践话语的衡量手段、标准或准则。如果一个实践话语(论证)真的不能通过真实标准来"衡量"是一种事实,那么就有必要采用某种衡量手段或标准,比如正当性。当然,正当性概念决非明确的，因此，试图为其下定义，我们会遇到在考查话语概念时同样的问题。因此，第一，我们要处理在某些情况下可以使用的能够作为其同义词的许多其他概念，尤其是理性（即"反逻辑"的严格正当的理性）、公平性、有效性、可靠性甚至是效率（如果能够以一种理性的方式对其做出规定）。第二，正当性总是与一定的道德价值有关，它确定了每一种可能的实践话语必须遵守的某种"伦理底线"。第三，可以对正当性概念进行内容上或形式上即程序上的解释（如果使用正当性作为一种评价实践话语的标准，那么后一种解释似乎更充分）。第四，尽管所有选项都被提到了，但正当性可以与真实相联，因为实践和理论两种话语相通。因此，正如哈贝马斯强调的那样，真实在某种意义上规定正当，正当在某种意义上规定真实。第五，正当性也可能被当作效率。可以合理地主张，只有正当的才可以有效地起作用——产生真正的效果（我们这里指的是合理性效率，而非如巧辩的特点那样"不惜任何代价的效率"）。在经济论证的情况下，它特别明确，经常在实践话语中提出：它们意味着一个正当的解决方案必须在经济上是有效的，即不应为了实现不可能实现的公平或正当的某种抽象理念，而牺牲有效率的解决方案。第六，可以用其他的（通常是形式－程序上所理解的）标准，如可靠性或有效性来替代正当性，条件是这些标准有一种道德维度。第七，对于理解正当性标准来说，有特殊意义的是它与理性概念的联系，特别是当这个概念被赋予更为形式和程序的解释时；因此，从所接受的程序的形式规则的角度来看，那些正当的事情同时也是理性的。

128

除非运用正当性标准，要对论证话语中阐述的大多数命题进行评价似乎是不可能的。所以说，既然直接运用严格的逻辑标准是不可能的，该标准通过证明其真实性来证成在话语中采用的图式（这些规范可以仅仅是规定或规范，或者采取规范陈述的某种形式），那么，我们注定要使用正当性标准。此外，我们也要处理效率的工具性标准；然而，超出伦理语境（没有给正当性要求留出空间）来使用它，可能会导致其在论证中的种种滥用，因此而造成争议中的显失公平。其他标准，例如公平、合理、有效或可靠使评价实践话语的更精确标准的建构这个命题不是很合理：可以获得一个"新词"，但困扰正当性讨论的同样的定义问题依旧存在。

效率　毫无疑问，既然在一个论证争议中最终注定会有赢家，那么可以将效率作为评价法律话语的一个有效标准。问题归结为一点：是否应当不惜任何代价取得成功？要给这个标准提出一个精确的定义，其困难在于这样一个事实，它至少可以从三种不同的方式来理解。

首先，可以从一种纯粹的形式和理性的方式来解释。在一个实践话语中，通过运用以前认可的程序而获得效率。因此，结果将既是公平的（因为与话语的所有成员所认可的程序要求一致）也是理性的（基于相同的理由）。程序既决定形式上所理解的伦理学，也决定话语逻辑。以这种方式所理解的效率，诉诸工具理性概念（实践话语的结果是由运用于一个论证情境的程序所规定的）。这正是在交往理论［指哈贝马斯和阿佩尔（Apel）的理论］和系统理论（尤其是卢曼的理论[13]）中如何构想的话语和理性问题（作为评价话语结果的标准）。对效率概念的上述解释不排除关联正当概念（形式或程序意义上理解）的可能性，我们之前已对此进行了分析。

其次，效率的标准可能指经验性的现实，而不是我们规范性思想所预设的社会世界。因此，一个实践话语可以描述为是有效的，只要它在现实——经验——世界中起作用。正是功利主义将效率的

---

〔13〕　See N. Luhmann, *Legitimation durch Verfahren*, 4th edition, Frankfurt am Main, 1983.

这种解释介绍到论证哲学中，然后通过实用主义和美国法律实在论的代表人物而得到发展。功利主义、实用主义和美国法律实在论这三种观点表明，实际的法律（起作用的法律）是在特定社会范围内产生实际效果的法律。如此理解的效率标准当然缩小了正当标准，虽然它不一定与其相矛盾。并不是所有正当（公平）图式都是有效的，但每一个有效的图式都是正当（公平）的，因为从功利、实用或实在伦理学的角度看，它实现了一些基本价值。

如果分析法律案例，考查这个解释传统就变得更容易了。情况可能是，要求法律（法律判决）公平（形而上学意义上的理性）是不可能的，或者说，公平的（在形而上学和工具意义上）法律（法律判决）原来是完全无效的（例如，从经济观点来看）。在这种情况下应做点什么？根据上述主张，人们应当诉诸效率标准。以这种方式理解的效率不一定是（并且事实上在哲学讨论中也不是）一个伦理上中立的范畴。这些哲学只是设定了一个不同的价值等级体系，据此，其中最基本的价值，就是那些使评价实践话语结果的经验标准得以建构的价值。对于功利主义的代表人物来说，这个价值就是快乐（幸福），对于实用主义的拥护者来说则是功效，例如对于法律经济分析的支持者而言，则是社会财富。只有当效率标准从伦理语境（即以内容或形式方式所理解的价值）中完全分离，并以纯粹的工具——操作方式使用时，正当和效率标准之间的冲突才 130 可能会出现。当然，在这种情况下，应优先考虑正当标准。

最后，正当可能仅仅指一个肯定的结论，也就是说，它设定不惜以任何代价（无论如何）必须赢得论证争议（使用允许和禁止的方法）与"结果确证手段"。在一个论证争议中，通过不同的诡辩和巧辩技巧和方法赢得成功，在某些当代论证哲学中提出的心理技巧也是如此。如此理解的话，效率与伦理没有联系——实践话语没有必要通过基本价值棱镜来评价。在这种情况下，有趣的是佩雷尔曼对论证过程中进行的两种行为的区分；这些行为，即说服与劝说，分别与两种类型即普泛和特定听众相关。在那些诉诸道德的论证哲学中，总要被强调的是，话语的功能是说服，在最后一个例子中它要指导某种"理想的听众"。说服依赖于正当和理性，正如佩雷尔曼所指出的客观的"论证有效性"：这是实践话语的主要甚至是"伦理上起作用"的目的。劝说有一点不同，它只能使用效率标准来评价，要在纯粹的工具和主观意义上理解。劝说针对特定的听众，针对具体的试图执行某种图式的人，与这个图式是否满足正当和理性的，即使是最低要求无关。因此，在特定听众的情况中，论证命题被当作是证成的，即使只被部分听众所接受。因此，情况可能会是这样，即使在实践话语中所犯下的错误（或甚至是滥用），人们也可能达成最终的结论，那就是劝说部分听众接受所提出的解决方案，从而在论证争议中、在挑战正当和理性的要求中获得成功。这就是为什么在这里主张，狭义上，即工具上和主观上理解的效率标准，不能自动用作衡量实践话语的手段。

4.2　法律话语的两个观念

围绕实践话语，吸收多种分支和分类的论证哲学，有可能陷入无休无止的争议。然而，这里的讨论将仅限于两种重要的和有特点的实际话语观念：①程序；②论题—修辞。虽然这些观念诉诸不同的论证哲学，但它们是彼此互补的。为了合理地讲法律话语，不仅有必要探讨针对法律话语的对论证哲学的吸收问题，而且也要（尤其）探讨这种话语的自主性和特殊性问题，即一般话语和法律话语的关系问题。

131

关于这种关系的第一种观点认为，只存在一种普泛的、一般的话语。正是在这种话语框架内制定的那种普遍有效的规则应用在以后所有的论证中。因此，只存在一种论证哲学，它的各种应用（这种情况存在于下文将要讨论的诠释学中，尤其是存在于其现象学的多种方向中）。对于论证哲学的上述理解，对一般话语与个别话语之间的区分在本质上失去了它的意义，只留下一种学究上的意义。

第二种观点从相反的角度描述了这些关系。"争论的现实"是具体（个别）话语的现实——仅仅是在实际上存在话语。这种观点的支持者常常认为，一种特定类型的话语，不论它是法律的还是伦理的，对于所有其他实践话语来说，都具有范式上的意义。佩雷尔曼认为，范式话语即法律话语。他主张，法官的推理不仅是其他类型的法律推理，而且也是其他——个别——实践话语的典型。不过，佩雷尔曼的观点是否正确，这是一个有争议的问题。在我们看来，法官的推理应当作为一种"例外"而非"典型案例"，即普遍性的"普泛"模式。即使指的是法律话语，也很难不注意到法官推理的特殊性：法官是一个完全自主的裁判者，而不是话语中与其他参与者拥有相同、平等权力的参与者。其他具体话语的参与者很少使用法律论证（尤其是法官运用的那种推理类型），其中一个原因是，它们缺乏必要的合理性（法律话语与有效的法律有着密切的联系，该特性使这种论证让其他人文科学的学者们难以企及）。

最后，在第三种观点看来，法律话语是一般实践话语的一个特例，这种观点最明显的是由阿列克西所阐述的所谓的**特殊情形命题**（*Sonderfallthese*）*。他区分了三种解释性命题，与其相关的事实是，法 132

---

* 参见［德］罗伯特·阿列克西：《法律论证理论——作为法律证立理论的理性论辩理论》，舒国滢译，中国法制出版社 2002 年版，第 18 页脚注。——译者注

律话语是一般实践话语的一个特例：**派生性命题**（Sekundaritätsthese）、**补充性命题**（Additionsthese）、**整合性命题**（Integrationsthese）。[14] 我们将对其进行简要讨论。**派生性命题**即关于"法律话语的外观特征"，认为在不能绝对根据有效的法律规则判决的案例中，正是一般实践话语构成了判决的真正基础；法律话语的作用仅仅是提供"派生合法化"并因此取消了"有效的法律外观之后"判决的真正原因。**补充性命题**，即关于"一般实践命题的补充特征"的命题，意味着法律论证到了某个点就够了，在那里具体的法律论证已穷尽，因此，有必要运用一般实践话语的论证来做补充。**整合命题**，即关于"话语整合"的命题，说的是具体法律论证应当在特定话语的每一个阶段中与来自一般实践话语的论证结合使用。**特定情形命题**，即这里提出的命题，也产生了许多困惑：例如，可以注意到，前两种命题是描述性的，而第三种则可以说是规范性的。法律话语是具体的，这种看法真的很难引起争议，但仍然不明确的是，它与什么相关才是具体的（与一般话语，或者其他个别的实践话语？）。此外，考虑到一般话语几乎不可能独立于某种个别话语而使用这个事实，主张一般话语并非如此存在也许是合理的——它只存在于具体的应用中，也就是说，如某种实践话语一样。所以说，只有一些一般规则（**通用论题**）具有独立性存在：它们构成了每种实践话语的循环要素，从而实现了特殊的"论证公理"作用。

尽管上文有所保留，在一定条件下，似乎第三种观点是可接受的；然而，我们希望强调的是，如果应当接受一些补充的预设，那么第一种观点也可以得到辩护。与其表面相反，这两种观点可以很

---

[14] R. Alexy, *Theory*, *op. cit.* ..., pp. 33 ~ 38, 263 ~ 272, 356 ~ 359; J. Stelmach, *Code* ..., *op. cit.*, pp. 26 ~ 31.

容易地相互一致。

4.2.1　法律话语中的论题—修辞观念

20 世纪下半叶，基于法律的目的，人们在运用古代论证哲学方面做了许多尝试。围绕法学方法的选择，产生了激烈的争论，尤其在 1945 年后，人们对法律实证主义的批评，以及对分析哲学和诠释学所提出的方法论的失望与日俱增，自然而然，人们对论证理论的兴趣就增加了。这些理论使建构一门解释哲学成为可能，这将构成对法律理论的一个替代性方法论——它是处于分析哲学和诠释学之间的**自成一格**的"第三条道路"。据推测，法律论证那些最初的观念（即佩雷尔曼和菲韦格的那些观念）出自可信赖的古代论题和修辞传统，这并非偶然。但是，应当注意到的是，随着时间的推移，法律论证和这种传统之间的联系已变得更为松散了（这在佩雷尔曼的后期作品以及德国目前的**方法论**中显而易见），因此，法律论证理论开始被视为"特定的'法律'方法论"。

佩雷尔曼　1958 年由佩雷尔曼与奥布莱希特·泰提卡合著的《新修辞学：一部关于论证的论文》一书出版。作者将该著作作为对古代修辞学，尤其是以亚里士多德、西塞罗和昆体良为代表的传统的重建（接受）。在其后期作品中，佩雷尔曼经常回到与古典论题学和修辞学相关的问题上来，他对古代特别是亚里士多德提出的解决方案提出了很多修正。无论是延续还是变化，都可以很容易地找到，例如，他 1979 年出版的后期著作《逻辑正义：新修辞学》（*Logique Juridique. Nouvelle rbetorique*）。

佩雷尔曼把论题学看作每一种可能的论证理论的重要元素。他特别详细考查了亚里士多德关于通用论题与专用论题间的关系问题。**"通用论题"**（在每一个讨论中要考虑进来的视角或价值）使言说者能够确切地表达出这些运用在特定讨论过程（通常在其初始阶段）

中的命题、规则或格言。"通用论题"与"非特定反思"、"专用论题"与具体学科处于相同的关系。举一个例子，法的一般原则只是法的专用论题（作为一门具体学科），而最一般的命题［如亚里士多德在其《论题学》（*Topics*）中分析的那些］是"一种非特定反思"的一个出发点，并且在每个话语中实现一种类似于公理在一个形式系统中实现的作用一样。在选择"通用论题"之后，言说者必须确保它们在对话者或听众的意识中"显现"。这个目标要通过话语的各种技术（尤其是修辞术）来实现。将"通用论题"带入听众的意识中，修辞形象起着尤其重要的作用，它包括强调（用华丽的辞藻提出一个主题）、反复、运用明显间接的话语、想象（对一个事件富于暗示地描述，以便于听众可以"看见"），最终颠覆时态（这种技艺常常导致违反与时态顺序相关的语法规则，但它可使一个言说者增强其论证的效果）。[15]

佩雷尔曼试图提出法律论题的主要类型，创造一种单独的论证范畴和法律原则。[16]在法律话语中，论题的两种类型实现了相同的作用，即它们使一个论证得以进行和完成，并且使有效的法律得到解释。论题不具有严格的逻辑结构，正如佩雷尔曼所指出的那样，因为它们不是指形式，而是指推理的对象；换句话来说，它们有助于确立有效法律基础上的原则。佩雷尔曼［塔雷尔（Tarell）之后］在这样的**准逻辑**论证（即狭义论证）中计入以下论证：**反驳、明喻（或类比）、当然论证、比较、连贯、归谬、目的论、举例、有系统**

---

〔15〕 Ch. Perelman, *Legal* ..., *op. cit.*, pp. 160 ~ 162.

〔16〕 关于论证，佩雷尔曼诉诸塔雷诺（G. Tarello）在下文中所提出的分类："Sur la spécificité du raisonnement juridique", *Archiv für Rechts-und Sozialphilosophie* 7（1972），pp. 103 ~ 124. 关于法律原则的分类，他用斯特拉克（G. Sruck）提出的分类，并在下文中进行了描述：*Topische Jurisprudenz. Argument und Gemeinplatz in der juristischen Arbeit*, Frankfurt, 1971, pp. 20 ~ 34.

的、自然的、心理的、历史的和经济的。他还分析了法（法律论题）的 64 条原则的范畴（斯特拉克提出）。[17]

在佩雷尔曼论题学思想的语境中，尤其有趣的是关于"通用论题"与"专用论题"之间的关系问题。具体而言，应该注意的是，就法律话语而言，划出两类论题之间明显不同的界线（一般和具体），决非容易。这要归于两个原因。首先，法律话语依赖于一个与外部环境连接的整体范围，特别是解释情况的复杂程度、传统、甚至解释者的心理状况等。这些情况将影响特定原则的选择（事实上可以将其引入论证）。结果可能是，相同的论题在某些情况下作为一般论题——非特定的——**通用论题**，在其他情况下作为特殊的（复杂的、专门的）论题——**专用论题**。正是由所使用的语境和时间来决定，相同的原则是用来作为**通用论题**还是作为**专用论题**。

其次，多重法律论题（论证和原则）具有普遍性。它们也可以用在其他实践话语中，它们起到了非特定的一般原则的作用（这一认识适用于这样的论证，例如，**明喻**、**比较**或**当然论证**）或一些原则，如**契约严守原则**、**明显不需要解释**、**无人能成为自己案件的好法官**。因此，人们很难同意这样的观点：这些主题都具有特定的法律性质，从而构成仅在法律话语的"专业领域"（**专用论题**）。在佩雷尔曼看来，修辞是法律话语的一种技艺，其目的是产生"显现的效果"，即使论题在言说者与听众的意识中"显现"。然而，佩雷尔曼赋予修辞更进一步的作用：在修辞的基础上建立论证的整体观念。这种"新修辞学"毫无疑问超过了古代所理解的修辞学范围。正是通过"新修辞学"，佩雷尔曼建立了定位于程序性的法律

135

〔17〕 Ch. Perelman, *Legal* …, *op. cit.*, pp. 129 ~ 139; J. Stelmach, *Code* …, *op. cit.*, pp. 85 ~ 106.

论证理论（将在 4.2.2 节讨论）。

在佩雷尔曼看来，修辞的主要任务是对那些话语技艺进行分析，旨在引起或加强对论题的支持。如前所述，亚里士多德定义的修辞是，在任何情况下找到可用的说服手段的艺术。佩雷尔曼认可这个定义，同时他补充增加了修辞本质的四种详细的论题：①修辞的目的是以话语方式来说服。在话语进行的过程中，人们允许使用**广义**的修辞技巧（此外，它包括论题学、论辩术和在争论和讨论中应用所有其他技巧）。②修辞不使用形式逻辑。在一个实践话语进行过程中，人们并不试图确定真值（因为不可能证明规范性陈述的真或假），相反，只是为了说服听众。③真（作为一个客观范畴）可以描述为"非人格的"，而说服则可以描述为"人格的"（因为说服行为总是指向一个人或一些人，即一些听众）。④说服的类别可以分级。在何种程度上论题可以被接受，这可能要随着对真值以外其他价值的争论而改变。更重要的是，在何种程度上论题被接受，可能要取决于论证所指向的听众类型（听众可能或者是普遍的或者是特定的；然而，应当注意的是，对后一种类型的听众必然是说服，而非使他们相信）。[18]

上文已述，修辞和论题，即以前两种可区分的论证哲学，由佩雷尔曼联系在一起，现在已经形成一个连贯的整体——一种新的法律论证理论，下文将会阐述，它也可以被程序性地解释。

菲韦格和当前的方法论　菲韦格 1954 年出版的著作《论题学与法学》引起了关于将论题学运用于法律解释的可能性的探讨（这个讨论定位于德国法律科学，在所追求的"基础讨论"框架内，他们将其称为**方法论**）。作为一个严格的事实问题，应注意的是，

---

〔18〕　Ch. Perelman, *Legal ...*, *op. cit.*, pp. 145～147.

1928 年法律哲学家所罗门（Salomon）将论题学作为一种法学方法；然而，直到菲韦格的书出版后，才引发对这个问题的主要讨论。古代的论证哲学，尤其是亚里士多德和西塞罗的论题学成为菲韦格（正如佩雷尔曼一样）的起点。[19]

菲韦格试图表明，法律推理、法律人的工作和法律方法都有一种论题的性质。因此，他的方法毫无疑问是反实证主义。让我们回想一下法律实证主义，它强调法学方法论上的自主，强调法律思维（推理）的系统层面，而菲韦格提出的论题，成为反系统的典型，它针对特定的问题，探讨法律方法。法律实证主义（它有两个经典版本，即**实证法学**和**概念法学**以及凯尔森的规范论）预设法律思维（推理）——相应于有效的法律系统的结构——具有逻辑结构。这一预设在法律三段论（被认为通常应用于法律解释过程的法律推理的基本类型）观念中得到其表述，后来在凯尔森的静态系统观念中，即特定系统规范之间的等级联系毫无疑问具有法律（推论）本质（在这样一个系统中，人们可以从一个较高规范的内涵中直接得出一个较低规范的内涵）。

论题的方法完全不同（"方法"这个词也许在这个语境中不太合适——菲韦格自己提出把论题描述为"论证技巧"）。论题只是关注具体问题的思维的一种特定技巧——这种技巧的起源可以追溯到修辞，而且它的目标是解决具体的教义问题。在菲韦格看来，论题不可能总是民法的一个内在组成部分（罗马法学家完全认识到这一点，众所周知，他们关注解决真实的法律问题，力图避免多余的形式主义）。在反实证主义、反形式主义、反理论和反体系的同时，在许多方面论题接近诠释学的方法：论题似乎意味着所有的"行

---

[19] Th. Viehweg, *Topik und Jurisprudenz*, 5th edition, München, 1974, pp. 19~30.

为"服务于解释，因此，在解决具体问题的过程中，"具体法"产生了。基于论题的方法确实仍然反对所有那些"范式性的"观点（尤其是法律实证主义），后者假定了一些方法论公理，即真且普遍有效的推理类型，并诉诸**先验**接受的且唯一可能的体系。

当然，论题成为法律推理的方法（如果它是方法的话！）可能产生很多疑问。在法律话语中运用论题学（一般和特殊）时，人们也引入了系统思维的元素并使用一种论证逻辑。此外，在法律话语中，这些论题学（论证和原则）不断得到运用，因为它们被认为是普遍有效的法律思维的标准。因此，人们可以合理地认为法律论题也与系统思维相联系，因为在它基础上的推理依赖于某种非形式逻辑的规则。

就运用论题作为一种法学方法而言，许多哲学家以及代表**方法论**流派的法律理论家都参与了对其可能性的探讨。其中并不缺乏对菲韦格观念的批评意见，主要的反对意见是，论题的代表人物没有提出任何合理的论证来反驳系统、形式（公理-演绎）的法律分析方法，他们提出的替代性方法（实际上是与另一个无关问题的混合物）意味着对**论题**的偶然运用，而不是将有效的法律运用于确定一个具体的法律解决方案。艾瑟（Esser）（一位柔性论题方法的倡导者）指出，从根本上反对系统推理和基于论题的推理并没有多大意义，因为论题本身（其实是一般规则或原则）承认系统思维（如上文所述）。在艾瑟看来，论题处于权限领域。特别是法官的解释行为是关注具体问题的思维的范例（这是论题的一个特征）。总之，在艾瑟（以及菲韦格）看来，论题的功能归结为寻找合理的论证，它有助于解释者恰当地描述与一个特定案件相关的事实，以及作出最后的判决（即建立适用于该案的法律规范）。

在克里勒（Kriele）看来，应用于法律科学的论题的本质可以概括为三个命题：①法律论证不是演绎的；②这些论证本质上是由大多数意见决定的；③它们必须在每一个具体的案件中进行分析，不可以忽视任何一种观点或意见。尽管恩吉斯和拉伦茨质疑菲韦格观念中多个具体的假定，但他们认可菲韦格的在法律推理中不可能应用公理—演绎方法。对于齐贝柳斯而言，他认为法律论题在有关解释法律的价值鸿沟的过程中起着尤为重要的作用（即所谓的**价值距离**）。更具体地说，论题让人们将一般条款应用到具体案件中。对于论题—修辞论证理论的发展，最为重要的是布鲁塞尔学派的代表著作（尤其是佩雷尔曼，我们已经讨论过他的修辞和论题观念）。斯特拉克的著作《论题法学——劳动法中的论证与平凡》（*Topische Jurisprudenz, Argument und Gemeinplatz in der juristischen Arbeit*，1971年）恢复并增强了对法律论题问题减弱的兴趣。

138

在这一点上，质疑致力于法律话语的论题—修辞观念的讨论，这是否算得上"无事生非"，这并非是不妥当的。由于以下原因，对这个问题的回答应该是否定的。第一个原因，我们认为，论题和修辞打开了建构现实（适用）论证哲学的可能性。除了别的因素之外，这些哲学的适用性主要基于这样一个事实，即"论题学元素"不断出现在法律思维（法律论证）中，一般说来，后者关注的是具体问题（具体案件）。第二个原因，其意义很难高估：论题涉及绝对的根本问题，即法律案件的解决方案，是否必须完全基于法律规则或规范。实证主义者（例如哈特和凯尔森）给出这个问题不同的、然而总是实证的答案。哈特认为，法律判决必须根据法律规则，而法官则自由选择或阐释这些规则（例如，当他们确立一个先例时）。相比之下，凯尔森宣称法官没有这样的自由：一条规范或是直接从属于一个有效法律体系（在静态体系的情况下）中更高的规范中得出（演绎），或是与一个有效法律体系（在动态体系的情

况下）中的规范一致而获得通过。然而，根据德沃金（众所周知，他反对实证主义方法）的观点，法律判决可以来自法律规则和标准（后者包括原则和政策）。实际上，新词"标准"指的是一种旧观念，即某种法律论题。第一种标准——原则，指的是基本道德价值（正义、诚信等），而第二种——政策，指的是经济、政治或社会价值。

还应当指出一个事实，不过是矛盾的：基于论题的法和法律话语概念，最初在判例法系中得到实现，而非大陆法系（后者是罗马法学传统的直系后裔，它主要关注具体问题，因此关注基于论题的解释方法）。

4.2.2 法律话语的程序观念

程序路径使人们可以从一种不同的——更为抽象和形式的角度看待法律话语问题。我们决非主张只有两种方法，即论题、修辞和程序，可以接受。不过，情况仍然是，这两种方法在当代论证哲学的形成中起到了重要的作用。

20世纪下半叶，在法学领域所阐述的论证理论成了那些在哲学（伦理）、社会学、政治学、经济学领域研究的范式。也正是在这个时候，论证理论的程序和形式的变体开始更频繁地被阐述——鉴于这些变体在本质上不同于古代的论证观念，因而不能简单地作为对那些观念的接受。一般说来，这些理论有很强的规范性：它们没有为现实法律话语的局限所干扰，现实法律话语依赖于所论案件的复杂性及其整体解释背景、传统和所有那些直接参与者的特性（意味着现象学本质上的局限性——与讨论中参与者的意识水平相关，及心理学本质上的局限性，意即讨论中参与者的心理经验）。程序理论发起人的主要目标是创造一种理想的论证模型，或者更确切地说，是描述必须为每一种接受性所满足的形式条件，即正当和理性、实践话语。那么，这些理论的目的是提出一种"普遍有效"的理论模型，作为一种正当和理性的衡量手段，服务于所有可能的实践话语。因此，程序理论的确定目标构成了它的优点（因为如果人们接受某种理想化的预设，那么其目标几乎是不成问题的）及缺点（除了别的之外，其目标通常在元理论的层次上得到阐述，不可能将这些理论直接适用于法律话语）。此外，程序理论不仅包含纯粹的规范性命题，无需论证，它也包含一些描述性命题。

佩雷尔曼 如前所述，我们又一次回到佩雷尔曼的观念。古代论题与修辞构成了他论证哲学的出发点，而且其最终结论是程序导向的论证理论，他自己称之为"新修辞学"。在"新修辞学"的根源中，有可能找到亚里士多德的论证哲学（尤其是论题与修辞），佩雷尔曼对其进行了很大的补充和修改，正如其对康德的先验主体和绝对命令观念所做的一样。如前所述，"新修辞学"的目的是在决策中，即在存在不同的实践（规范）选项的情况下，通过话语说服听众。因此，评价一个论证的标准是其说服力；在佩雷尔曼看来，效率标准是次要的。每一个论证的主要目标是获得或加强普泛听众的支持。为了实现这一目标，言说者必须使其言语适应普泛听众的要求。[20] 在理解任何实践、法律话语理论时，普泛听众成了一个关键概念。正是由于这个概念，这一理论才具有了程序和形式特征。这是因为，这个普泛听众概念由佩雷尔曼以抽象、理想和形式的方式进行了解释。事实上，一个论证，即在话语过程中提出的特定理由已被普泛听众认可，这意味着论证是正当的、有效的、合理的、客观的。此外，普泛听众对论证决策的接受，可能是对相关实践话语效率的保证。

140

---

[20] Ch. Perelman, *Fünf Vorlesungen über die Gerechtigkeit*, München, 1967, p. 158.

在这里产生的疑问是，是否通过普泛（纯粹形式）听众可以建立效率标准。亚里士多德认为，修辞学的任务是说服任何非特定的、但是真实的听众。除了普泛听众的概念，佩雷尔曼还提出特定听众的概念。我们认为，效率问题应与后一种类型的听众联系起来：论证如果被至少部分特定的听众所接受，那就可以称之为是有效的。此外，只要言说者成功地说服部分特定听众接受其论证，甚至相互排斥的论证命题也可以说是有效的。如前所述，佩雷尔曼区分了说服和劝说的概念：前者与论证的有效性相关，因此其与普泛听众的概念相关，而后者则与论证的效率相关，因此其与特定听众相关。对于具体话语来说，特定听众在一个特定的时空内存在，而普泛听众则是评价每一种可能的具体实践话语的标准。佩雷尔曼强调说，言说者必须使用理性论证，使其与康德所理解的绝对命令一致，而他的假设和推理必须对整个人类共同体是有效的。普泛听众是由所有见多识广和理性的人组成的，即在话语中潜在的整个参与者共同体，或至少是这样一个共同体中某种理想的代表。[21]

将"新修辞学"作为程序性理论，上述普泛听众的定义是否为此提供了充分的理由？似乎即使是佩雷尔曼也很难回答这个问题，原因是，他的论证理论构成了一个特定的规则与命题的组合，这些规则与命题可以从内容上进行解释（可以在古代论证哲学尤其是论题与修辞中发现这些规则与命题），也构成了纯粹程序和形式的规则和命题（康德将其运用到关于实践话语——实践理性的思想中）。在佩雷尔曼的理论中，这种内容与形式元素的特定组合，在普泛听众与特定听众两种类型之间的关系中是最显而易见的。

阿列克西　与这些内容材料无关的是阿列克西的实践、法律话

---

[21]　Ch. Perelman, *Justice, Law and Argument*, Boston, 1980, p.73.

语程序理论。他的论证理论诉诸至少三个哲学传统，即康德的实践理性观念、分析哲学和哈贝马斯的理论（尤其是他的真理共识论）。阿列克西在其著作《法律论证理论——作为法律证立理论的理性论辩理论》（1978 年）中提出了他的理论。

　　阿列克西在理论与实践话语之间做了明确的区分。他没有处理诉诸形式上理解的真标准的理论（科学）话语。他关注的重点是实践话语，其目标是为规范性陈述提供正当理由。因此，阿列克西思想的出发点不同于哈贝马斯，尽管后者也区分两种话语，但他并不把它们如阿列克西那样明确地并列起来。这是因为，哈贝马斯以共识为标准，并运用于评价那些理论话语和实践话语中所阐述的命题。通过对比，阿列克西关于两种话语的二元论使其证成实践话语的认知性命题。更重要的是，实践话语不仅诉诸那些"主导"理论 142
话语之外的规则与原则，而且法律话语本身就是一般、实践话语（**特殊情形命题**）的特例。

　　实践话语的程序是由形式规则确定的。依照这些规则进行，可以制定论证性判决，从而实现理性和正当性要求。实践话语规则的不可废止性源于一个事实，即它们是由许多类型的科学和哲学证成所确认的：技术、经验、分析、先验或普遍实用主义。[22]因此，拒绝这些证成就是拒绝基本科学直觉（经验与分析）和哲学直觉（诉诸实践理性和常识）。证成这些规则的方式及其纯形式的特点，使它们具有普遍性；因此，这些规则在实践话语中发挥着独特的公理作用。

　　阿列克西讲了"主导"实践话语的形式规则的几种类型。其中包括一些基本的、诉诸理性的、论证的、证成的以及所谓的"通

〔22〕 R. Alexy, *Theory* …, *op. cit.*, pp. 225 ~ 232.

道"规则。基本规则是在关涉语言交流过程的最基本的直觉基础上阐述的；它们特别包含以下规则：①没有言说者会反驳自己；②每位言说者可能会仅仅为自己的信念而辩护；③每位言说者使用某个谓词指称某个给定的对象，他应该参照所有其他类似的（有关特征的）对象使用该谓词；④不同的言说者不可以给相同的表述赋予不同的含义。根据阿列克西的观点，以下是一个诉诸理性规则的例子：对于话语中其他参与者的要求，每个言说者必须证成他的命题，并且不得借助任何情况来拒绝提供这样一个证成。至于论证规则，人们可能指这种规则，它禁止对话语的参与者因人而异（更好或更坏）地对待其他参与者这种情形**进行证成**。阿列克西将证成规则与普遍性原则联系起来，并且探讨三种变体（由黑尔、哈贝马斯和拜尔提出）。属于最后一组的规则，即"通道"规则，其认可实践话语的每一个参与者诉诸经验、分析或理论论证的权利。也就是说，它们使参与者在话语中从实践到理论的任何一点得以"通行"[23]。

143   在阿列克西看来，在法律话语中最终起关键作用的是证成判决（裁定），即特定规范性陈述的过程。这一过程的两个方面可以发挥作用，即内部证成和外部证成。前者是为了证明这一判决（裁定）在逻辑上从为其证成而假定的前提中得出来的，而后者则是为了证明那些前提的正当性。实践的、法律话语的目的确实是证明为证成需要而假定的规范前提的正当性。阿列克西提出了六组规则和外部证成形式：①解释的规则和形式；②教义式的论证；③法律制定的裁决（先例）；④实践论证；⑤经验论证；⑥法律论证的特定形式

---

〔23〕　R. Alexy, *Theory...*, *op. cit*, pp. 234～235.

（例如，**明喻、反证、当然论证**或**归谬**）。[24]

可以用三个命题的形式来把握一般、实践话语与实践、法律话语之间的关系，这三个命题构成上述**特殊情形命题**的发展与说明。让我们回顾一下这些命题：**派生性命题**，即"法律话语的表面性"理论；**补充性命题**，即关于"一般、实践话语的互补性"命题；以及**整合性命题**，即关于"话语整合"的命题。第一个命题主张，在仅仅依靠有效法律规则不能判决的情况下，正是一般实践话语构成了真实的判决依据——法律话语的作用是仅仅提供"派生性合法化"；第二个命题意味着，法律论证只有达到以下这一点时才是充分的，即已穷尽确定的法律论证时，需要用一般实践话语做补充；接下来，第三个命题是指，应当在一个给定话语的每一个阶段，具体的法律论证要与一般话语的论证共同运用。根据上述命题，从一个话语到另一个话语的进行不仅是可能的，而且在很多论证的情况下是必需的。

一个实践法律话语具有一种充分的形式结构，由一般实践话语规则与特定法律规则组成。根据这些规则所确定的程序进行，从合理与正当的标准来看，可以获得一个毫无疑问可接受的结论。在程序上理解的合理概念最终可以表达为以下六条原则：①一致性；②目的合理性；③可验证性；④融贯性；⑤普遍性；⑥真实性和开放性。[25]

当然，实践法律话语和程序性解释可能会像论题—修辞解释一样引起一些疑问。在论题—修辞路径内首选的问题思维被系统思维所取代。不过，只有当人们接受一些理想的（规范的）预设时，系

144

〔24〕 R. Alexy, *Theory…*, *op. cit*, p. 285.

〔25〕 A. Aarnio, R. Alexy, A. Peczenik, *Grundlagen der juristischen Argumentation*, in W. Krawietz, R. Alexy（eds.）, *Metatheorie juristischer Argumentation*, Berlin, 1983, p. 42.

统思维才可以得到辩护，通常来说，这些预设具有元理论性质。这是因为法律话语的程序理论仅仅为"正确的"法律论证构建预设和条件，在实践中应用这样一个复杂理论的可能性其实是很有限的。此外，并非所有的命题和规则在分析或常识中是自明的，原则上可以任意补充和修改这些范畴。因此，话语的程序理论不可能一定是"封闭的"，每个例子仅仅是许多可能的版本之一。

对话语的论题—修辞解释与程序解释进行区分，是某种可以称之为"论证视角"的东西。论题思维以一个具体问题（特定的法律问题）为出发点；只有这样才能适应一个给定类型的论证问题，这个论证从论题中得出，并可以应用到那个问题。因此，问题思维在其本质上是归纳的：我们从一个具体问题（规范性事实）开始，后来我们通过诉诸法律思维的"通用论题"，即确定的论题进行解释。实践法律话语的程序理论提出了反向的进行方式。在试图证明假定前提的正当性并证成论证性判决时，我们首先诉诸实践话语的一般规则和法律话语的规则。这些规则使我们能确定，是否一个具体案件的解决方案能满足"伦理底线"标准，即形式上所理解的合理性或正当性标准。并非直到通过这个测试，才可以结束一个论证性争议。因此，我们正处理的是一种系统化程序，可以将其描述为演绎，因为这个论证始于"一般事物"（即从实践和法律话语的规则）到"特定事物"（即一个具体法律问题的解决方案）。

然而，是否应当仅仅依靠法律规范（规则）而制定法律判决，最终论题和程序概念为这个问题提供了答案。即使程序理论支持法律上的系统思维，但它们并不认可在法律话语中诉诸法律之外要素的可能性，如实践话语中的一般规则。

4.3 法律论证

现在该尝试去总结以上所讨论的法律论证了。本章开头提出，法学中的法律话语理论"希望"占据一方面是形式逻辑和"强分析"以及另一方面是诠释学这二者之间的地位。根据已经确立的内容可以确认这个观点。在相当大的程度上，法律论证的程序理论运用了逻辑和所有语言分析。法律话语的论题—修辞理论，拒绝法律分析中的系统方法，它首先要运用（正如诠释学哲学一样）非形式逻辑和"弱分析"。法律论证理论离开了关于法的思维标准，后者是由法律实证主义、自然法和法律现实主义所固定下来的做法。在这些理论的基础上，根据康德哲学的精神，本体论问题已经被消解，而且重心已落在方法论问题上。这些都是纯粹的解释性理论，因此，他们断言，具体的（真正的）法律的形成只是作为一种论证过程的结论。它们的导向是反实证主义，因为他们假定，在法律话语中作出的判决，可能不仅基于法律规范（规则），而且基于实践话语、伦理标准、论证和法律论题的一般规则。

在我们看来，不可能准确、合理地表明法律话语的一个概念比另一个更好。我们认为，这个问题完全是学术争论。实践、法律话语结构的复杂性，论证理论对所有其他解释哲学的开放性，因此其不断地修正和提高的可能性，以及在论证实践中应用大多数这些理论的不可能性（论证理论在理论上越是成熟，在实践上变得越少有用），这些都是支持主张有必要运用（以上所述）方法的理由。从产生一种充分的实践、法律话语理论，即可以在解释和论证实践中实现、运用的理论的视角来看，论题—修辞方法与程序方法应当结合起来。如果放弃程序方法所提供的理论（系统）视角，论题—修

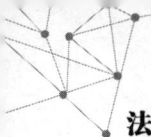

辞观念就太窄（瘸腿）了。如果从可以在内容上解释的论题中分离出来，程序理论因而就会太宽（跳跃）了。[26]

146   反对问题路径和系统路径，并且一直试图证明前者或者后者为法律思维的特点，这是没有意义的，原因很简单，当我们作出解释性判决，或当我们对法律话语进行更广泛的理解时，我们要诉诸这两种方法。此外，这些类型的思维是相通的：问题（论题）思维可变成系统思维，反之亦然，这正是其所构成的自成一格的法律话语论辩术。要联结两个视角（论题、修辞和程序），使其避开再次的反对，即几乎总是可以提出纯粹形式、程序和规范性的命题和规则，经常与具有内涵、描述性和经验性的命题与规则混淆起来。以下提出的实践话语概念兼具规范性理论（在一定程度上是有关法律话语形式规则的概念）和描述性理论（在一定程度上是有关可以在内涵上解释的法律论题）的特征。

4.3.1　普遍性主张

法律论证作为一种方法旨在普遍适用。这绝不奇怪，因为其他解释哲学，即逻辑、分析和诠释学也有类似的主张，尽管它们坚持的主张都略有不同。既然我们注意到，实践与理论话语之间的区分（在本书的前面部分）是合理的，那么，我们可以研究这个命题，得出结论：只有在参照适用的具体领域，法律论证才是普遍的。当然，这个领域是实践认知领域。因此，根据这个命题，只有在实践话语中才可以获得适当的论证（而且更有甚者，这个论证仅限于"疑难案件"，见 4.3.2 节，规则 5）。然而，对于理论、法律话语

---

〔26〕　由彼得拉日茨基提出了关于充足、瘸腿、跳跃理论的区分。参见 L. Peraz. ycki, *Wstep do nauki o prawie i moralności*［法与道德理论导论］，Warszawa, 1959, pp. 128, 139, 153.

来说，它对所有其他科学方法（逻辑、分析）是开放的，可以说论证是个例外（既然人们不讨论事实）。因此，论证可以认为是一种特定的"合法"方法，因为它使我们在实践（规范）推理世界中能够操作，它不再可能根据真或假的标准来决定问题。正如在理论话语中逻辑和分析方法不可替代的一样，在实践话语中论证也是不可替代的。从这个事实可知，在关系到实践话语时才可以合理地讨论包含在论证理论中的普遍性主张。从这个角度来看，可以肯定的是，只有现象学方向的诠释学可能有理由宣称一种完整的普遍性主张（即根据两种话语）。这是因为"理解问题"既没有本体论也没有方法论的局限。

147

然而，关于论证的普遍性，也可以沿着不同的路径进行辩护。例如，通过证明实践话语一般规则普遍有效性的尝试，可以建立人与人之间所有可能交往的一种普遍有效的程序和伦理。因此，解释规则在本质上完全是先验的，正是由于这个原因，它们的适用范围不能局限于实践话语，更不用说法律话语了。

4.3.2 法律话语的结构

现在是更为详细地处理法律话语的时候了。正如上文所述，应该讨论实践法律话语的两种观点：程序（形式）和论题—修辞（内容）。一般规则为所有可能的实践话语（包括法律话语）建立了一种普遍有效的程序。这些规则可以制定出确定实践话语有效性，或更准确地说是具体的论证判决的标准。标准为合理性和正当性。简而言之，如果，而且只有如果依照一般规则（下文讨论）进行，实践话语才是合理的和正当的。这些规则是基本的，这就是接受它们并非话语参与者善良意志的原因，而是一种伦理命令。在实践话语中排除了这些规则，也就排除了实现道德上可以接受的交往的所有可能性。这些规则的不可废止性（普遍有效性）来自如下事

实，它们是纯粹形式的（暗指康德哲学，我们可能会说，这些规则是实践话语的自成一格的绝对命令，确定的不是具体论证解决方案的内容，而是其形式），可以根据许多不同的方式（例如，诉诸常识、自明的标准，或诉诸康德实践理性的概念，这意味着由普遍有效的道德律，即形式上所理解的绝对命令所确认的普遍有效的伦理直觉的存在。）关系到法律论题，因此关系到最终论证的解决方案，一般规则发挥着执行规则的作用。没有这些规则，仅仅基于内容前提的论证总是可以被削弱的。要记住这样一个事实：法律话语的功能不仅是伦理的，而且是工具的，有必要合理地限定一些通常被视为基础的一般规则。这样做的理由是，通过导向可废止的论证性解决方案，法律话语应首先杜绝解释性争议。合理性和正当性的标准过于严格，可能导致实践话语从具体的论证性案件中分离出来。

正是应用阶段（论题—修辞阶段）保证了法律话语的实现。在这个阶段，当你开始诉诸有内容的法律论题时，你会纠结于关于法律问题（作为话语的对象）的问题式思维中。在每一个法律话语中，选择的论题都是不同的（只有一般规则保持相同）；更确切地说，它将表现出给定案件的难度和论证语境，同时表现出由该案件引起的法律话语中参与者的传统和习惯。在法律话语中，论题取决于它们出现的地方，它们（论证和法律原则）可能发挥**通用论题**或**专用论题**的作用。一些论证和原则在法律话语中可以解释为"通用论题"，因为它们的应用是普遍的，包括法律（相应于各种法律思考）和其他实践话语（关涉大多数论证，至少是一些原则，例如**有约必守、不知法者不利、兼听则明**，也可以在其他话语中，比如说在伦理或政治中诉诸这些原则）。在法律话语中，也有论题发挥着"专用论题"的作用。尤其是所有特定的（即针对一类具体的法律思考）法律原则（例如，**特别法优先于普通法、法无明文规定不为**

罪、罪刑法定，其应用如果超越于法律话语则是难以想象的：在非法律话语中，前一个原则的逆命题才是可接受的；并且，对于后者，一般来说它仅指刑法）。

在亚里士多德和佩雷尔曼看来，这个问题很重要，法律论题（法律的一般规则）仅仅是法律的"专用论题"。正如上文所述，从它们"通用论题"的信念得出的这个观点总是与一般、非特定的思考相联。当然，从一般的实践话语（如果这种话语完全可以自主存在）立场来看，法律论题可能只是被视为"专用论题"，因为它们关注的是与法律相关的特定思考。我们还想指出的是，虽然从论题—修辞路径的立场来看，论题构成法律话语的实质内涵，许多论证和原则可以用一种形式方法来解释。这样的假定基本上颠覆了实践话语中两种思维的对立（为法律论证论题阐释的支持者所接受），即问题思维和系统思维：如果在实质上解释，论题可能是前者一个元素；如果在形式上解释，论题则是后者的一个元素。

在我们看来，分析实践话语的结构，应当包括实践话语的一般规则、通道规则（把法律话语与一般话语联系起来）和法律论题（论证和法律原则）。一般规则和通道规则决定法律话语的形式与程序，而法律论题则呈现其实质内涵。这些规则和论题将按上述顺序在下文中进行讨论。

一般规则 在这里，由一些诉诸自明标准的规则构成了一个目录。也就是说，我们只考虑规则，难以（或不能仅仅）从常识或基本伦理标准质疑这些规则。在这个意义上，它们是普遍有效且不可废止的。这些规则的形式性（在康德绝对命令的意义上）可以界定合理性和正当性标准，用这些标准来评价在实践话语过程中所做的决策。这是因为，一个论证满足合理性或正当性（即是可以接受的，或认为是有效的）"最低"要求，当且仅当它是依照这些规则

149

构造的。一般规则构成程序和形式上所理解的实践话语伦理学。因此，最终这些规则应该包含的只是那些没有争议的、普遍接受和明确的规则（就其有关制定方式而言）。有一种风险，即所有建立这些规则的目录的尝试，都可能引来难解的争议，即是否先后提出的规则都是普遍有效的，它们是否应当在实践话语中相互一致：

（1）只有当一个人相信可以合理地将实践话语称为正当时，他才应当从事实践话语。更具体地说，一个人应首先相信，在话语中运用的方法是正当的；相比之下，相信话语目标的正当性，就不像前者那么重要。如果一个论证性话语按照一般规则进行，因此按照通过这些规则而接受的程序，那么最终的结果，即合理且正当，也必须在价值论意义上是可以接受的。因此，我们需要确信论证规则的正当性。否则会存在一种风险，即参与者预制话语要形成其早些时候接受为正当的结果，然后不惜以任何代价来实现它——无论如何都要如此。如果是这种情况，那么，在法律话语中唯一有效的适用标准将会是效率（巧辩意义上理解）。在一个实践、论证话语中，它诉诸先验理解的合理与正当标准，不能接受"结果证成手段"的原则。

（2）实践话语应当以尊重诚实原则这样的方式进行。这条规则似乎也没有争议。在话语中，不可说谎，不可告知假象或忽视告知真相而保持沉默。同时也禁止提出证成谎言的任何可能情况（例如，某种外部压力或强制）。更重要的是，即使"以一个好的理由"而撒谎也不允许。在实践话语中应当毫无例外地实现诚实原则，尽管要为这一观点辩护，然而，同时也要注意在法律话语中限定该原则的可能性，这也是很重要的。在法律话语中限定该诚实原则的例子，尤其可以在关于犯罪行为的法律规则中找到，后者在形式上准

予 "沉默即认可" 的道理。[27]

（3）**实践话语应该以尊重自由和平等原则这样的方式进行。**实践话语应该按照形式上理解的自由与平等原则进行。这意味着，在实践话语中，我们必须至少遵守如下八条特殊规则：①对于具有关于话语对象的足够知识，且在某些情况下（例如，在法律话语的情况中）对其有合理兴趣的人们来说，论证性话语应当对他们开放；②实践话语的每一个参与者应该具有相同的特权，且受到同样的限制；③只有当实践话语的所有参与者同意时，才可以引入附加特权和限制，（这些特权和限制应当对所有同样层次的人们起作用）；④法律话语的每个参与者应该有同样的机会参与，特别是关涉到话语的开始、提交论题和提出意见、提供答案以及关于应该暂停或结束话语的建议；⑤法律话语的参与者不可以服从与话语相关的压力或任何限制，除非这些限制对相同层次的参与者起作用；⑥实践话语的每一个参与者应当证成其在话语中提出的命题或回答问题，如果其他参与者要求他这么做；⑦如果一个人希望话语的一个参与者应与其他人不同，他必须进行证成；⑧如果在实践话语中所做的一个决定（或对一个事实的确认）只满足了话语的一部分参与者，其余的参与者也应该同意该决定（或确认事实）。规则 4 ~ 8 的内容反映了哈贝马斯和阿列克西制定的原则。[28]

（4）**实践话语应该考虑到语言交流的基本原则。**这也是一条基本性的规则，因为一个实践话语应该满足主体间可交往性的条件，表示为以下 7 条特殊规则：①一个实践话语应该是透明的；②一个实践话语应该用最可能简单的语言进行；③在一个实践话语中，只

151

〔27〕 参见 1997 年 6 月 6 日波兰刑法典中的法规（Book of Statutes, No 89, position 555 with later changes）, art. 74, 175, 182, and 186.

〔28〕 J. Stelmach, *Code ...*, *op. cit.*, pp. 47 ~ 50.

有当话语的所有参与者接受时，才可以给予一个概念以不同于日常语言中所接受的意义；④话语中的每个参与者，在使用某个谓词来界定一个对象时，应该参照有类似本质、属性的对象来使用相同的谓词；⑤话语中的每个参与者，应该给予一个给定的表述以相同的意义；[29]⑥实践话语中的每个参与者，应该尽可能广泛地使用语言分析方法；⑦实践话语的过程和结果应当是可一般化的，可一般化规则在论证理论中起着关键的作用（佩雷尔曼、施韦默尔、哈贝马斯和阿列克西写了大量的相关内容）。该规则还包含主体间实践话语可交往性条件的本质：如果论证不能一般化，那么，一个实践话语就不能满足开放和透明的条件。

（5）一个实践话语应该只在疑难案件中进行。 这条规则严格地限制了实践话语的应用范围，它意味着要缩小上文讨论的实践话语的"普遍性主张"。然而，重要的是，同时要记住，整个人文解释哲学基本上是为疑难案件即通过标准化的（规则系统的）方法不可解释和裁决的案件而"发明的"。就实践话语的作用而言，产生的另一个问题是：在一个给定的疑难案件中，是有一个且只有一个合理、正确的判决，还是有很多这样的判决？让我们回忆一下，在哈特看来，法官必须对一个案件作出判决，他应当诉诸法律规范。只有当没有可适用的规范时（这是疑难案件的典型特点），他才必须求助于法律外部的准则。然而，这一要求不排除这样一种可能性，即在给定案件中，法官将批准一个全新的、作为先例的判决：她受有效法律规范的限制，但他在作出最后的判决时有不受限定的自由。

德沃金则以不同的方式来处理这个问题。他承认，法官不仅可

152

---

〔29〕　所提的规则 4 和 5，见 R. Alexy, *Theory …*, *op. cit.*, pp. 234～235.

以诉诸规范，也可以诉诸法律准则（原则，即法律论题和政策），但同时他认为，在一个疑难案件中，只存在一个正确的判决（正确答案），而且法官应该找到它。不过，我们深信，一个疑难案件可以有多个合理和正确的解决方案（顺便说一下，这可能正是其作为疑难案件的原因）。为了解决一个疑难案件，人们必须诉诸有效法律规则（规范）、实践话语的一般规则以及法律论题。法律话语不仅允许我们讨论对一个疑难案件的可能不同的判决，而且还为我们提供了从那些提出的建议中做出选择的标准（在外部证成的过程中制定选择标准）。把实践话语仅仅局限于疑难案件的规则，具有一种明确的抗巧辩及抗诡辩特征。从这个规则中可能得出一个禁令，即没有好理由就不要进行实践话语，例如，只是为了"谈判游戏"的需要而引起空泛的、多余的论证。如果要完全从事一个实践话语，必须相信它的正确性（因而及其必要性）以及所解释的案件是一个疑难案件这一事实。

（6）**实践话语应该考虑所建立的事实。**该规则表达的信念是，在实践话语的每个阶段，我们应该充分利用在理论话语中已建立的事实，以及那些将来可以建立的事实。在这个意义上，阿列克西提出从实践话语到一个完全认知话语的过渡规则，它诉诸经验命题、纯理论命题、基于语言分析的命题。[30]

（7）**实践话语应该直接指向它的目的。**该规则建立了至少两个重要原则："论证的经济性"和"话语的直接性"。这条规则就像规则5一样有抗诡辩的特点，在某些情况下还有抗修辞的特点。它禁止在法律话语中可能不合理地使用延长争议的方法（诡辩和修辞）。举一些例子，它严禁以长篇大论来开始的、目的是"使对手

153

---

〔30〕　R. Alexy, *Theory …*, *op. cit.*, p. 255.

疲劳"的话语，严禁将许多多余话题和问题引入话语，严禁断章取义使得难以把握主要情节，严禁引起明显的纠纷，严禁将对手明显正确的命题引入争议，或严禁引发混乱和困惑。至少有 5 个特殊规则与法律话语的直接规则相关：①实践话语的每个参与者应该规定自己提交这样的命题、规则和论证，即他相信其将直接有助于解决一个解释性案件（即话语的对象）；②实践话语的参与者不可以提交与已经接受的命题相矛盾的命题，除非得到他的充分证成，或者让实践话语的所有其他参与者相信可以接受该命题；③话语的参与者不应当自相矛盾；④话语的每个参与者所提交的命题如果与话语对象不是直接相关，应当提出其如此做的理由；⑤实践话语的每个参与者如果抨击一个命题与话语对象不直接相关，应该提出其这样做的理由。

（8）一个实践话语应该允许有被普遍接受的标准、惯例和习俗。惯性原理（惯性原则）规定，已在一个法律话语中接受的判决，没有足够的理由不可改变或拒绝。这一原则意味着，在实践话语中，应该尽可能多地考虑到普遍接受的论证标准（论题）、惯例和习俗。在佩雷尔曼看来，这条原则对于我们的精神和社会生活是十分重要的。由于这条原则将解释过程作为事件的历史序列，它最终形成我们论证的前理解（或前见），可以说，它使实践话语向传统开放。然而，这一原则也因各种理由而受到批评。一些人看到其中论证保守主义的一种表现——对实践话语的静态理解。有一种论证，可以算作反对把它作为法律话语的一个普遍有效原则的事实，根据规则 5，应该只在疑难案件中寻求论证性话语，这经常改变以前由论证传统建立和确认的标准、惯例和风俗。然而，毫无疑问，所说的原则强化了论证的经济原则，因为，如果已接受和应用一条满足合理性和正确性准则的标准（规则等），那么，没有充分的理

154

由就不应该改变它。通过给这一原则以只是形式上的意义（因为我们并不提出话语中所涉及的标准、惯例和风俗的实质内容是什么），我们能够将其包含在我们实践话语的一般规则范畴中。

通道规则　这些规则关涉从一般实践话语到具体、法律话语，以及从形式假定（演绎、系统思维）到实质假定（问题、归纳思维，即与法律论题和有效法律相关的思维）"过渡"的"通道"。通道规则使人们能够理解一般实践话语和法律话语之间关系的本质，并且因此使有关"法律话语的特性"的命题（我们的"特定情形命题"形式）更精确。这是因为，法律话语，一方面是一般话语的发展——它的一个特例。而另一方面，一般话语仅仅存在于实践应用中。如果从具体话语中分离，它会成为一般规则和确定某种"理想程序"原则的一个集合；但问题是，不清楚这个程序应当运用在哪里。一方面，只有将这种话语结合具体内容的论题和法律，我们才能完成一个完整的整体。另一方面，重要的是，要记住，法律话语是一种特定话语，主要是因为它必须结合有效的法律进行，这可能会至少是限定一些一般规则的应用范围。这两个问题表现为以下三条通道规则：

（1）法律话语应当适应于实践话语的一般规则。

（2）法律话语应当在与有效法的直接联接中进行。这条规则与其他四个规则密切相关：①法律话语的参与者不能声称他们对有效法的法规无知而为自己辩护；②法律话语的参与者要广泛使用教义论证；同时，③他们不能援引与案件不直接相关的有效法的法规（所关注的话语对象）；④在法律话语中，允许在使用一个概念时，不同于普遍接受的意义，只要对这一概念有法律定义，或新提出的定义已为话语的所有参与者所接受。

（3）在法律话语中，只有当有效法的法规有明确要求时，一般

155

规则的应用范围才是限定的。所说的限定可能关涉下列情况：①法律诉讼中当事人的不同立场可能会导致限定规则3，这确定了话语的每一个参与者的自由与平等原则（在这方面需要强调的是法官的特殊地位，在争论中他是独立的，发挥着一个仲裁者的作用）；②被告拒绝回答问题或提出说明的权利，以及与被告具有密切关系者拒绝提供说明的权利——这些权利可能导致对规则2（诚实性原则）和规则6（考虑所建事实的原则）的限定；③律师仅承担的义务是，支持被告的法律行为，支持被告不提供对自己不利证据的权利；这些原则可能会导致对规则2和6的限定；④律师和法律顾问的义务是为与案件相关的所有收集到的信息保密——这个义务可能会限定规则2和5；⑤私下监听可能会限定规则4的第1点（透明规则）；⑥在法律话语中，运用法律定义的必要性可能会限定规则4的第3点（日常语言原则）。

法律论题　实践话语的一般规则和有效法之间的空间是由法律论题填充的。多亏有论题，我们可以将一般——形式——规则与具体——实质——案件联结在一起。在该论证阶段，系统思维替代了问题思维，问题思维诉诸一般规则和原则。因此，论证过程开始于一般，然后进展到有争议的个别或具体问题；这是法律话语的程序阶段。然后，通过讨论和解决所争议的问题，转变思维方向，从特殊到一般。在法律话语的这个论题——修辞阶段，我们开展了概括所制定判决的归纳任务（因为根据规则7第4点，每一个实践话语的过程和结论都可以概括）。只有将这两种论证观点结合起来，我们才可以获得融贯的法律解释方法，同时成功地避免只接受程序的或论题——修辞的法律话语概念所隐含的片面性。

156

　　法律论题这个术语的目的是既包含论证也包含法律原则。让我们回想一下，在法律话语中，如果论题关涉普遍问题，可以作为通用论题，如果它们关涉特定的法律问题（通常与具体法律领域相关的特别法律问题），也可以作专用论题。事实上，在法律话语中，将具体论题与特定法律案件相结合，可以从实质上解释这些论题。然而，我们已经指出，给某些论题至少赋予一种形式意义，这也是可能的。最后，法律论题是众所周知的、也是由有效法的传统所接受和证成的（在欧洲法律文化中，所说的传统是罗马法）每一个论证。在法律话语中，法律论题往往提供强的、几乎不可废止的论证。但是，它们不能保证绝对的确定性，因为一个案件可能常常不能运用给定的论证或法律原则。对这一规则可以算作唯一例外的是，在有效法的法规中明确地表达了法律原则。那么，它们只是一个给定的法律体系内有效的规范。

论证 原则上，这些都是法律逻辑的确定规则（非形式地理解），其可靠性（强度）程度和在法律话语中应用的潜在范围高度区分。还应注意的是，下文（目录当然并非详尽无遗）所列的所有论证，不仅在法律话语中，而且在其他种类的实践话语中都可以应用。在这里提到的是我们认为最重要的 16 种论证。[31]

(1) 类推论证，或者说类比（相似性）论证，是一种在法律话语中最常用的论证。构成这种类型论证的基础是，在相似（类似、可比）的规范性情况下，我们有权运用同一解释。类推论证可以运用在不同情况下的法律话语中：直接参照具体的法律规范、整体法规（类似法规）、法律秩序即国内法体系（同源法）、判例、惯例、最后是任何法律规则或原则。只有当正在判决的案件与另一个先前已判决的案件具有相似性时，才可以运用这种论证。

---

〔31〕 See J. Stelmach，*Kodeks* …，*op. cit.*，pp. 72 ~ 86；also，Ch. Perelman，*Logika* …，*op. cit.*，pp. 90 ~ 95.

（2）**反面论证**与**类推论证**相反：后者要求"根据相似性"推

理，而前者要求"根据差异性"推理。然而，两者之间的界线并不明显。这两种论证经常用在解释性（论证性）情况中。举例来说，假设有一条法律规范，它处理的是死者儿子的继承事宜，通过**类推论证**可以解释为，该法规也可以运用在死者的女儿身上，通过**相反论证**，该法规仅仅应用在儿子身上，因为在法规中明确提到的是儿子。在实践话语中运用哪种论证，最终取决于在争议中要表现的是谁的利益。

（3）**当然论证**字面意思是"从更强（范围）论证"。这种论证表现为两种形式：**举轻以明重论证**，即给予一个狭义的推论以一个广义的范围，以及**举重以明轻论证**，即给予一个广义的推论以一个狭义的范围。**举轻以明重论证**在否定规则（禁止）的基础上构造：如果重者被禁止，则轻者也被禁止（例如，如果伤害一个人是被禁止的，那是杀一个人也是被禁止的）。反过来，**举重以明轻论证**则基于肯定规则（允许）：如果重者被允许，那么轻者也被允许（例如，如果允许在自卫中杀人，那么也允许在自卫中伤人）。在卡利诺夫斯基看来，**举重明轻论证**可被视为一个形式逻辑的定理，它假定：一切不那么重要的事物包含在那些更为重要的事物里（如果所有的 X 可以做 A，且每个 B 是 A，那么所有的 X 可以做 B）。然而，即便具有逻辑特征，这一论证也是有问题的。以佩雷尔曼为例，他可以推翻卡利诺夫斯基的解释。根据**举重明轻论证**，每个人在白酒店有权购买 3 瓶酒，也可以购买 1 瓶酒。然而，比利时 1919 年有效的法规禁止销售少于 2 升的白酒。因此，人们可以购买 1 瓶容量为 2 升的酒，但不可以购买每瓶容量为半升的 3 瓶酒。如今在各种批发贸易中也存在类似的情况。

（4）**典型论证**，即"例证"，常出现在法律话语中。可以被视为典型的是：其他种类的实践话语、特定论题、在这种典型话语的过程以及有关特定案件的判决先例中体现的规则或原则。**典型论证**属于分析哲学中形式化较弱的方法。在法律话语中，**类推论证**与**反面论证**经常交替使用。事实上，在很大程度上，"例证"和"典型案件"论证基于一种假定："典型"及该典型的延伸对象（所论证的案件）之间相似（类似）。

（5）归谬论证首先在形式逻辑中得到运用，它的结构非常简单。假设我们想证明命题 A 为真。我们可以间接地进行，假设其矛盾命题即非 A 为真。如果证明命题非 A 为假，我们通过否定之否定规律就可证明命题 A 为真。然而，在实践（法律）话语中，我们不是去证明真实性，而是证明合理性和正当性。不过，我们必须以类似的方式进行。我们可以通过证明相反的命题即非 A 是荒谬的，从而证明命题 A 是合理的或正当的。因此，间接地确定原命题 A 的合理性和正当性是可能的。它使用了一种特定类型的**归谬推理**，因为我们表明，命题非 A 是无意义的（例如，一个合理公平的立法者通过了一条荒谬或不公正的法规）。

（6）本质论证，即"根据事物的性质"，假定在法律以及任何其他话语中，人们不应陈述并做出在本体论上不能实现的命题和判决。在法律话语中，这一建立在实质内涵基础上的论证，在原则上不得质疑。它使我们拒绝那些规定了不可能行为的规范或法律规则。充分考虑该论证是满足法律出台的八个条件之一。

（7）一般论证，即"基于通用论题"的论证，它诉诸与实践话语（包括法律话语）有关的非特定领域的一般论题、基本价值、实践话语及至少是某些法律论证和原则的一般规则。

（8）具体论证，即"基于专用论题"的论证，它诉诸与法律话语特定领域有关的特定论题、具体的法律论证和原则，以及类似论证案件的判例。

（9）**融贯论证**，即"基于融贯"的论证，它基于一个假定，即法律话语应该尽可能的没有矛盾。这一论证的基本要求是，应该排除每个与法律话语参与者已经接受的命题相冲突的命题。我们可以回想一下也涉及这些问题的规则 7（特别是第 2 点和第 3 点）。

159 （10）**完整论证**，即"基于完整"的论证，它基于一个假定，即法律话语应该尽可能地完整。该论证作为一种基础，要求应该排除在法律话语中可能导致"论证鸿沟"或对融贯性构成威胁的每一个命题。在**融贯性论证**语境中提到的规则 7（尤其是第 4 点和第 5 点），至少也间接地涉及这个问题。

（11）**系统论证假定**，法律话语构成某种封闭的、有序的、融贯一致的整体，即一个系统。该论证与**融贯论证**和**完整论证**紧密联系。它要求我们要从法律话语中排除那些在话语中没有包含的每个命题，即既非系统的一条规则，亦非一条规则（论证或原则）的结果。当然，纯粹论题路径的支持者会质疑这种论证，因为与其信念相反，这种论证预设了一个系统的思维和论证方式。

（12）**目的论论证**是一种关注法律话语目标的推理。该论证使我们强调并最终确认一个预设的目标。根据法律话语的规则 1 和规则 7，论证应直接针对所要解决的问题，并且应当在确信其（即论证的）正当性中进行。因此，对于假定为形式上正当，并为所有人所接受的目标，如果论证性命题不能用于实现这些目标，那么，人们就可能质疑所有这些命题。

（13）**心理学论证**可能有助于解释法律话语参与者的动机。不过，它的应用范围比较窄。此外，这种论证经常在各种诡辩和巧辩观念中使用，这并不是偶然的。

（14）**社会学论证**关涉法律话语参与者的行为。该论证诉诸纯粹的实质（经验）前提。为此，不容易质疑依据该论证所表述的命题，不过，必须承认，这些命题在法律话语的实践部分，其应用是有限的。

（15）**历史论证**基于这样一个假定：每个具体话语都发生在一个给定的时间，且在其前面总有些东西，即它有自己的历史。根据规则 8 阐述的"惯性原理"，它表明在实践话语（包括法律话语）中，应当将普遍接受的（即被接受且被认为是有效的、已成为传统的一部分）标准（论题）、实践和惯例考虑在内。

160

（16）**经济论证**首先可以与上述规则 7 所表达的论证经济原则联系起来。简单地说，一个法律话语应在最大限度上是有效的，它应该指，在最低限度的、必要的努力下，获得一个合理而公正的判决，它能产生最大效益。对一个法律话语结果的经济效率进行评价，该论证也能够有助于构建这样的标准。作为法经济分析学派的创始人之一，波斯纳认为，法在其本质上，或者在经济上，无论如何应当是有效率的。运用法律的主体（法官、官员及法律话语的所有参与者），必须以对其适用的法律判决成本的经济核算为指导。一个法律判决只有当其增进社会财富最大化时，才可能被认为在经济上是好的、合理的和有效的。

法律原则 第二组法律论题包括法律原则，可以在广义或狭义上对其进行解释。在德沃金看来，法律原则是一种应当被研究的标准，不是因为它提高或保护某些理想状态，而是由于它是正义、诚信或其他道德维度的要求。[32]最终，德沃金将法律原则与其他标准（政策）和法律规则区分开来。他认为，规则与法律原则之间的根

---

〔32〕 R. Dworkin, *Taking ...*, *op. cit.*, p. 22. See also J. Stelmach, R. Sarkowicz, *Philosophy ...*, *op. cit.*, p. 50 ff.

本区别在于它们是如何发生作用的，而不在于它们的内容。法律规则是那些以要么全有要么全无的方式而适用的规范，这意味着法律规则或者实现或者没有实现。相比之下，法律原则可以应用于不同的范围和程度（它们是分等级的）。我们支持一个更广义的法律原则概念，其中包括所有不直接反映在有效法律规定（原则、政策、习惯法的规范、关于法律及由法律教义学和法律哲学和理论所表述的一般命题、法律"格言"）中的准则，以及至少有一些一般的法律规则（随着时间的推移，一些法律原则成为有效的法律规范/规则）。在我们看来，关于法律原则与其他标准和法律规则区分开来的边界，这种争议是无法解决的。人们可以认为，所有"进入"一个给定的法律传统并被普遍接受的关于法的一般陈述都是一种法律原则。关于疑难案件的具体解决方案，最常见的就是以法律原则为基础。因此，法律原则是问题思维的结论，要通过对判决具体案件时表述的具体命题进行归纳概括而获得。因此，法律话语中法律原则的有效性程度并不是恒定的。依据这里所做的一个假定，即人们可能会在有效法的规定中见到直接表述的法律原则，以及依赖于传统（其根源往往可以溯及罗马法）并被法律人认为是有效的法律原则，最后是很少出现在法律话语（如果它们出现了就会受到质疑）中的原则。因此，几乎不可能拟定这些原则的一个目录（编码）。更重要的原因在于，一些以前接受的原则可能停止使用了，而新出现的准则和惯例在法律话语中越来越频繁地发挥作用。如下所述，我们认为，把原则划分为一般的、解释的和特殊的，这使对法律原则基本类型的一种合理分类成为可能[33]：

161

[33] See G. Struck, *Topische Jurisprudenz …*, *op. cit.*, pp. 20 ~ 34；亦见 J. Stelmach, *Kodeks …*, *op. cit.*, pp. 86 ~ 105.

（1）**一般原则**与法律话语中的"非专有论题"相联系，这就是为什么它们诉诸无限，且应用在其他种类的实践话语中的原因。以下这些都是该类型中一些最重要规则的例子：①**有约必守原则**，即应遵守协议（换句话说：协议是有效的）。②**法律不强人所难**，即法规（法律）不能要求任何人做不可能的事。我们已经在论证 6 关于事物的性质中说明了这一原则。③**例外应当严格解释，且只有在特殊情况下才可容许**。规则 7 的第 1、2、4 和 5 点与该原则有关。④**法官中立原则**，即没有一个人可以在与自己相关的情况下成为正确的法官。⑤**已决讼争被视为事实**，即一个判决应该被接受为真。"判决有效性"原则，即在法律中被普遍接受。法律的有效性是真实的规范性对应项。⑥**审理案件时被告应能答辩**，即应该听取另一方的意见。本论题与规则 3 中表述的自由和平等原则密切相关。⑦**不能出尔反尔**，即人们不能反对自己的立场。记得规则 7 第 3 点就介绍了对自我矛盾的禁令。这一原则与法律话语的另一个重要论题相关：**法律在言说，法律有尊严**，即服从你已经制定的法律。⑧**在明显的案件中程序应该简短**。本论题与论证经济原则即规则 7 密切相关。

（2）**解释原则**关注的是与有效法的解释相关的更为具体的问题，它在法律话语中发挥着重要作用。另外，这里只能举一些例子：①**显见不需解释**，即明确的东西是不需要解释的。这个著名的原则仍然是有争议的：如果实践、法律话语只是在疑难案件中全面地进行（规则 5），那么，至少在某些法律理论家看来，不论有效法的规定如何明确，这些规定必须总是能得到解释。②**法不溯及既往**，即法律没有溯及力。该原则的另一种形式说：**法律向前看而不向后看**。该论题在罗马法中有它的渊源，现在成了当代法律形态的基本原则之一。然而，即使它往往在立法实践中被接受，人们也可

162

能会有有意识地违反法律法规的情形。③**不知法为有害**，即不能以不知法当作辩解理由。因此，如果对法律无知不能被视为辩解，言外之意是，人们必须具备最低限度的法律能力。该论题与以下原则密切相关：**立法必有其目的**，即法律制定的理由来自那些已呈现出来的担忧。过失与无知一样，在法律话语中不可以构成一种辩解。④**法不公布则无效**，即尚未颁布的法律是没有效力的。在富勒（Fuller）看来，公布法案的要求是使法律成为可能的八个条件之一。[34]⑤**上位法优于下位法**，即高阶位法律（法案）废除低阶位法律（法案）。在大陆法系中，这一原则被认为是绝对的。⑥**后法优于前法**，即后来的法律废除先前的法律。当两个或更多的法案起作用时，适用这个原则。⑦**特别法优于普通法**，即特别法废除普通法。如果不可能在论题⑤与⑥之间进行选择，那么人们应当运用"实质原则"。⑧**后来的普通法不能废除以前的特别法**。当有必要在论题⑥和⑦之间做出选择时，可以诉诸这一原则。该原则是对第二条规则的消除。

（3）**特殊原则**应用于法律话语的"专用论题"，因为它们关涉法的具体领域，特别是民法和刑法。以下各项原则与民法有关：①**信任值得保护**，例如，就善意占有而言。②**无义务为不可能之事**，即做一个不可能行为的义务是无效的。③**禁止缔结强加给第三方义务的协议**。④**不能超出诉讼请求**，即判决不应当超过诉讼主张。⑤**应当弥补造成的损害**，并归还无法律依据的东西。⑥**任何人不能将大于自己的权利让与他人**，即没有一个人可以将大于自己的权利让与他人。无论是民法还是刑法，都要运用另外两条更进一步的原则：①**人性善**，即假设每个人的行为都是善意的（无辜的）。

---

〔34〕 L. L. Fuller, *Moralnośćprawa*, Warszawa, 1978, p. 68.

②**罪疑唯轻或自由推定原则**，即存疑的判决应该有利于被告人，或有利于自由。我们现在举一些有关刑法的原则例子：①**法律不应该屈服于对法律的违反**。这一原则对应于罗马法中所说的论题：**可以以暴制暴**，以及**所有的法律允许使用武力来镇压暴力**。②**禁止败坏法治**。③**罪刑法定**，即当一个行为完成时，它不是刑法所说的犯罪，那么，该行为就是无罪，不能受到惩罚。这个原则通常在法律中会明确地提及——在《波兰刑法典》中包含在第 1 条里。

4.3.3 运 用

上述分析表明，由论证方法提出的普遍性主张是相当明确的，并受到很大限定。通过实践、法律话语而得出的方法论，可以直接应用于规范推理领域。此外，这种话语应当仅仅在疑难案件中充分地实施。在其他情况下，实践、法律话语方法的运用很有限；不过，人们常常诉诸这种方法论的某些图式类型（程序或论题－修辞），这也是事实。

实践、法律话语显然会在法律实践，尤其是对法律解释、解释性判决的证成、立法（至少在一定程度上）等过程中得到最充分的运用。法律教义学理论中表述的命题，以及借助实践话语获得的工具而得出的法哲学和法律理论命题，如果这些命题具有规范性特点，可以得到证成。如果一个命题是描述性的（理论的），那么，理论话语将决定其为真还是为假，因此而决定是否应该接受它，并将其包含在法律学科的一组原理中。

总之，让我们再重申一次，如果在实践话语中已经穷尽潜在的（我们假设这种潜在性在规范领域中是有限的）"强"方法（逻辑和分析），且人们不想诉诸基于现象学方向的诠释学的"弱"（直观）方法，那么只好必须诉诸论证方法。

164

189

第 **5** 章 诠释学

5.1 导 论

诠释学是所有解释哲学中最古老、最有争议的一种。对于这种哲学，存在着同样杰出的倡导者和反对者。至少在当代哲学中，最常见的反对者是分析哲学的拥护者们。他们认为，诠释学是对他们自己那种哲学自主的威胁，因而对其进行抨击，抨击其基本假设，以及在他们看来，诠释学不清晰、不精确的语言令人惊讶。他们经常本着被盖尔纳（Gellner）嘲笑的原则行为，即如果你不能证明对手的信念是虚假的，那么你就应该宣布他们毫无意义。[1]随着时间的推移，二者间的张力失去了意义，原因之一是，出现了各种"边缘诠释学"，尤其是分析诠释学与可理解为交往理论的诠释学。

5.1.1 诠释学的根源

"诠释学"（hermeneutics）这个术语来自希腊语$\acute{\epsilon}\rho\mu\eta\nu\acute{\epsilon}\iota\nu$，指的是预言、翻译、辩解、解释的技艺。随着时间的推移，这个词的含义得到了丰富和完善。诠释学概念的起源也与神的信使赫尔墨斯

---

〔1〕 See E. Gellner, *Words and Things. An Examination of*, *and an Attack on*, *Linguistic Philosophy*, London, 1979, p. 17.

（Hermes）名字相联系，众所周知，人们相信是赫尔墨斯创造了语言和文字。在哲学上，这个词首先在亚里士多德的《解释篇》（*Peri hermeneias*）出现。他用术语"**诠释**"说明了**解释**和**理解**之间的联系，因为"**诠释**"是一种有意义的表述，它说的是"关于某物的一些情况"，并通过说明而把握实在。不过，应该强调的是，上文提到的亚里士多德的著作没有系统论述诠释学，它只是《工具论》（*Organon*）的一部分，即包括对某种逻辑语法进行描述的一部分。这种逻辑语法处理对语言结构——命题结构的分析，不限于对其真实性的考查。在现代，"诠释学"术语出现在丹恩豪尔（Dannhauer）的著作《圣经诠释学或圣经文献解释方法》（*Hermeneutica sacra sive methodus exponendarum sacrarum litterarum*，1654 年）的题目中。

直到 19 世纪，在神学、语文学和法学领域所表述的诠释学主要以具体的"理论"形式被提及。正是由于施莱尔马赫和狄尔泰，一般的哲学（人文科学）诠释学才出现。因此，诠释学不再仅仅指解释与理解文本的技巧：狄尔泰将其提升到客观的、普遍的人文科学方法论高度，他称之为"理解的方法论"，而胡塞尔、海德格尔和伽达默尔将诠释学解释为理解的本体论。如前所述，也出现了诠释学的"边缘"描述。同时，诠释学哲学的应用范围在不断扩大。除了已经提到的学科——神学、语文学和法学，诠释学也可应用在历史学、社会学、心理学、政治学甚至在经济学中。

上述解释哲学发展的第一阶段（直到 18 世纪末），可以通过三种具体诠释学即圣经、语文学和法律诠释学得到阐述。

圣经诠释学　犹太教法及其释经的作者已了解圣经诠释学。那时将诠释学理解为《圣经》文本释经学的一门技艺。对圣经的注释、说明和解释的技艺完全由一代一代的拉比完成。随着时间的推移，一种揭示的、启发的和先知理解的观念也出现了，它在关于耶稣活动的晚近基督教诠释学中发挥了重要的作用。

在圣经诠释学中，作为"基督事件"的结果，一种极为重要且发展迅速的趋势出现了，其主要目的是解释整部经文。在基督教的最初几个世纪，对于对其做出的解释存在着尖锐的冲突，于是产生了对建构经文解释统一理论的迫切需要。该理论是为了确保对整个圣经传统的统一理解。"新诠释学"是为了使选择圣经解释的正确理论成为可能。最初的一些著作致力于经文解释，这些著作提出的解释规则在理解旧约和新约时可能达到内部的融贯，其最早出现于公元二三世纪。那时有两个诠释学学派，即亚历山大学派与安提阿学派，他们关注对经文的说明，现在依然活跃。亚历山大学派的主要代表人物是贾斯汀（Justin）、特土良（Tertulian）和奥利金（Origen）；该学派提出了寓意解经。在奥利金看来，人们可以赋予经文以三个维度的意义：肉体，即对所有信徒是历史的、有效的；心理；以及精神，这只有一些学者在分析经文时能够达到。只有通过寓意解经才可能获得精神上的洞察。安提阿学派的出现要比亚历山大学派晚，其由西奥多（Theodoros）、狄奥多莱（Diodoros）于公元四五世纪创建。该学派促进了经文的字面解释。取代亚历山大学派所持的寓意方法，这是一种基于语文和历史研究的批判方法。

在这个时期，圣·奥古斯丁（St. Augustine）是对圣经解释理论最有影响且最融贯的作者。在其《论基督教教义》（De doctrina christiana）第三卷里，他提出了自己关于圣经诠释学的角色和功能的观点，并对理解过程做了哲学分析。特别是，他对符号的观念进行了分析，将其定义为思想的媒介，同时强调解释理论必须有自己的符号和意义理论。他对圣经的不可理解性提出了推理的一种观

169

念，并描述了解释圣经的核心规则。在已经顾及应有的历史学和语文学研究的意义后，他更进一步，对受到信念制约的理解现象进行了分析。因此，他获得了一个神秘的、启示的理解概念，强调真正的（富有灵感的、启示的）圣经解释。

当然，在所说的这段时期内，其他许多哲学家和神学家，如公元 5 世纪里昂的优奇里乌斯（Eucherius）、公元 5 世纪非洲的尤利乌斯（Julius）、公元 6 世纪的格西奥德（Cassiodor），也在解决圣经的解释问题。

在现代社会，一部具有特殊意义的作品是拉西乌斯（Flacius）的《圣经指南》（1567 年），作者试图提出系统地解释圣经的规则。应用这些规则是为了能够达到对圣经普遍有效的理解。拉西乌斯还制定了一种一般诠释学的原则，根据这一原则，只有当一部著作的一部分与整部著作，以及其他部分联系起来时才可能得到理解。因此，诠释学循环的原则大概是第一次就这样出现了。在拉西乌斯看来，［在拉西乌斯之前，墨兰顿（Melanchton）提出了类似的观点］，每一部书面著作都是按照同样的规则和原则创作的。因此，不去诉诸传统，人们可以建立一种普遍有效的解释和理解文本（这里指圣经）的理论。（注：这种信念与特兰托会议的立场是不一致的。）根据这种理由，解释成为一种逻辑游戏，它允许人们重构所分析文本的结构。总之，拉西乌斯的观念无疑构成了建设一般人文诠释学过程的一个重要阶段。

170

公元 17 和 18 世纪，出现了新的关于解释和理解圣经文本的著作。优秀著作的作者如下：丹恩豪尔，他不仅是上述《圣经诠释学或圣经文献解释方法》、而且也是《善意解释观念》（*Idea boni interpreis*）的作者；克拉登尼乌斯（Chladenius），《对合理的讲话和著作正确解释的导论》（*Einleitung Zur riohtiger Auslegny verninftiger*

Reden und Schriften）的作者；鲍姆加登（Baumgarten），五卷本著作
《来自哈雷图书馆的通信》（*Nachrichtern von einer Hallischen Bibliothek*）的作者。18 世纪有三个学者即塞姆勒（Semler）、米凯利斯（Michaelis）和艾尔斯堤（Ernesti）其著作内容属于同一个诠释学方向，这个方向被称为神学理性主义，鲍姆加登属于这一派。塞姆勒对语法和历史解释进行了分析，他提出明确、理性多样化的神学诠释学，其纲要包含在他的著作《神学诠释学》（*Vorbereitung zur theologischen Hermeneutik*）里。原则上，米凯利斯沿着相同的路径著述，将其诠释学方法奠基于文献学与历史学研究。在他看来，在解释圣经的过程中，应该考虑到历史语境和常识。最后，艾尔斯堤的《解释》（*Interpretes*）处理的是圣经解释的文献学方面。他的文献诠释学是为了保证圣经启示和理性思维的和谐。

因此，两种诠释学，即圣经的和文献的，开始形成一个整体，从而为一般的人文诠释学提供了基础。文献诠释学成为唯一一种可用于诠释学的方法（首先是圣经，后来是一般诠释学）。因此，不再有必要把两种诠释学（圣经的和文献的）分开了，因为，在《一般解释艺术之探究》（*Versuch einer allgemeninen Auslegungskunst*）的作者迈埃尔（Meier）看来，存在一种一般诠释学理论，在解释各种符号时要考虑到它制定的规则。

文献诠释学　文献诠释学的起源可以追溯到古希腊哲学的开
171　端。一开始，主要是为了教学的目的，它尝试解释荷马史诗。文献解释可以从语法和字面的角度理解文本；这种解释事实上是一种解释者与文本之间的游戏。当其与修辞联系在一起时，为文献诠释学提供了更为坚实的基础。修辞被认为是一门学科，它不仅仅是演讲技艺，而且也指更为具体的问题，如文学文本的构成、押韵的原则或可以使用隐喻的条件等。文献学的亚历山大学派（公元前 2 世

纪）对古代文献诠释学的发展做出了重要贡献。根据其主要代表人物阿里斯塔克（Aristarch）和赫帕克（Hipparch）的阐释，文献学是一门基于深刻理解语言的学科，它是对书面文本进行精细地批评和解释的技艺。帕加马学派提出了一种稍微不同的研究方向，其主要代表人物是马鲁斯的克拉特斯（Crates）和希俄斯的阿里斯顿（Aryston）。此外，帕加马文献学关注的是文体与修辞，它发展了寓意解释的原则（通过斯多葛学派已为人所知），这在以后的文献诠释学中发挥了重要的作用。

近代以来，出现了许多致力于文献诠释学的著作。经典文献学的作者，如斯科皮（Scoppius）、克莱利库斯（Clericus）和瓦列西乌斯（Valesius），事实上已完成对诠释学理论的论述。在这些著作中的第一部分，可以找到解释规则的目录，以及适用文献学方法的讨论，这使对书面文本的批判性分析和解释成为可能。我们已经指出，稍后出版的许多著作致力于对文献与圣经诠释学（这些都已经在丹恩豪尔、鲍姆嘉登·塞姆勒、米凯利斯、艾尔斯堤和迈埃尔的著作中提到了）的阐释。

在 19 和 20 世纪的一般哲学诠释学中，文献诠释学发挥了特别重要的作用。在许多方面，诠释学的主要形式是文献学的这一信念得到了肯定。一切都开始于语言，而不是常常终于语言；理解可以只通过语言来表述，就这一点而言，在不同诠释学方向的代表人物之间存在着一种特殊的一致。在施莱尔马赫看来，诠释学所预设的一切就是语言。狄尔泰说，诠释学是一种关于固定于语言中的生活之显现的理解技艺的理论；因此，他断言，文学批评与诠释学的过程（内在所属）有着密不可分的关系。海德格尔认为，"语言是存在之家"；而伽达默尔声称，"只有能被理解的存在才是语言"；在他看来，语言是我们通过它可以与同伴做到成功的交往并理解事物

172

本身的唯一的媒介。[2]因此，应该记住的是，早期的圣经诠释学与当代哲学诠释学都依赖于语文诠释学。

法律诠释学 法律诠释学有点不同。至少直到 18 世纪，它才获得了独立地发展，形成完整的法学方法论的一部分。当然，不能说法律诠释学是完全独立的。即使是具有实用倾向的、主要处理具体案件的罗马法学家，他们也诉诸在一般哲学和具体诠释学领域中得出的某种本体论、价值论和方法论的概念：圣经以及（尤其是）法律诠释学。毫无疑问，罗马法学家构建了法律解释科学的基础。很有可能要进一步质疑，在罗马法学所创立的方法中，是否存在法律诠释学。这个问题的答案将与"法律诠释学"所预设的定义混在一起。如果一个人认为每一种解释和理解文本（这里指的是法律文本）的理论就是诠释学的，那么，当然就可能会说，在罗马法学的框架内，法律诠释学已经得到了发展。对于法律文本，早期有一种进行字面解释的偏好，随着时间的推移，发展为对语法、语文和历史解释形式的假定。此外，也在使用哲学方法：修辞和亚里士多德的论题学；至于后一种方法，为了法律解释的目的，最有可能是由西塞罗首先使用的。[3]

在现代时期，出现了许多致力于法律解释的著作，然而，它们大多数是体系化的，即它们的目的是提出普遍有效的解释方法的目录，从一种视角来使"适当"的法律解释成为可能。在这方面，人们可以列出这些著作：爱克哈迪（Eckhardi）的《法律诠释学——解释的最新视角》（*Hermeneutia puris*，*recensuit perpetuisque notis illustravit*）、威蒂克的《法律诠释学原理》（*Principia et subsidia herme-*

---

〔2〕 J. Stelmach, *Die hermeneutische …*, *op. cit.*，p. 50 ff.

〔3〕 H. Coing, *Die juristischen Auslegungsmethoden und die Lehre der allgemeinen Hermeneutik*, Köln-Oppladen, 1959, p. 8.

neutica iuris）以及萨米特的《法律诠释学》（*Hermeneutik eds Rechts*）。

　　直到 19 和 20 世纪，关于如何设想并建构诠释学，产生了重要的变化。施莱尔马赫以及狄尔泰后期对诠释学提出了一种新的、普遍的阐述，在他们看来，诠释学的任务是获得一个所有人文科学包括法学在内的方法论基础。另一种本体论和方法论的普遍主义也出现了，那就是胡塞尔、海德格尔、伽达默尔和利科的现象学方向的诠释学。关于法学的这种诠释学的影响，可阐述如下。法学相信，哲学诠释学提供了解决法学问题（主要是方法论性质方面）的机会，并接受了整个诠释学观念及其具体命题。以往在技术上理解的法律诠释学逐渐失去了意义，事实上这仅仅成为历史研究的对象。萨维尼的观念体现了旧法律诠释学与更为现代的（哲学的）形态之间的紧密联系，这在其著作《法律方法论》中得到了阐述。一方面，萨维尼为法学方法论的自主而辩护，但另一方面，他使用了施莱尔马赫提出的解决方案。因此，它不是"一种纯粹的接受"（顺便说一下，这将成为受到哲学观念启发的法律诠释学的特征）。柯因（Coing）和贝蒂是诉诸诠释学传统的思想家，莱纳赫、迈霍弗（Maihofer）和考夫曼诉诸海德格尔和伽达默尔的诠释学传统。然而，要对法律诠释学的当代众多代表人物的观点进行明确的分类，虽具有可能性，但非常困难。举个例子说：应该如何对拉伦茨或艾瑟（Esser）的观点进行分类？他们的诠释学形态被修正并转变到一定高度（其主要目的是为了解决当时德国法律科学所研究的法学方法的争议）。我们将在第 5.2 ~ 5.4 节回到这些问题，同时思考哲学和法律诠释学的不同形态。

　　5.1.2　关于诠释学，我们不知道什么？

　　关于与哲学诠释学所有可能的讲座相关的争议，现在我们想简

173

短地处理一下其中最激烈的问题。通常，对这些问题的批评构成了拒绝把诠释学作为解释哲学所有方法的出发点。我们将依次提出反对诠释学的最频繁的八点阐述。①人们常常强调，关于诠释学，不存在一个唯一的且为诠释学方法的所有支持者们所接受的定义。②因此，很难确定具体诠释学概念之间的界限（这涉及内部界限），以及诠释学与非诠释学立场之间的界限（这涉及外部界限）。因此，"诠释学"的概念常常被滥用，因为它被用来评价不同的解释哲学（分析的、结构主义和论证类的），这些不一定与诠释学有很多共同之处。③相似情况存在于其他关于诠释学哲学的基本概念中：理解、前理解与诠释学循环。这些概念缺乏明确的定义；此外，在不同的诠释学概念中，这些概念被给予根本上不同的解释。④最后，我们无法确定理解这个术语是什么意思：是一种认知形式，还是一种个体存在形式，或者两者都是？⑤即使我们假定，理解也是（除了表示一种存在形式外的）一种认知形式，我们不能确定它是哪种认知：直接或间接的。这一点将在这一章的最后一节进行更为广泛的讨论，两种选择都有似乎合理的论证。⑥假定理解是一种直接、直观的认知形式，我们面临着一个更深的问题，即确定我们最终要处理的是哪种直观：心理的、分析的还是现象学的？[4]⑦诠释学普遍性的命题并不完全清楚。狄尔泰对这个命题的辩护，基于其所采用的自然主义和反自然主义方法的划分，这是比较薄弱的，因为这种划分本身也受到了严重的怀疑。此外，它代表的是一种具体类型的普遍主义，因为它仅限于难以明确界定的人文科学领域。它也大胆地为诠释学普遍性作为"第一科学"的现象学命题而辩护。要反

---

[4] J. Stelmach, "Die inntuitive Grundlagen der Jurisprudenz", in H. Bauer, D. Czybulka, W. Kahl, A. Vosskuhle (editors), *Umwelt*, *Wirtschaft*, *und Recht*, Tübingen, 2002, p. 161 ff.

驳这一论证，可通过将其颠倒过来，即声称特别是在人文科学而非
纯科学和自然科学中，诠释学找到它主要的（如果不是唯一的）应
用。⑧最后，鉴于理解和解释法律的对象往往是有效法的规范（规
则），我们并不确切地知道诠释学如何可以有效地应用于法律解释，
或其潜在和容许的应用范围。与这个问题密切相关的另一个问题，
即解释的自由，它是要受到限制的，至少在大陆法系中，禁止通过
解释**抗拒法律**。

　　拒绝诠释学作为一种方法或解释哲学，上述反对意见为此提供
基础了吗？我们将从否定方面回答这个问题：我们把诠释学包含在
一组法学基本方法中。然而，我们必须注意诠释学作为一种法学方　175
法的特殊性。其特殊性在于，它不是严格意义上的一种方法。诠释
学不同于逻辑、分析和论证，不能重构其承认和拒绝的解决方案的
结构、假设、程序和交互主体标准。作为"没有阿基米德支点"的
解释哲学，诠释学不是提供一种方法，而是提供的直观——理解，
即某种"更弱的"东西且没有形式结构。对这种解释哲学产生的需
要，出现在利科反思——存在的术语层面，尤其是参照通常称为
"强的"解释案件，更为形式的方法实在不足和无用。[5]为了判决
这种案件，解释者不能不诉诸非传统的方法。除了法律价值，他们
必须诉诸社会、经济和政治现象，或最终诉诸使一个疑难案件得以
理解的某种直觉。

　　此外，千万不要忘记，在一般哲学和法律哲学与理论中，即便
大多数假定的观点和命题产生于"更强"的方法论领域中，它们也
是"弱的"。很容易反对这些观点和命题（表现出类似的精确程

---

〔5〕　P. Ricoeur, *Egzystencja i hermeneutyka. Rozprawy o metodzie*（存在与诠释学·关于方
法的商谈），Warszawa，1985，p. 195 ff.

度），但它们具有相同或更好的理由。然而，要注意的是，界定基本概念不仅是在诠释学中遇到的问题，而且在其他方法中也会遇到。与诠释学的辩护者一样，法律解释中应用逻辑、分析和论证的支持者也主张其方法的普遍性。此外，对于其用途及适用范围的争议，不仅在诠释学中进行，而且在其余的方法中也存在。因此，尽管在诠释学和其他方法之间有许多根本区别，但它们也有许多共同点，可惜这些共同点往往是有争议的。

5.2　作为认识论的诠释学

我们将讨论一下哲学（第5.2.1节）和法律（第5.2.2节）诠释学的方法论趋势，以此来开始我们的论述。关于这一点，我们希望有所保留。参照某些观点，这里介绍的对认识论和本体论方法的划分既不鲜明也不确切。关于分类问题，将参照某些哲学家，例如哈贝马斯、阿佩尔以及一些法律人，如，拉伦茨和艾瑟。为什么不将特殊或最终的意义附加到下文提出的划分和体系化中，这就是其中的原因。

5.2.1　哲学诠释学中的方法论趋势

诠释学中的新认识论传统是由施莱尔马赫发起的。诠释学方法论趋势的另一个著名代表人物是狄尔泰。接下来我们将分别讨论其各自的观点。

施莱尔马赫　18 世纪初，在德国盛行的科学氛围很有利于施莱尔马赫的计划：一方面是温克尔曼（Wickelmann）提出的艺术作品解释理论得到了发展；另一方面是在赫尔德（Herder）的作品中出现"进入事物精神"的理念（时代、民族），以及由海涅（Heyne）、沃尔夫（Wolf）及其弟子们，尤其是海因道夫（Heindorf）提出的新语文学解释观念。就哲学趋向历史的态度而言，出现了一种突破。对历史世界的"第二种"理解，也产生了一种强烈的需要，这种需要从这一时期学者们的观点中表现出来，如黑格尔、伯克（Böckhe）、迪森（Dissen）、伦克（Rank）、萨维尼。施莱格尔（Schlegel）是对施莱尔马赫产生很大影响的一位思想家，他鼓动施莱尔马赫接受了将柏拉图作品翻译为德文的任务。[6]

　　施莱尔马赫诠释学的来源很复杂，包括柏拉图的哲学（非常吸引施莱尔马赫）、圣经诠释学、语文学、文学批评、历史哲学，最后是心理学。施莱尔马赫试图建立普遍的（至少从人文科学的角度）、基于语文学和心理学的哲学诠释学。在他看来，严格地说，诠释学不是理论知识，而是一种解释和理解各种文本（虽然主要是书面文本）的实践技艺。[7]作为一门实践技艺，它必须与批评紧密相连。施莱尔马赫从语文学研究出发，但是他并没有把自己局限于（如其前代所做的那样）制定普遍有效的解释规则的目录。他走得更远，因为他开始着手分析理解的过程，这构成了每一个解释的基础。在施莱尔马赫看来，一定程度的解释技艺直接依赖于一定程度的理解；他区分了两种理解：洞察与比较，建立于实质和语法——历史认知的基础上。两种理解是互补的——它们一起运行。

　　在施莱尔马赫看来，理解的过程具有历史和心理维度。为了重构这个过程，我们必须重新创建历史和心理情境，使解释作品的作者能从中发现自己。我们必须努力去理解他，甚至比他更了解其自己。[8]理解是一个相对的永无止境的过程，它有一个循环的特征。

177

---

〔6〕　W. Dilthey, *Pisma estetyczne*（论美学）, Warszawa, 1982, p. 304.
〔7〕　F. E. D. Schleiermacher, *Hermeneutik aund Kritik*, Frankfurt am Main, 1977, p. 75.
〔8〕　现象学诠释学的代表人物们批评这种观点，将其作为不能证成的心理学的一种表现。See P. Ricoeur, *Existence …*, *op. cit.*, p. 314.

施莱尔马赫对诠释学循环的问题很重视（它表现出的是理解和解释过程的性质），他说："……整体的统一性可以在单个部分的基础上理解，单个部分的价值可以在整体统一性的基础上建立（理解）"。[9] 因此，当进行一个解释活动时，必须从希望解释（翻译）的整个作品的概观出发。这个初步的理解将成为进一步解释的必要条件。施莱尔马赫放弃了前辈们对语法、历史、美学和实质解释的划分，运用了以新约为例的解经学，他提出了几个解释规则，并阐明了其功能。

在施莱尔马赫的努力下，诠释学成了一个哲学问题。据他所述，诠释学是一种对人类言语产物，即以（书面）语言表述的认知的普遍理论，或者，换句话说，是对人文科学普遍有效的方法。该方法诉诸三种类型的分析：批判语文学、心理学和历史学。

狄尔泰 狄尔泰在构想其诠释学观念时，他已在处理与理解与哲学理论相关的人文科学解释理论。他完全意识到这个事实，而且这一信念在他 1900 年的文章"诠释学的产生"中已有表述。虽然狄尔泰给自己设定的目标不同于（更为深远）施莱尔马赫的追求：他试图为人文科学创建一种"理解的方法论"。但是，这种新颖性不可高估，因为维柯（Vico）已经在其《科技新星》（*Scienza Nova*）里写了对科学的理解，它构成了一种对基于数学的笛卡尔（Cartesian）科学模型的替代。自然科学和人文科学的对立是狄尔泰的一个出发点。这种反自然主义的划分是由德罗伊森引入人文科学方法论的，他区分使我们认知实在的两方面即自然和历史对立起来。在德罗伊森和狄尔泰看来，自然科学的目的是说明，而人文科学的目的是理解。

---

〔9〕 F. E. D. Schleiermacher, *Hermeneutik* …, *op. cit.*, p. 187.

为了把握理解过程的本质，有必要诉诸心理学，狄尔泰将其当作一门描述性的学科。在他看来，人文科学中的争论并非一种心理过程中的有条不紊的知识，而是这些过程中的一种重复的经验，那就是：对它们的理解。人文科学的目的是认识人类生活的对象化产物，并且这方面的知识仅仅是等同于理解。因此，理解是狄尔泰诠释学的一个基本范畴——在人文科学中遇到的最典型的活动。这是一个过程，通过它，在给予感觉的精神生活的那些表现的基础上，人们达到认知。尽管给予感觉的精神生活的那些表现极为易变，这种认知的特定目的是，确保对这些表现的理解必须有共同的特征。狄尔泰的理解概念诉诸人性同一性的心理原则。特别是，理解可以还原为心理操作，即"将自己"置于其作品正被解释的作者的心理情境。然而，在其晚期作品中，狄尔泰背离了这些很强的心理学假定。

毋庸置疑在施莱尔马赫的影响下，狄尔泰认为，理解的特殊对象是，固定在作品中的那些人类生活（精神）的表述。因此，他把诠释学定义为一种理解生活（包含在语言里的人类生存的足迹）表现（固定在作品中）的技艺理论。支撑这个定义的基础是他的信念，即只有通过语言，人类的内心生活（精神）才能找到完全的表达。这也就是为什么狄尔泰断言，诠释学主要的、深刻的意义是语文学的。考查这些固定在作品中的生活表现，如果符合规则，则可称为诠释。通过诠释这种媒介达到的理解是客观的，因为它的主体是整个人类物种（可以很容易地注意到，这里引用了康德的先验主体概念）。理解最终是在人文科学中遇到的最基本的活动。狄尔泰还预设了诠释学循环原则，拉西乌斯、阿斯特（Ast）和施莱尔马赫已阐述过该原则，说"……从单个词到文本整体，再从整体开始，这是循环。一个文本整体需要朝向作者的个性行进，朝向与其

179

（其个性）相连的语文行进。只有比较活动使我最终理解每一个单个文本，甚至每一句话，要比我之前有更深刻的理解。因此，理解在整体的基础上得到实现，整体也在单个的基础上得到实现……"[10]

不过，最终"一种理解的方法论"不能还原为一种文本的诠释学。它的对象是人类生活（精神）的所有产物。因此，诠释学被提升到人文科学认识论的地位。狄尔泰希望为人文科学提供一种方法，在客观性方面等同于自然科学的处理方式。为了精确性，我们必须强调，最初他所辩护的理解（人文科学的特征）与说明（自然科学的特征）之间的截然对立在其后来的作品中缓和下来。在这些作品中，他宣称，理解和说明是两个互补的研究步骤：说明通常是最初的一步，这往往需要很长的时间，而且很少能成功地实现充分的理解。

很容易注意到，狄尔泰的诠释学也有更复杂的来源。可以毫无疑问地列出它们之中有语文学以及广义上理解的语文学批评（因为，在狄尔泰看来，诠释学过程与语文学批评密不可分，其内在地属于这一过程），还有描述心理学和反自然主义的方法论，这也是从理解与说明之间并不彻底的对立中产生的。难以抗拒的印象是，诠释学的这种概念并非没有矛盾。一方面，狄尔泰以一种个人主义的方式构想诠释学——为"巧妙解释的技艺"，把理解构想为"将自己置于"被解释文本的作者的位置，或其心理情境的一种心理操作；另一方面，诠释学要成为人文科学的一种客观和普遍的方法，还要诉诸"生活"、"人类物种"和"历史"这样的范畴。

对狄尔泰诠释学的接受 尽管有上述讨论，狄尔泰的观念成了一个重要的灵感来源，许多作者由此在诠释学，以及很有趣的是在

---

〔10〕 W. Dilthey, *Writings …*, *op. cit.*, p. 316.

非形式逻辑领域（包括法律类）中继续研究。在哥廷根那里甚至创
建了一个狄尔泰学派，其中的领军人物是米施、李普斯、柯尼格
（König）和普勒斯纳（Plessner）。

　　在米施看来，我们生活的世界即表达的世界。只有这个（语
言）世界才是普遍的。狄尔泰也提到在经验、表达和理解之间密切
的关联。在米施看来，我们只能在第二个世界，即表达世界中活
动。通俗地理解，"表达逻辑"是确保对这个世界进行适当地解释
和理解。

　　狄尔泰的诠释学哲学也是李普斯的一个出发点，他以存在哲学
和哲学人类学的预设补充了他的哲学。与米施一样，李普斯的逻辑
是非形式的，其目的是使对"言语"这个范畴的分析成为可能，从
诠释学的认知角度来看，这是根本的。这一范畴是先验的，它保证
用于分析目的的逻辑可能是客观的，此外，使我们的知识"回归源
头"成为可能，即前理解。这种前理解是每一种可能的进一步认知
（理解）的一个出发点。[11]

　　贝蒂是狄尔泰思想在当代的另一个延续。在他的阐述中，诠释
学既是一种认知理论，也是一种人文科学方法论。人文科学的方法
被还原为诠释，主要是对文本的诠释。贝蒂是致力于人文科学诠释
理论的最为广泛的著作者之一〔注意：其著作有一个很有意义的题
目《作为精神科学一般方法论的诠释学》（*Allgemeine Auslegungsle-
hre als Methodik der Gersteswissenschaften*）〕。对前几代哲学家、语文
学家和法律人的成果系统化和整理，这种工作带来了诠释学理论的
演变，直到结束：这是我们称之为方法论的脉络。这种工作尤其是

180

〔11〕　H. Lipps, *Untersuchungen zu einer hermeneutischen Logik*, 4th ed., Frankfurt am Main, 1976, p. 20 ff, p. 115 ff; also O. F. Bollnow, *Studien zur Hermeneutik*, vol. II, *Zur hermeneutis-chen Logik von Misch und Lipps*, München, 1982.

由拉西乌斯、迈埃尔、施莱尔马赫发起，至少在某种程度上由狄尔泰结束。

分析诠释学　对于所介绍的分析诠释学的类型，需要单独处理。假定对诠释学最强烈的反对意见是由分析哲学的代表人物阐述的，立即就会产生疑问，是否诠释学可以是分析的。如果承认这种组合的可能性，那么所有的界限，甚至在对立的诠释哲学之间的界限，在意义上就是完全可还原的。这可能有以下（重大）的后果，根据后现代主义精神，我们发现一种理论因为其没有边界、没有方法论范式（图式）而很难被接受，一切或几乎一切都是允许的，以及一种反思转换成另一种。这会造成无政府主义、解构一切的威胁，这在方法论上至少部分地意味着，并导致可接受的结果；后现代主义使得做出一种正确的论述或学习一种方法成为很难、甚至是不可能的事。一方面，本书作者坚决反对这样的简单化。不过，另一方面，我们必须了解这些相互影响和因此而不可避免的难题，因为这会使我们从永不停止的人文科学方法的争议中解脱出来。

一切似乎始于对"分析"、"语言"、"逻辑"、"客观主义"等概念的定义。在波亨斯基看来，一门哲学是否被认为是分析的，将取决于这四个概念如何被定义。同时，我们想要强调的是，所有这些概念在诠释学哲学的词典里都有一席之地（包括我们称之为认识论——方法论的类型）。古代诠释学的代表人物以及后来的施莱尔马赫、狄尔泰都谈到了到语言分析。语言研究的程序被引入以语文学为媒介的诠释学。施莱尔马赫和狄尔泰都强调，书面（口语）文本分析（诠释）是充分理解的一个先决条件。米施和李普斯还写过诠释学逻辑。狄尔泰更多关注的是诠释学认知（即理解的方法）的客观性（普遍性）问题。因此，除了众所周知的一方面是分析、另一方面是现象学诠释学二者之间的差异外，在这些观点之间也有许

181

多相似之处。分析哲学家波亨斯基清楚地认识到这一事实：他注意到，这两种观点表明分析是必要的，并且"想要"客观地进行（"回到事物本身"）；此外，这两种观点都强调语言分析。这种特征就是波亨斯基的主张，除了他们自己稍微激进的形态之外，分析哲学家应该承认还有其他类型分析的存在（例如诠释学分析——我们评论：J. S. , B. B. ）。

考虑到上述所有的言论和保留，谈谈分析诠释学是可能的。在阐述认识论的趋势时，我们提到了它，因为分析诠释学是一种文本诠释的方法。在 20 世纪的诠释学里，可以找到对语言学和分析哲学的众多参照。对这种思维影响深远的思想家是"后期"的维特根斯坦。在其《哲学研究》（*Philosophical Investigations*）中，他提出了解释是在解释者和文本之间上演的一种语言游戏问题。法哲学的代表人物尤其愿意诉诸对诠释问题的这种叙述（本书将在下面一节中讨论他们，该节致力于将诠释学方法与法律诠释结合起来）。在当代神学领域中，诠释学也已得到了发展：正是由于福斯（Fuchs）、艾伯林（Ebeling）和鲁滨孙（Robinson），圣经诠释学已成为"一门可相信的语言科学"。

作为一种交往理论的诠释学 诠释学的另一种概念是由哈贝马斯和阿佩尔提出的。在他们的叙述中，诠释学是一种日常语言交往过程的理论——从一开始就具有一些认识论意义的一种理论。

在哈贝马斯提出的诠释学中，可以发现其参照了方法论诠释学（包括古典和分析形态）、现象学诠释学（尤其是胡塞尔和海德格尔的预设）、甚至心理分析。例如，哈贝马斯诉诸**生活世界**（哈贝马斯在这种语境下谈到社会生活世界）的概念（先前胡塞尔使用过），但也诉诸海德格尔对理解和个体生存（**此在**）的叙述。然而，他也怀疑伽达默尔的理解哲学，因为，在哈贝马斯看来，诠释

182

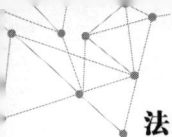

学所做的只是在人类实践领域中有限的任务。这些任务仅限于日常语言交往过程的说明与描述。换句话说，诠释学是理解意义上的技艺，它可以通过语言媒介进行交往（这种叙述与狄尔泰相似）。这样构想的诠释学的范式意义，将是这样的观念或范畴，如：交往行为、交往能力和交往共同体。最终，诠释学的任务意味着对这些交往行为结构的考查。哈贝马斯将交往行为本身定义为：人们通过符号相互之间施加影响。这种影响必须与有效的社会规范一致，这是至少可以为两个相互作用的行为者理解并接受的。

183
  诠释学将确保这些行为者之间交往的可能性；它会在同一时间影响社会团体的自主性以及这些团体成员的个体化过程。在哈贝马斯看来，在一个给定的交往共同体中，并非所有成员都能够获得交往的技艺。出于这个原因，我们必须利用诠释学，其任务是得出这种技艺的原则。这些原则是为了促进传统传播的过程以及行为者之间的交往。诠释学是为了履行一种既重要且实用的功能，从而成为语言交往的具体技能，成为一个团体、至少某些成员所获得的交往技艺（交往共同体），它具有一种理论的和元理论的功能——由此成为语言交往所有共同过程的一种理论。理解作为语言交往过程一种理论的诠释学，将参照具体实证科学，不过，诠释学本身并不是一门实证科学。因此，最终我们可以谈论科学的诠释学意识，而不是说诠释学类似于物理、化学、生物等具有自己单独的研究领域。[12]

  阿佩尔对诠释学也提出同样的看法。在他看来，诠释学是一种语言交往过程的理论，它的一个基本方面是交往共同体的观念。不过，与哈贝马斯有所不同，阿佩尔在语言哲学基础上建构他的诠

---

〔12〕 J. Stelmach, *Die hermeneutische …*, *op. cit.*, pp. 44～45.

释，此外，它在本质上是分析的。有理由将阿佩尔列入我们称之为分析诠释学代表人物的名单里。阿佩尔的分析，尤其包含在其《哲学的转型》第二卷里的分析，证实了这个命题。

当然，在诠释学两个传统，即认识论和本体论之间，既不可能也没必要去做一个截然明确的区分。诚然，可以将理解的本体论（它诉诸现象学哲学）从 19 世纪施莱尔马赫、狄尔泰的诠释学的方法论传统中分离开来，不过，它仍然保留着诠释学总是具有的本体论和认识论意义。只有一件事改变重点的侧重和一般路径：现象学诠释学的路径毫无疑问是反心理的。比如，利科也发现了这个事实，因为他把诠释学作为一种诠释的认识论，同时试图解决心理学和现象学诠释学之间的冲突。因此，区分模糊和所阐释命题"弱"（可废止性）的问题再次产生。

5.2.2　法律接受性

只有到了 19 世纪，法律诠释学的发展才发生了根本性的改变。这与一般哲学（人文科学）诠释学即上文所述的认识论方向的产生相联系。为了法律解释的目的，而成功地进行了运用哲学诠释学的尝试。不过，整合的过程绝非同质的。在某些情况下，直接诉诸特别是施莱尔马赫、狄尔泰的具体的诠释学概念，在另外一些情况下，运用由一般诠释学提供的一些特定的解决方案，随后将其整合到相关讨论的更广泛的语境中，例如法学方法、制定法律判决的过程、裁决和法的发现。

萨维尼　萨维尼提出了过去 18 世纪的法律诠释学与其在当代 20 世纪形态之间的紧密联系，他的诠释学概念在许多重要方面涉及施莱尔马赫的哲学。萨维尼的《法学方法论》所提出的一种具有悖论的方面是，他旨在为法学方法论的自主性辩护，而他运用的却是法律科学"外部"的方法，即诠释学和历史学的方法。让我们回

184

想一下施莱尔马赫的假定，就比较性理解而言（除了洞察外，这是第二种理解），我们必须诉诸实质的以及语法——历史的、认知的方法。

他区分了诠释的四条基本原则：客观性（自主性）、统一性、发生和技术的解释。相比之下，萨维尼强调法规的文本解释，其目的是重建（重构）立法者的意图，这应该包括四种元素（层面）：语法、逻辑、历史和系统。像施莱尔马赫一样，萨维尼是一个对解释行为进行比较理解以及语法——历史理解的倡导者。同样地，他采纳了诠释学认知（解释）行为特征是客观的这个命题，其目的是在一个诠释者的工作和一个历史的立法者的意愿之间获得一致。这是一种特定的客观性，类似于施莱尔马赫的概念，在历史上和心理上得到证成。最后，萨维尼非常重视批判，特别是所谓的"高级批判"，其目的是恢复（重建）一个歪曲（难以理解）文本的含义。这种"高级批判"是由与其他解释相同的元素构成的。因此，根据施莱尔马赫和萨维尼的观点，诠释学主要是语文学的形式。

185   **柯因** 将诠释学，尤其是施莱尔马赫的诠释学运用于当代法律科学的需要中，这个重要的尝试是由柯因完成的。他在一篇题为"法律解释方法和一般诠释学"的文章中提出了建议，在此他考查了为法律解释的目的而运用由施莱尔马赫提出的解释一般准则的可能性。他还依次讨论了每一条准则，并做出自己的补充和修改：客观性原则（解释的自主性）、统一性、生成性解释、事实意义的解释（施莱尔马赫是就技术解释这种情况而言的），最后是比较的准则。柯因使用这种方法得出结论：解释的所有一般准则都可以在法学中得到证成与应用，这保证了对法律文本普遍有效的解释与理解。诠释学告诉我们如何批判地评价法律解释，同时说明，作为一门诠释性的学科，法律科学使用的不仅是唯一的演绎过程，还有其他方法，甚至包括论题学。在这种"解释学科的框架内"，法学具有特别的地位，因为它是一个"应用解释学科的实例"。因此，"法律"方法，具有普遍和客观的特征，它可以构成普遍、客观的人文科学方法论的一部分，而法律诠释学正是一般人文科学诠释学的应用实例。[13]

贝蒂 贝蒂提出的法律诠释学概念显然在狄尔泰的思想中有其根源。在他看来，诠释学不是解释科学。解释实际上是人文科学具有的唯一的方法。在《作为精神科学一般方法论的诠释学》中，贝蒂讨论了最重要的人文科学的解释，包括法律解释在内。与狄尔泰和柯因一样，贝蒂把诠释学理解为人文科学的普遍有效的、客观的方法。贝蒂把认知客观主义与价值客观主义联系在一起。法律诠释学最终无法从一般的人文诠释学中区分出来，后者预设了一个客观的、普遍有效的（对于诠释学所有特定的种类）解释理论和理解哲学。

拉伦茨和埃塞尔 对于诠释学方法论方面的理解，现代哲学与法律理论的代表人物做了很多介绍，特别是被称为**方法论**的德国学派。然而，一般来说，他们对诠释学的介绍并不系统；相反，他们致力于证成具体的命题。拉伦茨和埃塞尔的诠释学概念却是一个例外。不过，值得注意的是，伽达默尔的哲学是一些作者构想的灵感源泉。不过，对于这个论题，可基于如下理由进行讨论。首先，这些作者多次参照伽达默尔的观点，但他们的参照大部分是批判性的；因此，他们对"伽达默尔问题"提出了自己的主张和解决方案。其次，即使他们拒绝狄尔泰把诠释学作为人文科学客观方法的叙述，然而，不像伽达默尔，他们还是假定对法律诠释学进行纯粹

186

---

〔13〕 H. Coing, *Die juristischen Auslegungsmethoden ...*, *op. cit.*, p. 22 ff.

方法论上的理解。在致力于对诠释学认识论进行叙述的那一部分，最后这个论证涵盖了拉伦茨和埃塞尔的观点。

拉伦茨在法律诠释学框架内为其价值论方向的理论寻找证成。如伽达默尔一样，他拒绝柯因和贝蒂倡导的理解客观性概念。同时，拉伦茨并不赋予理解以一种本体论的意义：他对理解是作为一种认知，还是法本体论进行了清晰地区分。因此，最终拉伦茨并不接受对诠释学的伽达默尔式解释。比如，对于他来说，运用这个概念，与伽达默尔的理论就有一种不同的意义，而且它不是理解与解释过程的同义词。因此，在拉伦茨看来，法律诠释学并不具有"示范性意义"。相反，它是基于一种特定的教义学意义上"对法规的法律理解"的一个特例。拉伦茨和伽达默尔之间的差异也明显地表现在"前判断"（**前见**）和"前理解"问题上。拉伦茨区分这两个术语的含义，甚至使它们相互对立起来。伽达默尔的"**前见**"在法律认知上的功能是纯粹否定的——这是"偏见"（**迷信**）而不是"前判断"。相比之下，"前理解"指的是一种解释性假设，以后可以通过"一种成功的解释"对其确认；所说的假设也可以被称为"意义期待"。最终，前理解是"充分理解"的一种准备，因此，它也是理解法律是什么的一个条件。[14]

埃塞尔提出"混合接收"，这是一种不同的例子，他试图确定一种适合法律解释需要的解释哲学。在他看来，诠释学为法律适用的现实提供了一种社会和思想的批判性分析。埃塞尔也不同于伽达默尔，他把解释实证法的过程构想为某种教义学的而非历史学的特征。诚然，法律诠释学保留了语文学和历史学研究的结果；不过，

187

---

〔14〕 K. Larenz, *Methodenlehre der Rechtswissenschaft*, 5th ed., Berlin/Heidelberg/New York/Tokyo, 1983, p. 185 ff.

在事实上仍然是，它仅仅在教义学的意义上将它们运用在"逻辑解释"的过程中。[15]根据埃塞尔的观点，解释过程可以理解为一种实践活动；因此，可以将法律诠释学界定为行为科学。解释或更为广泛的法律适用的过程具有创造性，因为它可以"产生规范性内容"。然而，埃塞尔像伽达默尔一样界定了前理解，即将其作为理解可能性的条件。他还将许多不同的直觉和意义与这一概念联系起来，例如，将其与"利益"、"态度"、"动机"、"期望"、"背景"、"未来判决的意向"、"初始选择或评价"以及"偏见"这样的术语联系在一起。在建构其诠释学构想的过程中，埃塞尔像拉伦茨一样停留在法律理解的方法论层面上。实际上，他的诠释学可以还原为法律适用和"发现"法律判决的理论。

　　法律诠释学方法论学派的其他代表人物有福斯多夫（Forsthoff）、恩吉斯、穆勒和克里勒。[16]不过，只有在偶然情况下，这些思想家才诉诸一般哲学诠释学的命题，这就是为什么不能说，即使是一般性地说，就这些观点而言，其完全接受这种诠释学。

5.3　作为本体论的诠释学

　　正因为有了现象学，从而提出了一个关于理解的新的、本体论方面的问题。理解不再只是被构想为人文科学认知的方法，而是或

---

〔15〕　J. Esser, *Vorverständnis und Methodenwahl in der Rechtsfindung. Rationalitätsgrundlagen richterlicher Entscheidungspraxis*, Frankfurt am Main, 1970, p. 93 ff, p. 136 ff.

〔16〕　E. Forsthoff, *Recht und Sprache. Prolegomena zu einer richterlichen Hermeneutik*, 2nd ed. , Darmstadt, 1964, K. Engisch, *Logische Studien zur Gesetzesanwendung*, 3rd ed. , Heidelberg, 1963, K. Engisch, *Einführung in das juristische Denken*, 8th ed. , Stuttgart, 1983, F. Müller, *Juristische Methodik*, 2nd ed. , Berlin, 1976, M. Kriele, *Theorie der Rechtsgewinnung*, 2nd ed. , Berlin, 1976.

者说首先是作为是者（胡塞尔将其命名为**生活世界**，海德格尔则将其命名为**此在**）存在的一种属性（形式）。因此，诠释学就成为现象学方向的理解的本体论。然而，诠释学也是一种方法，毕竟它曾经如此。甚至基于现象学哲学的理由也不能消除这种二元性。这种根本性的模糊可以说是现象学中最严重的不协调。理解是一种个体（此在）存在的形式，伴随着这种主张，要拒绝旧形态诠释学方法论的客观性，似乎并不可能或并不清楚，尤其是因为，现象学并不放弃其普遍性的主张（虽然它的确放弃了客观性主张）。诠释学是普遍的，因为它是所有认知活动的出发点，它是"没有阿基米德支点"的"第一科学"，此外，这意味着诠释学只是一种方法，虽然是很难解释的方法。有人可能会争辩说，诠释学是一种直接认知的方法，因为它建立在现象学的基础上，它渴望成为"第一科学"。然而，如果人们考虑到一个事实，在诠释学的基础上，只有通过以彻底分析的语言以及解释性操作，如现实化、具体化、诉诸前理解与诠释学循环为媒介才可以知道"事物本身"，那么人们可以得出结论，即诠释学实际上是一种间接认知方法。我们将在第 5.4 节回到对这个复杂的问题的阐释。

188

接下来需要强调的一点是，像整个现象学一样，诠释学是反心理学的。联系到现象学哲学和意识哲学（**我思哲学**的一种变种——思考自身），这一立场可以得到证成，但联系到诠释学，证成并不那么容易。理解的过程仅仅发生在"纯粹意识"层面，这种主张是各种可怀疑的高度思辨的哲学假定的后果。我们是否以心理学或现象学的方式解释理解（例如前理解）过程的某些方面，这将取决于我们的哲学信念和习惯，以及具体情况的特性，而非普遍有效的哲学真理。事实上，似乎只有现象学诠释学和心理学诠释学之间的冲突才是客观的。

5.3.1 理解的本体论

胡塞尔 新诠释学的基础是由胡塞尔的哲学提供的。他提出的诠释学的变体是对狄尔泰方法论的一种替代。胡塞尔批判了方法论客观性的自然主义以及反自然主义的类型。因此，他拒绝把诠释学的构想作为解释的认识论。他为其证成寻求其他基础，并在本体论中发现了它们，在他看来，其中根本的意义有"生活世界"范畴。这个范畴主要关系到"主体——客体"的客观的、认知关系。换句话说，生活本身先于客观认知，这是理解的主要源泉。因此，理解不再是一种认知方法，它已经成为一种存在方式。

海德格尔 在海德格尔看来，哲学等同于**此在**现象学。诠释学比**此在**现象学不多也不少，即个体存在现象学可以容纳理解。[17]理解不再是许多心理活动之一，或解释文本的方法；它成为一种个体生存存在的模式或特征。这是因为**此在**具有自我理解和自我解释的能力；因此，理解一定不能还原为纯粹的认知范畴。固然，海德格尔假定理解在语言中得到实现，他还把思考增加进来，将其转换成语言（语言是存在的家）。[18]海德格尔也给诠释学哲学的其他典型概念以一贯的本体论解释，如"诠释学循环"：在他看来，"循环"没有描述理解过程的结构，但表示"**此在**本身存在的前结构"。[19]

伽达默尔 在现象学方向的诠释学的发展过程中，伽达默尔占有一个特殊的地位。他的著作《真理与方法》（*Wahrheit und Methode*）结束了人文科学诠释学发展中的一个阶段，同时确认了哲学中诠释学问题的存在及其重要性。

189

---

〔17〕 M. Heidegger, *Sein und Zeit*, 9th ed. , Tübingen, 1967, p. 39.

〔18〕 M. Heidegger, *über den Humanismus*, Frankfurt am Main, 1949, p. 5.

〔19〕 E. Coreth, *Grundfragen der Hermeneutik*, Freiburg – Bael – Wien, 1969, p. 99.

伽达默尔的哲学渊源很复杂。他把自己界定为一个柏拉图主义者，提出康德式的关于理解可能性的先验条件问题。他本着海德格尔的精神回答这个问题，事实上他将海德格尔视为自己的主要哲学前辈。在给自己的哲学进行归类时，他将其置于现象学和论辩术之间。[20]伽达默尔认为，为了使诠释学成为一门真正的理解哲学，不能将其本身限定于人文科学的认识论（施莱尔马赫，狄尔泰），或限定于本体论（胡塞尔、海德格尔）。在他看来，诠释学必须保持开放，因为只有如此才能坚持其普遍性主张。这种开放性尤其意味着，诠释学把一些观念连接了起来，否则这些观念似乎是无关的：一般和具体、理论和实践、建设性和批判性，而同时放弃了传统的对真理和客观认知的追求。鉴于此，在伽达默尔的著作中发现有关对诠释学的不同定义不足为奇。其中定义的例子有：关于所有理解可能性的理论知识的条件、柏拉图关于美的理论的延续——新的普遍的审美，以及理解和交往的实践技艺。[21]

190

不过，诠释学首先是关于理解的知识。在建构诠释学的过程中，我们从康德式（规范）的问题开始，对此我们还没有提供一个康德式的答案。最终，诠释学并没有规定理解应该是什么样子，而只是描述理解完全可能的条件。对于理解本身，它是一种特殊的现象。其本质在于它是一个过程这个事实，它没有明确的开始或结束，它是"发生的非常过程"，我们从中反复努力来实现具体中的一般，以及实践中的理论。伽达默尔强调的是，"诠释学难题"总是包含有三种紧密联系的时刻：理解、说明和应用。因为理解是通

---

〔20〕　H. G. Gadamer, *Wahrheit und Methode. Grundzüge einer philosopischen Hermeneutik*, in *Gesammelte Werke*, vol. I, Tübingen, 1986, p. 312 ff.

〔21〕　H. G. Gadamer, *Wahrheit und Methode. Ergänzungen. Register*, in *Gesammelte Werke*, vol. II, Tübingen, 1986, p. 3 ff.

过解释行为实现的，而且解释的本质在其实际应用中得到了表达。[22]

放弃提出真理问题的传统方式，伽达默尔以其可能关涉人文科学这样一种方式提出这个问题。在人文科学中，真理问题成为一个关于理解可能性的条件问题。诠释学使个人的生活经验与客观的、科学的经验结合起来。因此，对我们外部世界经验的客观和主观元素的划分就还原为意义了。伽达默尔如海德格尔一样，最终假定真理是"存在的去蔽"，随后转化为语言陈述的开放性。在这样的语境中，问题首要的论辩术原理就起作用了。因此，真理获得了自己的情境和时间结构。

理解的历史性被提升到诠释学两个基本原则之一的地位（第二个是其语言特征）。在伽达默尔看来，如果剥去其历史的视角（视域），特别是有关诠释学应用的问题，对理解过程的思考就失去了它们的意义。超越了理解的历史视域，所进行的诠释过程会重新成为诠释的一般原则和规则的抽象的理论知识。我们的诠释学意识遵行、发展并植根于历史。这一历史视角能使人们不仅对过去、传统的声音开放，而且也对现在、对什么是"这里和现在"、最终对未来保持开放，因为理解的所有历史行为都包含一种新意义的某种投射。 191

理解的历史性原则也与诠释学经验的其他元素相互联系，即其他组成部分，亦即诠释学循环和前判断（**前见**）。伽达默尔既考查了诠释学循环的旧的形式——方法论原理，也考查了其新的现象学——本体论形态。特别是，这种原理把握了一般和具体、早期和现在以及前理解、解释和应用之间的关联。

---

[22]　H. G. Gadamer, *Wahrheit und Methode. Grundzüge ...* , *op. cit.* , p. 312 ff.

伽达默尔强调，诠释学循环既不是主观的也不是客观的，而是试图把理解描述为"传统运动"和"诠释者运动"之间的游戏（相互影响）。因此，"理解的循环"不是一种方法论循环（一种认知方法），而是对理解过程的本体论和结构的描述。同样对于理解过程的历史性理解具有重要意义的是前判断（**前见**）概念，它指先于（在时间意义上）我们的知识和无知的某种存在。

诠释学经验（理解）的第二个基本原则（除了历史性）是其语言特性。语言是一种联结整个理解过程所有元素的媒介。伽达默尔以施莱尔马赫为参照，后者坚决认为，在诠释学内，能被假定并研究的只能是语言（他写道，能被理解的唯一存在是语言）。不过，他并不认为上述命题要求把诠释学限定为语言研究，正如旧的、语文学方向的诠释学所主张的那样。由于语言是"人的原初装备"，它与人一起来到这个世界，语言表明人对世界的拥有。正是由于语言，我们不仅能说、思维和解释，而且也能，或者说首先是理解。因而，理解不仅仅是说、思维和解释，它也是人的一种存在方式。

伽达默尔的诠释学是开放的，它没有可以确定的起点。同时它建构了普遍性主张，正如理解和语言问题是普遍的一样。此外，诠释学问题不能仅仅局限于人文科学方法论："……诠释学不仅仅是一门人文方法科学，而且是一种确定事实上人文科学究竟是什么的尝试，这种尝试不可局限于对人文科学方法论的自我意识的反思。……诠释学应该向我们呈现出人文科学和我们对整个世界的经验之间的关系……"[23]伽达默尔的诠释学是论辩的（因为它本着苏格拉底的精神优先考虑这个问题）、现象学的（因为它把理解的现象描述为存在现象），此外，它是统一性哲学（因为它消解了一般

192

---

〔23〕 H. G. Gadamer, *Wahrheit und Methode. Grundzüge …*, *op. cit.*, p. XXIX.

与具体、主体与客体、语言与物质世界的区分）。这种哲学在交往过程中得到实现，所有在历史上发展的人类共同体参与其中。

利科　正如我们已经指出的那样，从本体论和认识论的诠释学立场来看，利科提出的解释哲学是一种特殊的"边界"情况。在利科看来，诠释学解释的一种特定属性是其反思性。这是因为反思总是诉诸言语符号，这从而自动地使解释成为必要。利科的诠释学诉诸很多渊源：主要是现象学哲学，也有语言哲学、神学，甚至精神分析学。在利科看来，诠释学应该具有三种功能。首先，它应该是一门解释的认识论（元理论功能）。当"解释冲突"（例如，现象学与精神分析）出现时，诠释学必须运用这种功能。这样的冲突使得有必要建立"一切诠释学的诠释学"，在这个框架内，人们可以尝试调和相互对立的观点。其次，诠释学只是一种言语符号的解释理论。最后，诠释学是解释和理解这种言语符号的实践技艺，这意味着它自己的应用［利科运用的就是这种诠释学，例如，在他的著作《恶的象征性》（*La Symbolique du Mal*）中所阐释的］。不过，在这些语境中，诠释学主要是一种认识论，其次才是（通过语义分析和反思）本体论（理解的本体论）。就像他的前辈海德格尔和伽达默尔一样，利科认为语言构成了诠释学经验的媒介。在其纲领性的论文"存在与诠释学"中，他说，一切理解，包括形器的和本体论的理解，首先在言语中找到其表述。[24] 语言，或者更准确地说是符号语言产生了解释的需要，解释并非行进在时间空洞中，而是要"建立"在某种传统之中，它有其自己的历史。

符号语言是普遍的。符号甚至在日常语言中也是存在的，由于

193

〔24〕　P. Ricoeur, *Existence...*, *op. Cit.* p. 190.

其本质，这似乎与神秘无关。[25]这表明诠释学并不限于分析特定类型的语言（例如，圣经的语言），而是关注对意义的一切符号结构的解释。在利科看来，如果其直接、原初及字面意义确定其他间接、次生及隐喻意义，且后者只能通过以前者为媒介而把握，那么，意义结构可以说是符号性的。[26]符号标记并非透明的，它们需要解释，换句话说，它们迫使人去思考。因此，解释过程的目的，最终归结为对符号的理解。符号和解释是两个相关概念：在任一有多种意义之处，即符号，就有一种解释。利科讲到理解符号的三个阶段：现象学阶段，它就在于通过其他符号或所有符号来理解一种符号；诠释学阶段，在该阶段产生了符号的正确解释（由于解释我们才可以再次听到并理解）；存在阶段，在该阶段"思维进入符号"，从而使得对符号的存在性（本体性）解释成为可能。

诠释学经验这个概念最终包括三个相互关联的元素：文本，即语言，其中产生符号意义结构，以及解释与传统。这种"链"：文本——解释——传统可能在所有的方向上解读，因为文本总是要进入某种传统，因而，解释在于要进入某种文本。因此，理解、解释与传统的循环就关闭了。

5.3.2　法律接受性

莱纳赫　莱纳赫做了一个非常有趣的尝试，就是将胡塞尔的现象学哲学应用到法学的需要中。莱纳赫认为，现象学分析是建立在两种陈述的基础上，一种与法律的本体论本质相关，另一种与方法论特征相关。他在《法律现象学》（*Zur Phänomen-ologie des Rechts*）中提出了他的想法。他的《民法中的先验原则》（*Die apriorischem*

---

〔25〕　P. Ricoeur, *Symbolika zl ~ a*（恶的象征），Warszawa, 1986, p. 12.

〔26〕　P. Ricoeur, *Existence ...*, *op. cit.*, p. 19 ff.

Grundlagen des bürgerlichen Reohts）于 1986 年出版。赖纳赫将法律 194
构想为一种先验范畴，这只有通过我们的直观才能够知道。让我们
回想一下，在胡塞尔看来，现象学应该使我们能够在认知过程把握
到直接被给予且自明的东西。它不是仅仅局限于概念分析，而是要
"通过这些概念"尝试达到实在的**先验**本质，即"实事本身"。只
有通过直观，这样的认知才是可能的，因为恰恰是直观表达了一种
能力，它知道被直接给予和自明的东西是什么。因此，直观成为
"认知原则的原则"，是全部认知中首要和不可替代的来源，而非仅
仅是其中的一种形式。胡塞尔列举了很多种直观，其数目与直接材
料的数目相同。因此，存在以下几种直观：理性、非理性（运用在
情感行为中）、在具体物中把握现象、把握现象的本质。[27]最后一
种直观使法本质的知识和理解成为可能，这对莱纳赫可能具有特殊
的意义。实证法处于一个流变与发展的恒定常态。这样的偶然性以
及变化的趋向导致很难（若非完全不可能）了解法律的**先验**本质。
因此，我们必须通过实证法进一步和更深地洞悉"实事本身"，洞
悉自然和有其需要、欲望、意志和行为的人。

这些重要阐述的本质用**先验**的句子表述，这同时也是现象学方
向的法律科学的陈述（公理）。[28]这样，除了数学和纯自然科学之
外，我们正在处理的是一种"纯粹的、在现象学意义上的法律科
学"。接下来，莱纳赫分析了主张概念与责任概念之间的关系，这
对一门法律**先验**科学是至关重要的。他发现这种关系的根源在于承
诺概念。一种承诺造成两个人之间的一种具体关系（联系），凭借

〔27〕 J. Stelmach, "Intuicja prawnicza"［法律直觉］, in *Dziedzictwo prawne XX wieku*,
Kraków, 2001, pp. 35~36.

〔28〕 A. Reinach, *Zur Phänomenologie des Rechts. Die apriorischen Grundlagen des bürgelichen
Rechs*, 2nd ed., München, 1953, pp. 11~12.

这一点一个人可能要求某种东西，而另一个人必须满足这一要求，或者至少务必使其将来得到满足。[29]最终，法不仅有一种**先验**的而且有一种对话的本质，因为它意味着，对于每个问题（主张），必然有一个对应的来自第二个人的答案（责任）。

胡塞尔 另一位著名法哲学家胡塞尔，即《法律与时间》（*Recht und Zeit*）的作者，其涉及了胡塞尔的现象学哲学。他首先对法律的时间问题很感兴趣。他至少运用现象学和诠释学的一些命题对其进行了分析。他假定，每一种法律制度都代表了人类历史上的一个特定阶段。因此，法律秩序有自己的历史，而且它们本身就是历史。他在客观时间和历史之间做了区分，大致相当于诠释学在"客观历史"和"主观历史"之间的区分。因此，一个非线性的、现象学的时间概念以对"法的经验"现象学——诠释学的分析做了补充。胡塞尔认为，法律认知的本质是将法律观念还原到本体论层面上，由此"法律是什么"得以揭示。这个还原过程同时是实施法律本身的过程，即将法律适用于具体案件中，因为，还原行为揭示了一切可能法的基本（原初）结构，这个结构具有**先验性**。因此，根据胡塞尔的观点，法律秩序是社会世界的基本现象。[30]

迈霍弗 迈霍弗对法律本体论的概述体现在其对《法律与时间》的研究中，这显然源自海德格尔。迈霍弗尝试将"基本本体论"转换到哲学——法律反思的领域。**此在**（能够自我理解）诠释学的目的是使迈霍弗能够建构法律的存在本体论。迈霍弗强调，现象学能够发现存在的一个新维度及其内在的一种秩序，在该秩序

---

〔29〕 Reinach, *Zur Phänomenologie des Rechts …*, *op. cit.*, p. 21.

〔30〕 G. Husserl, *Recht und Zeit. Fün rechtsphilosophische Essays*, Frankfurt am Main, 1955, pp. 7, 14, 23, 42, 76.

中，法律即为其中的一部分。[31]

伽达默尔 伽达默尔也直接表达了他对法律诠释学的观点。如前所述，伽达默尔认为，有一种一般和普遍有效的理解哲学，它试图回答关于一般情况下理解可能性的前提问题，从而回答使法律理解成为可能的前提问题。法律诠释学对其他诠释学最多具有的一种"示范意义"。根据伽达默尔的观点，人文科学诠释学与法律诠释学之间的距离并非通常认为的那么大。因此，法律诠释学在事实上并非一种特殊情况，但它确实使在历史诠释学内要处理的问题的范围如其过去一样广泛；因此，人们看到了对诠释学问题旧时统一的回归，可以说，法律人和神学家、语言学家重新相遇。如果法律人努力解释法律文本（重构文本的原义，并使其得到应用），如法官在其职权范围内的行为，然后他就会如在其他理解过程中一样行动。理解与解释和应用的关联最为紧密。更准确地说，解释和应用是诠释学经验的完整部分，即理解的过程。要强调的一点是，应用内在于（充满）所有形式的理解中，不能将其视为后一个（第二个）阶段，即前面已经理解的、将一般情况应用到一个具体案件。因此，应用是对一般的实际理解，即为我们提供解释的文本。[32]

考夫曼 对伽达默尔在法哲学方面的工作的延续，最重要的是由考夫曼进行的，考夫曼提出了一个本体论方向的法律诠释学概念。他考虑的关键问题是对法以及法和法规之间关系的理解、解释和适用。

196

---

〔31〕 W. Maihofer, *Recht und Sein. Prolegomena zu einer Rechtsontologie*, Frankfurt am Main, 1954, p. 1 ff.

〔32〕 H. G. Gadamer, *Wahrheit und Methode. Grundzüge …*, *op. cit.*, vol. I, pp. 334 and 346.

考夫曼认为，法在理解的诠释学行为过程中产生（被构造）。[33]因此，法在解释之前并不存在——它必须被发现、创制。对法的解释、制定法律判决的过程，乃至对正义的整个管理构成一个完全创制的过程。构成这个过程的基础是法、法规之间的区分。法规源自立法者的权威。至于法，它真实存在——直接源于其存在；它源自事物的自然秩序，它的存在因此是原初的——独立于任何权威。法规仅仅是实现法的一个方面。法规和法之间的关系就像行为与潜在，或现实性与可能性之间的关系。最终，在考夫曼看来，法规本身以及法的抽象观念如正义法的概念只是法的可能形式。法的本质事实上在于，它是难以获得的、具体的和历史的。法表达的是"原初的类比"，相应于"是"与"应当"之间。法律认知应该把这种类比考虑进来。

考夫曼认为，只有通过诠释学即理解的本体论，才有可能克服阻碍自然法概念和实证法概念的片面性。由于这个原因，他反对在自然法古典理论中假定的实体本体论。这样的本体论会造成特别是客观性的危险，从诠释学路径的视角来看，这是不可欲的。客观性已被"法律理解的历史性"所取代。法是通过理解行为才出现的，它在一个特定的时刻（历史）产生或发生；它不是一种状态，而是一种行为。换句话说，法是规范（通常是一般的）与具体案件之间的一种关系，这种关系最终体现在人那里。这样，实体本体论被关系的存在本体论所取代。[34]

197

---

〔33〕 A. Kaufmann，"Problemgeschichte der Rechtsphilosophie"，in A. Kaufmann/ W. Hassemer（editors），*Einführung in Rechtsphilosophie und Rechtstheorie der Gegenwart*，4th ed.，Heidelberg，1985，p. 122.

〔34〕 A. Kaufmann，"Vorüberlegungen zu einer juristischen Logik und Ontologie der Relationen. Grundlegung einer personalen Rechtstheorie"，in *Rechtstheorie* 17（1986），p. 258 ff；A. Kaufmann，"Die Geschichtlichkeit des Rechts unter rechtstheoretisch-methodologischem Aspekt"，in *ARSP Beiheft II*（1988），p. 114 ff.

因此，法是一个过程，即考夫曼所谓的"法律实现"的结果。"具体法"是一种发展和实现意义上的解释过程的"产物"。解释的本质最终是理解的行为——解释能力与理解能力是同义词。法律实现的过程可以划分为三个层面（阶段）。出发点是抽象的、超越实证且超越历史的法律原则（观念）。然后我们通过包含在法规（第二阶段）中的一般的、形式——实证的规范到具体的、实质——实证的历史法（第三阶段）。这种具体的历史法建立在所谓的"发现法"的过程中，其中包括在实际事态与规范之间"建立融贯"和"寻求一致"，或者换句话说，"使他们彼此更加接近"。[35] 法律判决的建立，即发现法律结论的行为，是通过一种理解的历史行为而获得的，这种理解直接诉诸包含在法律概念中的原初类比。因为理解的行为将主体与客体、义务与存在、规范与现实事态联接在一起。[36] 考夫曼断然拒绝解释以及法律适用的演绎模型。因为对一个法律文本的理解意味着一个矛盾的——创造的生产过程。对一个文本的诠释学理解并非可接受的某物；它是一种实践上形成的行为，在这一过程中产生了具体的历史法。

根据考夫曼的观点，法律诠释学是理解哲学的一个特殊的例子，其中有除本体论之外的方法论和实践时刻。诠释学意味着，诉讼在特征上是实践的。由于诠释学，将法理学和法哲学转化为一种行为理论才成为可能。理解本体论被考夫曼转化为关系本体论，因而，这使他能够建立一门人格的法哲学。法概念因而使我们通向类

---

〔35〕 A. Kaufmann, "Analogie und 'Natur der Sache', Zugleich ein Beitrag zur Lehre vom Typus", in A. Kaufmann, *Rechtsphilosophie im Wandel*, 2nd ed. , Köln/Berlin/Bonn/ München, 1984, p. 282 ff.

〔36〕 Kaufmann, "Über den Zirkelschluβ in der Rechtsfindung", in A. Kaufmann, *Beiträge zur juristischen Hermeneutik*, Köln/Berlin/Bonn/München, 1984, p. 75 ff.

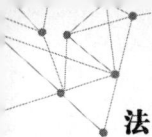

比的概念，从而指引我们通向关系的概念，并再次通向人格的概
198 念。人格不是一种实体，而是一种关系，或更准确地说，结构上的
统一可以被定义为"关系"和"联系"。法的理念是人格上理解的
人的理念，既不多也不少。在认识（理解）人的人格本质时，我们
认识（理解）法的本质。[37]在考夫曼的理论中，人格的概念是与诠
释学经验的其他内容，如前理解和解释学循环等相互联系的。通过
基于个体存在的结构——人格本体论假定，这些诠释学的认知元素
得到证成。

关于伽达默尔和考夫曼的观念，有众多的借鉴，这可以在当代
法学包括法律教义学和法哲学中找到。将诠释学应用于刑法的需
要，其中尤其是考夫曼提出的诠释学，哈斯默尔（W. Hassemer）
在其著作《构成要件和类型：刑法诠释学研究》（*Tatbestand und
Typus Untersuch-ungen zur Sraftre chtlichen Hermeneutik*）中做出的这种
尝试。随后，欣德林（Hinderling）探讨将伽达默尔诠释学运用于
宪法的可能性；他的研究结果是《法治和理解：一般诠释学用于宪
法解释原则的方法论后果》（*Rechtsnorm und Verstehen. Die methodis-
chen Folgen einer allgemeinen Hermeneutik für Prinzipien der Verfassung-
sauslegung*）。最后，对法哲学的诠释学叙述可以在史堤玛（Stelm-
ach）著作《法哲学的诠释学概念》（*Die hermeneu-tische Auffassung
der Rechtsphilosophie*）中找到。[38]目前方法论的主流代表人物，特
别是拉伦茨和埃塞尔（前面讨论过），也参考了伽达默尔的诠释学。

---

〔37〕 Kaufmann, "Über die Wissenschaftlichkeit der Rechtswissenschaft", in *ARSP* LXXII/
IV（1986），p. 442.

〔38〕 W. Hassemer, *Tatbestand und Typus. Untersuchungen zur strafrechtlichen Hermeneutik*,
Köln/Berlin/Bonn/München, 1968, H. G. Hinderling, *Rechtsnorm und Verstehen. Die methodis-
chen Folgen einer allgemeinen Hermeneutik für Prinzipien der Verfassungsauslegung*, Bern, 1971,
J. Stemach, *Die hermeneutische …*, *op. cit.*, Ebelsbach, 1991.

对于现象学意义上理解的法律诠释学，偶尔会谈论到该内容的学者有克里勒、拜耳、莱克特（Leicht）、洛特路斯勒（Rottleuthner）、费肯杰（Fikentscher）、哈巴（Haba）、弗尔曼（Fuhrmann）、艾思科德（Ellscheid）、诺伊曼（Neumann）、施罗特（Schroth）、哈弗特（Haft）、菲利普斯（Philipps）、希尔德（Schild）、施科勒（Scholler）、米勒·迪茨（Müller-Dietz）、赫格巴斯（Hegebarth）、布里托（Brito）、卡里拉（Calera）、奥莱罗（Ollero）、萨维德拉（Saavedra）、扎卡里亚（Zaccaria）和阿尔瓦特（Alwart）。[39]

5.4 法律之理解

关于诠释学，还有什么是未知的，这已经在第 5.1.2 节进行了概述。现在应当至少尝试回答一下我们在那里提出的一些问题了。将诠释学运用于法律论证，在思考这个前沿问题的语境中，有两个问题显得特别有趣。即通过理解哲学做出的普遍性主张以及诠释学认知的本质（后一个问题的核心是，诠释学认知是直接的还是间接的）。

5.4.1 普遍性主张

199

从施莱尔马赫开始，所有现代诠释学都希望在一定意义上成为普遍的——至少作为一种诠释和理解文本的方法、作为人文科学的方法论或最后作为理解的本体论。这种诠释学（也是法律诠释学）主张也可以通过哲学所处理问题的类型而得到证成。诠释学是普遍的，因为语言问题（一切诠释、历史和作为诠释学认知对象的"事物"，如生命、精神、文化或被理解为个体生存、存在的语言学方面）是普遍的。诠释学也因为诠释学经验具有特定的性质而是普遍

---

[39] J. Stelmach, *Die hermeneutische …*, *op. cit.*, p. 78 ff.

的：在这种经验中，在超越一般与具体、理论与实践以及理解、解释和应用之间的界限中，人们实现了认知的统一。最后，诠释学（至少是现象学方向的变体）是普遍的，也因为它是"第一科学"——每一个可能的认知过程的出发点和本质元素，无论这个过程的目的是什么。

将诠释学理解为一种人文科学的认识论，由此普遍性主张的表述显得更为狭义。反自然主义的命题持有其他两种客观的方法论即说明的方法论（由自然科学运用）和理解的方法论（专门由人文科学运用），将诠释学的普遍性限定到人文科学认知领域。那些追寻方法论同一性的法律人经常使用反自然主义的诠释学。他们这样做对吗？在我们看来，他们是不正确的。将方法论划分为说明的方法论和理解的方法论是完全没有根据的，很清楚，这是通过建立在现象学基础上的诠释学变体的代表人物而完成的。我们不仅缺乏关于理解的一种可接受的定义，而且关于说明的过程也有许多争议。更重要的是，在人文科学中，正如其他的认知类型一样，它们既诉诸说明也诉诸理解。很难为存在特定的"人文科学对象"（例如法律）这样的命题而辩护。即使可以证成其本体论特征，并确定它们的特定性，这也不是只使用一种类型的方法去研究它们的充足理由。

方法的选择将取决于所解释案件的复杂性及其性质、解释者的习惯和解释传统，而非（最终完全任意的）方法论的决定。这样，在同一个案件中，一个解释者会诉诸逻辑，另一个则诉诸分析或论证，还有一个会诉诸诠释学。因此，鉴于上述保留意见，必须承认，在反自然主义的诠释学基础上，试图证明人文科学（包括法学）的独立性与方法论的自主性，这是行不通的。

对普遍主义概念存在着不同的理解，在更广的意义上，诠释学

200

将其理解为一种本体论。诠释学是普遍的，因为它处理个体存在
（**此在**）理解的基本问题，并诉诸直观——使人们知道这种存在的
特定本质的方法。最终，如此理解的诠释学可能构成每一个认知过
程的出发点，但不排除比这一过程更进一步的阶段运用其他方法
（即逻辑和分析）的可能性。因此，如果我们有普遍有效的诠释学，
它既是理解的本体论也是理解的认识论，那么，我们应该感到高
兴，并认为诠释学的早期问题已得到解决。然而，即便如此，也会
产生以下困境：或者将诠释学的认知过程看作是纯粹的直观，这会
产生一些验证这一认知和标准来源的问题，或者将诠释学的认知过
程看作一种间接的认知，即它诉诸众多先验命题和假定，这可能不
会是无可置疑的。在第一种情况下，可能会受到相对主义（因为不
能肯定地知道，纯粹的现象学认知行为所达到的结论是最终的和不
可废止的）或（充其量是）心理主义（因为人们必须通过诉诸某
种类型的反思性心理学证成现象学的结论）的威胁。在第二种情况
下，人们注定要纠缠于几乎无法解决的关于诠释学认知条件（即理
解的语言特征、历史性、前理解和诠释学循环）的争议中。

5.4.2 诠释学认知的本质

诠释学认知的性质问题（其解释和本性）可能引起最高程度的
争议。在所有的现代诠释学概念中，理解被构想为一种基本和原初
的认知过程，以对研究对象性质的"更深的"洞察为条件。此外，
现象学诠释学不仅将理解作为一种认知能力（技能），也作为个体
存在——人类生存（**此在**）的属性。然而，当试图明确地建构这一
认知的性质时，特别是当不论其为直接或间接时，问题就变得复
杂了。

作为直接认知的理解　最基本的联想让我们认为，理解是一种
原初的能力，它并不诉诸先验知识（经验）、命题或假定。以苏格

201

拉底的方式理解诠释学，他因此而将自己的哲学观建构为"被剥夺了阿基米德起点"；圣·奥古斯丁的写作启发了理解；施莱尔马赫区分了理解的洞察类型；对于现象学的代表人物来说，理解是原初的能力，以"实事本身"的知识为条件。

根据现象学的代表人物的观点，理解是一种直观认知，它使人们能够把握现象的具体性，以及它的**先验**本质。让我们回想一下，相应于各种直接材料，胡塞尔区分了各种直观：理性的、非理性的（在情感行为中运用），当然还有现象学的（把握一个现象的具体性以及本质）。然而，现象学诠释学的代表人物不愿对理解过程的性质发表意见。即使是最仔细地阅读伽达默尔的著作《真理与方法》，也无法承认关于理解的本质被建构的明确的命题。特别是，理解是否是一种直接认知，这一点并不明确。对这个问题的一个肯定回答会带来随后的问题：哪种能力使这种认知成为可能？什么样的直观最终构成理解的能力？不论是否可以接受现象学认识论，但其深层的内涵和意义是不可否认的。现象学诠释学有更多的问题出现：其代表人物拒绝（几乎以一种预调好的回应）回答有关理解过程性质的大多数问题；他们指出，他们受到了苏格拉底的触动，因为，苏格拉底构建哲学，但不愿将其建立在先前被接受的理论信念基础上。

在我们看来，理解是一种具有直观特征的认知。在理解过程中，人们既运用可以描述为是理性的直观，也运用"纯粹的"现象学直观。正是后一种直观开启了直接认知的方式。法律人常用这种方式，甚至当他们对现象学与诠释学一无所知时。这类直观通常是解释过程的起点；没有这种直观，是无法认知法律现象的**先验**本质和在法律上存在的基本关系（例如，主张——责任）。另一种论证支持理解是一种直接的认知，这个命题可以在伽达默尔重点强调的

202

观点——理解、解释和应用过程的统一性（同时性）中找到。只有达成一种所研究的实事的特定本质（现象）时，这一观点才可以得到合理辩护。

因此，理解是一种直接（直观）认知。但它还是什么呢？现象学是一种意识哲学，即一种"我思"哲学，也即理性主义。理性直观诉诸一般观念和以前接受的定理和定义。在诠释学认知的这一阶段，"语言进入理解"和"诠释学逻辑"被原初的诠释学直观取代。

作为间接认知的理解　早期的诠释学理论（包括那些在 19 世纪提出的）绝大多数把诠释学构想为认知的间接方法。诠释学只是解释和理解文本的技艺。这种对文本的理解和解释通过普遍有效的解释规则而成为可能。在某些情况下，不仅仅以解释规则为媒介，还可以通过我们能够达成理解和解释的心理事实。理解（作为直接和间接认知）过程的这种双重概念不会受到现象学诠释学的抑制。伽达默尔尤其致力于关注解释过程、因而是诠释学认知的这种属性，作为其语言特征和历史性。前理解与诠释学循环的问题也将不断出现。要强调的一点是，这些属性以某种方式确定了诠释学认知在本质上是间接的理论。

理解的语言特征　现象学方向的诠释学特别重视理解过程的语言特征理论。我们回想一下，施莱尔马赫和狄尔泰都强调所有诠释学和所有理解过程的语言方面的原初特征。在伽达默尔看来，语言是唯一可以理解的存在。只有通过以语言为媒介，关于世界的知识才是可能的；此外，语言决定诠释学本体论的范围。在伽达默尔看来，语言不仅是我们通过它来经历世界的手段以及我们进入这个世界的工具，而且是我们拥有世界的一种表达。语言与实质世界之间的边界，在其他哲学中很清楚，但在现象学诠释学中没有这种截然

203

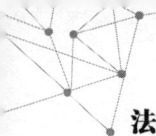

的区分。我们不讨论这种关系的细节，仅限于研究在理解过程中（在诠释学经验中）通过语言媒介给予我们的一切。"旧"与"新"诠释学都接受这个论题。从这种语言学的角度（以别的视角——分析）来看，诠释学认知结果是完全松散从而是间接的。

至于法律诠释学，也有类似的情况（值得注意的是，法律诠释学很少超越传统的文本诠释学——考夫曼的法律理解哲学是个例外）。理解、解释和法律的适用总是关注语言的某些实体（道义句、规则或规范）。在解释的层面上，"法律是什么"不过是特定的语言表述。一个法律人，其工作的起点在原则上是语言解释，尽管这是一个有争议的问题，即这种解释是以诠释学还是以分析的方式（假设这两种方法的划分在实践中是切实可行的）做出的。不过，在任一情况下，人们必须诉诸语言、语言的原则（语义的、句法的和语用的）以及不同层面的解释规则，无论它是已经存在的、普遍接受的以及在类似的情况下适用的，还是必须为一个解释性案件的需要而制定的。因此，通过语言媒介来实现的法律理解的假定，等同于诠释学认知是间接的假定。

理解的历史性　理解的过程不仅有一种语言特征，也有一种历史特征。伽达默尔强调，如果超出其历史背景来考查，诠释学经验只不过是一种哲学的抽象，而且理解哲学只不过是受到现象学质疑的早期形而上学哲学的延续。理解的历史性理论是另一种论证，它支持诠释学认知可能是（往往真的是）间接的观点。这是因为，在这一过程中，诉诸许多历史的假定、先验知识以及传统，这应该应用（即具体化和实现）到具体的解释性案件中。利科认为，解释和传统是历史性的两个方面，而且这个链条：传统——文本——解释可以在所有可能的方向上进行研究。

在法律解释语境中，历史性问题具有特别重要的意义。它与传

204

统在法律解释中的作用这个重要问题并与诠释学经验的一个组成部分即"法律适用"这个问题相关联，以及理解与解释相关联。理解和适用的每个过程都成为解释传统的一种元素。很难想象法律解释完全超越它的历史语境——超越传统（在我们则是两千多年已形成的大陆法系），它的元素不断地在每一个解释者的意识中显现。解释者进入"一种解释情境"，其中有以前获得的法律知识、直观、基本法律制度的先验概念、整个法律前理解。

在理解和解释的过程中，解释者必须将这种一般的历史知识运用于一种具体案件，即他必须具体化并实现它。最终，法律思维（法律理解）的本质将永远是具体化的过程，即将解释的（理解的）一般文本（一般规范）适用到一个具体的案件中。然而，诠释学的具体化不能还原（至少在伽达默尔看来）为一种演绎操作。法律诠释学强调放弃"法律适用的三段论模式"，而且伽达默尔本人强调理解即具体化，但与保持诠释学的距离相关联，无论这意味着什么。[40]

除了具体化，法律理解和适用的第二个条件是现实化。固然，诉诸过去（传统）是在现实化过程中进行的，而这种诉诸意在要修正和改变它，以便其适合于"当前发生"的一个具体案件。法律诠释学支持对法律解释和适用过程的动态叙述，并反对心理的（主观的）叙述。法律解释的结果应当是"使法律适应于生活的要求"。发生在社会和经济现实中的变化之速，使现实化的操作成为必要。从法律诠释学的立场来看，法律协助重建（以法律稳定性和安全性为名）历史立法者的意志，这种解释是不可接受的。

最终，理解具有历史的属性，这个事实让我们承认，在很多或

205

---

〔40〕　H. G. Gadamer, *Wahrheit und Methode. Grundzüge …*, *op. cit.*, vol. I, p. 335 ff.

绝大多数情况下，诠释学认知不可能具有直接或纯粹直观的特征。

前理解与诠释学循环　诠释学认知是间接的，对这一观点的进一步证成，是从致力于前理解和诠释学循环的思考中表现出来的。重要的是，就前理解而言，不要构想固定的看法：一方面，假如人们将前理解定义为人们知道事物特定本质的一种直观能力——不使用任何先验知识的能力，人们可能诉诸这个概念，目的是为了证明诠释学认知是直接的；另一方面，假如前理解被理解为一种历史条件、先验知识，人们可能诉诸它，目的是为了证明诠释学认知是间接的。

人们也应该避免构想关于诠释学循环的严格意见。如果假定了诠释学循环原则的方法论形态，人们可能会认为，这一原则明确地确定诠释学认知是直接的这个命题。该原则是一种解释原则——更广泛的和非正式理解的人文科学与法律逻辑的元素。如果假定这个原则的现象学视角，情况看起来会有所不同：在这个视角中，诠释学循环是描述理解的一种本体论和结构上的时刻，而不是把握一个认知时刻的一种方法论原则；用海德格尔的术语来说，它表达的是**此在**的前结构。在这种叙述中，诠释学循环像前理解一样，最多是理解过程的一种属性，它决定了诠释学认知的直接特征。

5.4.3　运　用

法律诠释学可以保留其普遍性主张的原因之一是，它可以构成与法律相关联的每一个认知过程的一个起点，或至少是一个元素，而与这一过程中构想的论题的一般性层面无关。通过诠释学，人们可以完成实际任务，即作出法律解释、作出法律判决并证成这些判决。只有在接受"诠释学方法"时，诠释学也可以应用于法教义学（一种教义学理论），使其可能确切地阐述和证成可能得到合理辩护的论题。最后，诠释学让人们能够建立某种类型的法律哲学或理论。诠释学在法律人认知活动（实践、教义和理论）所有层面的可能显现，似乎最终确认由这种解释哲学提出的普遍性主张。

我们从实际应用层面开始阐述。我们不应诉诸具体案件，因为关于哪些案件具有较多还是较少诠释学特点，那需要做出价值判断。此外，一个具体案件的事实和诠释者的态度（而不是先前的一些"诠释学意图"）往往决定"解释的诠释学特征"。法律诠释学像其他人文科学诠释学一样，一直作为一种文本解释和理解的理论（技艺）而提出。直到 18 世纪，几乎不可能把诠释学的"理论"与其他理论区分开来。只有到了 19 和 20 世纪，法律诠释学才成为一门更明确的解释哲学。在这门哲学中，理解的问题得到强调，而且理解（至少在现象学方向的诠释学中）是确定或视为解释与应用的同义词。法律思维也由"新"诠释学概念如诠释学循环、具体化和现实化等变得丰富起来。诠释学成为在当代解释理论中出现的所有问题都要参照的一个基本点。语言解释可以以专门分析（语言）或以一种分析——诠释学的方式进行，在我们看来，很难想象任何第三种可能性。在进行系统或功能的解释的同时，人们相应地也在使用诠释学的方法，尽管往往是不知不觉的。

因此，系统的解释事实上基于诠释学循环原理，后者被运用并诉诸具体化和现实化过程的诠释学叙述。解释者唯一合理的选择就是诉诸分析（分析—实证主义）的方法。不过，要强调的一点是，这种方法和诠释学方法之间的差异并非如其乍一看上去那么具有实质性。关于这个应用问题，法律诠释学有太多要说的有趣的东西。就应用而言，首先，它与解释和理解是同义词。其次，它可以还原为以下两种操作——具体化和现实化。在这样的语境下，诠释学提出了真正原初且同时真正有趣的洞见：诠释学的具体化与三段论的实证概念毫无共同之处，现实化也不反映如法律实在论的支持者所

207

提出的动态（客观）的解释理论。这些事实构成法律判决制定过程、法的适用、法的实现等诠释学叙述的独创性的基础。最后，诠释学能够让诠释者做出"存在主义层面"的解释。在疑难案件中需要做出这种解释，一般方法不足以作出一个可接受的法律判决；在这种情况下，解释者只能诉诸本体论分析，即达及理解过程的特定本质——个体生存（此在）。

诠释学的解释也可以应用于阐述和证立法律教义学理论原则的过程中。如前所述，在当代不同法律学科的法学中多次进行过这种尝试。对这些概念的现象学分析，如由莱纳赫提出的"主张"、"责任"和"承诺"可以特别运用在民法理论中。艾瑟和拉伦茨提出的诠释学可以成功地运用在不同的教义学中，特别是民法和刑法。欣德林进行了将一般（伽达默尔的）诠释学运用于宪法解释的可能性研究，哈斯墨尔提出建构尤其是可能适用于刑法的诠释学。[41]

最后，在理论层面上，诠释学也作为哲学与法律理论的方法得到运用。在某些情况下，它是一种方法，而在其他情况下，它是一种认知态度，还有一些情况下它是一种完全自主的法律哲学。贝蒂把诠释学描述为一种人文科学与法学方法，**方法论**的许多代表人物（例如恩吉斯、拉伦茨、艾瑟）把它作为一种认知态度。莱纳赫（纯粹现象学法哲学的开创者）、伽达默尔（也对法律诠释学问题进行了处理）以及特别是考夫曼把它构想为一种法律哲学。

关于法的诠释学哲学，出现了许多误解和谬见，这既是由于诠

---

〔41〕 See A. Reinach, *Zur Phänomenologie des Rechts ...*, *op. cit.*；J. Esser, *Vorverständnis und Methodenwahl in der Rechtsfindung ...*, *op. cit.*；K. Larenz, *Methdenlehre der Rechtswissenschaft ...*, *op. cit.*；H. G. Hinderling, *Rechtsnorm und Verstehen ...*, *op. cit.*；W. Hassemer, *Tatbestand und Typus ...*, *op. Cit.*

释学本身缺乏清晰性，也由于那些抨击者不假思索且态度激烈而又缺乏相应能力。诠释学给法律思维和法律哲学引入许多新元素（值得比迄今为止许多学者所进行的研究而更加认真的研究）和新问题，极有可能无法给出这些新问题以明确的答案。因此，不能将这些学者如莱纳赫、艾瑟、拉伦茨、考夫曼的观点和概念当作是当代法律哲学中的肤浅层面而搁置起来。莱纳赫对法的概念和法学的其他基本概念提出卓越的现象学分析以及考夫曼对法作为一种本体论的复杂对象提出的诠释学叙述可以证实这个论题。

208

　　总之，不论喜欢还是不喜欢，诠释学已成为当代人文科学和法学中最为重要、讨论最为广泛而且同时也是最具有争议的方法之一。由于这个原因，在当前的法学方法讨论中，不能给这种特定的解释哲学打了折扣。

第 **6** 章　后现代视角中的法律推理方法

6.1　总　结

在这本书的最后部分，我们想做一个尝试（希望是得到证成的那种），总结并回顾一下我们的分析。首先，我们想从一个更为广泛的视角来考查我们的思考，包括那些前文还没有给予应有关注的立场。其次，我们想为我们做出的选择提出另外的证成并避免一些明显的异议。最后，我们想提出，而且我们相信，从我们的思考中可以得出一些有关法律方法论的结论。

任意性

有一种反对意见强调，我们选择的方法具有任意性，让我们从这种异议开始。我们在第 1 章已经处理了这个问题。在此我们想重申那些采取了相当广阔视角的意见。请注意，我们对所提方法的选择（虽然在一定程度上是任意的）并非偶然的。如果我们要构成一个哲学思维概念的列表（不一定是法律思维，而是一般的思维），它肯定会包括逻辑、分析、论证和诠释学。此外，很难想到有其他任何哲学方法可以明显地添加到这个列表里。无论如何，任何这样的添加都是有异议的。

元理论视角

这种一般评论与两个进一步的问题密切相关。首先，不应认为所描述的四种方法是"解释技术"。我们宁愿已提出建构一种融贯的法律理论和一种解释方法的可能基础。我们不仅主张法律人或者法学理论家能够运用逻辑、分析、论证或诠释学。四种立场是关于解释的一种融贯和适用的方法或技巧能够建立的"平台"，只有在这种意义上，该论题为真。其次，我们主张，所有这些技巧最终可还原为四种视角之一，或者因此而成为它们的组合。

接受这种假定导致的结果是，我们的分析不局限于法哲学和理论。我们相信，所提出的方法确定了任何可能的人文科学解释理论的边界。当然，我们提供的例子以及我们讨论的问题主要涉及法律话语。然而，我们试图表明，逻辑、分析、论证及诠释学的法律应用基于更一般的概念，后者又适用于所有的人文科学。值得注意的是，这可以在与思考有关的法律方法的联系中表现出来。我们相信，这根源于一个事实，即在人文科学方法论中，法学方法论特别发达。至少是 19 世纪以来，关于在法律中方法的存在问题，激烈的争论一直盛行。在这种情况下，法律人与法学理论家的"方法论意识"就特别敏感。

方法之间的关系：三个论题

以下要考虑的一个重要问题是逻辑、分析、论证和诠释学之间的关系。我们已在第 1 章中有过详细讨论。这里将提出一个更系统的阐述。这个问题可以用下面的三个论题之一来解决。

我们从最弱的论题开始。人们可以主张，逻辑、分析、论证和诠释学"有共同之处"，因为它们的目标是解释同样的现象，即思维现象。这是一个非常简单的解决方案，其不能解释更多。然而，它表明为什么某些智识操作可能被作为运用两种不同方法的表现，例如论证和诠释学。这样一种叙述会导致严重的困难。例如，我们在第 2 章试图表明，逻辑不能提供构建一个完整的法律推理理论的基础，因为它只关涉一个方面，即形式方面。此外，通过四者都关注相同现象这个事实，说明逻辑、分析、论证和诠释学之间的相互联系，这样一种观念并不有助于理解那些相互联系构成了什么。

第二个论题是：逻辑、分析、论证和诠释学是互补的法律推理理论。这种互补性的论题可以有两种解释。首先，人们可能坚持认为，所列举的四种方法处理法律推理的不同方面。这样的一种解释可以通过例如在逻辑和分析或逻辑与论证之间的关系而得到证成。例如，阿列克西的完全遵守经典逻辑规则的论证理论且该理论意味着更多。应用逻辑规则的先决条件只是理性话语的规则之一，为了获得理性实践决策，必须遵守所有的理性话语规则。然而，并非全部四种基本方法在分析意义上是互补的。例如，诠释学旨在描述完整的人类认知活动，而不仅仅是其中的某些方面。

其次，互补性论题可以理解如下：不同的方法适用于不同的法律案件。由于这个原因，最简单的（"规则系统的"）案件使用逻辑和分析方法来解决，而比较难的案件则使用论证技巧，最难的案件则需要诠释学的直观。这种解决方案明显的缺点是需要证成：为什么不同的法律案件要用不同的推理标准来解决。此外，简单与疑难案件之间的区分是有问题的，或者说，无论如何这是一个程度问题。

第三个论题关涉逻辑、分析、论证和诠释学之间的相互联系，即是说，四个哲学立场所提供的手段应当结合起来，构建一种融贯的法律推理方法。尤其是逻辑、分析和论证的结合似乎很适合这样一种建构。至少在一定程度上，这个想法得到了实现，在阿列克西的理论以及在第 4 章提出的观念中得到了实现。问题是，如果我们假定只存在一种正确的"混合"方法，我们必须要问，确定其正确性的标准是什么。

我们并不提倡这三种论题中的某一个，第一个论题似乎太琐碎，而第三个论题至少从一般的哲学视角来看太强。相反，我们建议将四种方法作为构建法律推理具体观念的可能基础。当然，人们可能想知道，这样一种观念应该满足什么标准。我们主张，至少其中有两个标准比较容易确定：第一，观念应是融贯的；第二，它应该服务于它的功能，即确定法律推理合理性的最低要求何时得到满足。

我们分析的总体目标使对四种方法的介绍难以建立在法律推理的具体实例基础上。一方面，特别是关于论证与诠释学，由于众多原因而很难以运用实例，尤其是因为相对轻易地选择实例来证成任何论题。另一方面，不可能分别对待各种法律案件。我们所提方法的长处在于一个事实，即它们可以帮助我们来处理疑难案件，即它们与任何已知案件不同，因此而很难想象。换句话说，我们的目的是提出一套工具和准则，在它们之间进行选择，目的是表明怎样处理任何法律问题；我们并不试图论证一种给定的方法适合一类给定的法律案件。

让我们重述一遍：建构一种融贯的"解释技术"并非我们的任务。我们的目的是提出一个一般的哲学框架，可以在其中建构这样的"技术"。因此，我们无法分析采用四种观念之一的一切重要结果。

6.2　当代法哲学的困境

我们的分析因此具有元理论的特征。我们相信，这样的分析是非常重要的，因为它们在法律理论的思考中往往被忽视。当代法哲学，特别是以盎格鲁－撒克逊的视角，无论是方法论还是本体论，通常是基于一套隐性假定。完全可以说，英国和美国的法律理论家们经常把自己限定为分析哲学的方法和技巧。我们并不主张说这是一个错误。我们要强调的是，这并不是唯一可能的方法，而且，一定程度的"方法论意识"要求，元理论反思只要在法律理论工作中能帮助我们即可。"大陆"法哲学的情况更糟：除了少数例外，它们或者是实践与盎格鲁－撒克逊的观念相联系的中等分析，或者使用广义上理解的后现代主义所提供的工具。这是一种非常有限的选择。

当代实证主义

为了证实上述主张，让我们仔细考查一下当代法哲学的一些争论。我们相信，法律理论家今天所关注的其中许多问题，是由于缺乏方法论的严谨。似乎当代法哲学争论最激烈的论题是实证主义的可靠性。在这种语境中，第一个问题是法律实证主义的特有定义。但是，人们至少可以在某种充分的程度上断言，当代实证主义者为以下三个论题在辩护：①所谓的**社会渊源论题**，就是说，社会实践或社会事实构成了法律渊源；②所谓**约定俗成论题**，就是说，法律效力的标准是约定俗成的；③所谓的**可分性论题**，它主张法律和道德之间没有必然联系，即道德准则并不构成对法律规范的"有效性验证"。[1]

所有这些论题都有其强烈的反对者和支持者。在那些反对者中，人们应当提到德沃金，他认为，任何法律制度不仅包括规则，也包括一定的标准，其中一些（原则）具有道德的谱系。德沃金表

---

[1] Cf. S. Bertea, "On Law's Claim to Authority", *Northern Ireland Legal Quarterly*, vol. 52, no. 4, p. 402.

明，疑难案件如在第 2 章中描述的里格斯诉帕默案，无法在实证主义的概念图式内解释。法院决定不予埃尔默·帕默以继承遗产的权利，它的根据是法律原则，但立法者并没有明确的制定法，而且有明显的道德出处。[2]

德沃金论证的可靠性受到所谓"弱"实证主义的质疑。根据这种说法，可分性论题只是说，在法律和道德规则之间没有必然的概念关系。弱实证主义的支持者认为，这个论题并没有说明它们的实际关系。然而，概念和事实两个层面的区分导致严重的麻烦。它们之中的一个是由拉兹指出的。

在拉兹看来，法律有一个特点，它使概念和事实之间的区分不能成立。他以下列方式进行论证。一开始，他区分了两种推理：那些对信仰的证成和那些对行为的证成。后者关涉实践领域，而且是"当具备特定条件时一个人履行一种行为"的推理。[3]拉兹在这些推理中区分出一阶推理（行为的推理）和二阶推理（行为推理的推理）。[4]二阶推理有两种：肯定的（由于某种原因而行动的推理）和否定的（由于某种原因而不行动的推理）。后者被称为排斥性推理。

在这个概念图式中，拉兹将规则定义为：它们是行动的一阶推理和排斥性推理的一种组合。因此，它们指导我们以特定的方式行动，而忽略其他行为的推理。[5]此外，拉兹断言，法律具有权威性主张。这个隐喻表述意味着：法律是由规则构成的一种社会制度。换句话说，法律的权威性表现为一种事实，即它不仅为我们提供了

---

〔2〕　Cf. R. Dworkin, *Taking Rights Seriously*, *op. cit.*, *passim*.

〔3〕　J. Raz, *Practical Reason and Norms*, London, Hutchinson, 1990, p. 19.

〔4〕　*Ibidem*, pp. 39 ~ 40.

〔5〕　*Ibidem*, pp. 39 ~ 48.

行动的推理，而且提供了不以相反的方式行动的排斥性推理。于此得出，因为法依然是法，即要实现它的权威性主张，必须将它理解为独立（既是概念上的也是现实中的）于道德规范的一种社会事实。[6]

216 　　结　论

　　我们相信，当代关于实证主义的争论在很大程度上是徒劳的。有不同的论证证成这个观点。首先，这场争论的参与者都不假定任何具体的本体论而试图回答一个本体论问题（什么是法）。进行这个讨论并没有考虑进当代本体论所提供的成果。此外，有一些哲学家，如拉兹主张，他们的目的是要把握"法的本质"。关于"本质"这个术语，在这里只有一种特定的解释可以帮我们从严肃的哲学问题中解脱出来，即考查"法的本质"，要预设一种智识直观，它能把握"事物本质"以及本质自身。当然，只有在一种具体的哲学立场如现象学上，这样的解决方案才是可接受的。但是拉兹及其支持者并没有走那么远。

　　其次，可以对追问本体论问题这种特定想法提出质疑。虽然人们可以宣称，对于提出一种法律推理的融贯观念而言，本体论决定是非常重要的，但将"什么是法"这个问题作为任何哲学化地思考法律的出发点，似乎并不是一个好的选择。

6.3　认识论途径

　　本体论之争最终毫无结果。支持对立观点的论证强度常常势均力敌或不可通约。此外，没有普遍有效的元理论标准来确立"正确

---

〔6〕　Cf. J. Raz, *Ethics in the Public Domain*, Oxford, Clarendon, 1994.

的"法律本体论。可以说，法律价值论同样如此。将一些价值与其他价值进行对比或比较，但这种讨论不可避免地导致本体论困境。因此，转向认识论似乎是自然和合理的。如果不可能构建一种可被普遍接受的法哲学（或者换句话说，对"法是什么"这个问题的答案），那么只好保留认识论的思考了。但有两个问题立即随之而来：对从本体论的束缚中解脱出来的认识论的选择，是完全自由或者甚至是可能的吗？因此，是否我们应该假定，法律认知过程是不确定的、动态的和创造性的，因而不可能确定其界限？

法律认知的界限

对上一段结尾提出的这两个问题以一种实证性的回答，会导致严重的后果，对于受过传统训练的法律人来说，这听上去是非直观的。这样一种解决方案使我们相信，法学理论（或法学）是一门没有"阿基米德支点"（不管我们如何理解）的学科，这相应地又导致认知或解释的相对主义。至少在一定程度上，在第 1 章中提出的一些观念中，即在基尔希曼、哈奇森、诠释学的一些现象学视角、批判法学的理论中，这个立场是可接受的。对于考夫曼这位"本体论方向"法律诠释学的主要代表人物来说，法律认知完全是直观、动态和创造性的。类似的论题在一些后现代观念中也得到提倡，它们质疑各种本体论或认识论的先验性。这种方法合理吗？

我们相信，这是不合理的，原因如下：首先，不可能完全把认识论和本体论分离开来。即便激进的康德哲学有关"物自体"的假定是可接受的，我们也必须承认，这个物至少间接地影响我们的认知行为。因此没有纯粹的（即摆脱本体论假定的）法律认识论。此外，没有人会质疑这个论题，即关于"法的本质"以及一些影响法律方法论选择的本体论直观，几乎所有的人都有很强的"原初"信念。其次，对认识论的选择导致对适用方法或解释技巧数量的限

217

制。因此，选择了认识论（方法论）之后，再去讲一种总体的解释自由就是没有道理的。最后，我们相信，至少存在两种容易区分（如果不是对立的）的法律话语：理论的与实践的。其认识论特点严重限制了我们对解释方法和技巧的自由选择。

两种话语

法律思维的界限，或者换句话说，任何可能的法律认识论的界限是由两种话语确定的：理论的与实践的。理论话语基于真理的标准，而实践话语则利用"较弱的"规范标准：理性、合理性、公正、有效性或效率。这两种话语相互交织，但他们不会互相干扰。我们可以将理论话语转换为实践话语，反之亦然。正如我们主张的那样，缺乏对这两种话语之间根本差异的认识，是法哲学中许多徒劳争论的根源。理论话语的结论是规范性裁决的唯一依据，这个论题是错误的，这会导致某些形式的认知主义。相反的论题同样也是错误的。理论话语对实践话语具有一定的影响。然而，这不是一种逻辑联系。实践话语必须调整为理论话语的结论（在实践话语中阐述的这些论题，必须符合通过理论话语所建立的论题）。换句话说，理论话语设置了所有可能的实践话语的界限。因此，显然这两种话语之间的关系是不对称的。实践话语（即其界限和结构）取决于理论话语的结论，而不是相反。

理论话语　理论论题运用在法律实践与哲学中。这些论题是在法律理论话语中得到阐述的，关涉到实践话语，理论话语是自主的。这种自主来自这样一个事实，即理论话语是真理标准"支配"的结果，比实践话语结果的评价标准"更强"、更精确。此外，理论话语是纯粹的"科学"。当代科学哲学表明，它并不意味着完全的确定性。不过，科学的成功使我们相信，理论话语的论题至少"接近真理"。

218

实践话语　实践话语并非完全的自主，因为它在理论话语设定的界限内进行。它也不是纯粹的"科学"，因为它使用真理以外的其他标准（即理性、合理性等）。实践话语的特殊性来自两个不同的、但相关的事实。第一，规范性陈述（命令、规范、规则）具有与描述性表述不同的认识论地位：如果它们有意义，它们不是可以用真或假评价的句子。[7]第二，所谓的疑难案件有非常独有的特征：我们相信，它们可以不止有一个"正确答案"。在这种的情况下，"较弱"或不太确定的规范标准取代了真理标准。在实践话语中阐述的陈述因此不能满足为科学理论设定的要求。最终，现实的情况是，话语参与者的技能和背景、案件解释的复杂程度以及社会、政治和经济环境决定（或至少影响）解释的方法或技术的选择。

这些评论不是用来表明，在实践话语中没有方法论的限制。正如我们试图表明的那样，这些限制是由于我们处理的是实践话语而非理论话语。此外，一旦做出某些选择，不论我们如何获得它们，都应当融贯而有效地运用所选择的方法。

认识论视角的法哲学因而在于将自己从本体论之争中分离出来，同时强调概念性学科，并实现区分实践和理论话语的意义。

6.4　未完成的计划

后现代（当代的不一定是后现代的）法哲学和法律理论的状况及其诊断的结果是，转向法律认识论。有人可能会问：为什么会这

---

〔7〕　关于规范性陈述的意义，经过一百多年的争论，我们相信，它是温和的非认知主义，其背后有最强的论证。无论是认知主义还是极端非认知主义（例如，情绪论），它们似乎都不那么有说服力。

样？对这个问题，我们想提出一种有点挑衅意味的答案。我们相信，在法律理论（或甚至人文科学）发展的所有阶段，即"古典"、"现代"与"后现代"提出的不过是某种未完成的计划。因此，法律的一般"科学"慢慢地成为遗迹——无用的且通常是被误解的学科。无论是法律人还是哲学家都不需要，通过长期的传统与学术惯性，它仍然存在于那里。关于它的大多数争论，让人们想起关于在一个针头上可以站多少魔鬼或天使的经院派讨论。这就是为什么我们决定提出四种基本方法或方法论立场，这对于人文科学方法论仍然是重要的，而且更重要的是，它被应用于实际的法律案件中。

我们想简短地反思一下虽然没有完成、但在现当代法哲学与法律理论中提出的三个最重要的计划，以此来得出我们的分析结论。

古典主义

"古典主义"这个词的意义很丰富，但在法律理论中很少对其进行探讨。我们用它来意味着 18、19 世纪的"计划"，它建立在"古典哲学"基础上，举例来说，即经院哲学（特别是托马斯主义）、启蒙运动［霍布斯（Hobbes）、卢梭、康德］和观念论［费希特（Fichte）、谢林（Schelling）、黑格尔］。这些哲学观念具有一种高于实证法的信念（神法或自然法）。当然，更多的是将这些观念划分开而非统一起来。只要提起法律渊源及其证成等就足矣。结果是，该计划基于三个理由尚未完成。第一，在该计划内存在着严重的内部张力；换句话说，它内部理念的多样性是不相容的。第二，它是哲学上的"一边倒"，因为它将注意力集中在自然法的概念上。因此，面对 19 世纪欧洲社会、政治和经济现实的发展变化，该计划很快变得陈旧了。第三，在同一时间出现了竞争的观念，大部分在表面上是对古典计划的批判和对现代性精神的阐述。在这种语境中，人们应该提到德国历史学派和特别是法律实证主义。

现代主义

现代性的突破是对 19 世纪和 20 世纪初欧洲政治和经济变化的反应。在这样的背景下，法律理论的目的是提供对民主社会发展、法治界限内的公共安全制度和保护自由市场原则的证成。实现这些目的，就要运用新的法律理论观念，它们遵循绝对的本体论的和方法论的严格性。以此方式，法哲学和法律理论的任务在法律实证主义中得到理解（包括大陆的各种形态——**法律实证主义、概念法学**、规范主义，以及奥斯汀、哈特的分析方向的实证主义）。法律实在论、哲学分析的一些流派以及法律论证的一些观念同样如此。"现代性计划"的危机有很多原因。第一，人们应该提及本体论的极端论，即上述观念，这种"迷信"是说，关于什么是法，有"一种且只有唯一"的说明。第二，现代性计划中方法论的严格性太严重。第三，20 世纪提出的至少是某些解释概念，其复杂性程度高，这在实践中并不适用。第四，在对立的法律理论之间进行选择，没有合理的标准。

后现代主义

"后现代主义"是一个很时髦的词，但当其关系到法哲学与法律理论时，就很难说它意味着什么。在这两门学科里甚至可以问，是否有"后现代计划"这样的事物。可以说，后现代主义是对现代主义的一种反应、一种解构、运用另一种时髦的词、一切范式尤其是本体论范式的尝试。没有限制和方法论的严格性，我们得到的是"什么都行"的"自由认识论"。人们可以使用适合某些社会或个人目的的任何方法。解释性判决是在一个开放的、不受限制的"叙事"中进行的。可以在当代法律和法律推理的观念中找到这种思维方式的元素，如批判法律研究、考夫曼的诠释学、卢曼和托伊布纳的系统理论以及哈贝马斯的法律话语理论。虽然这个计划仍有生

221

机，甚至"时髦"，我们相信它将不可避免地被贴上"未完成"的标签。对此，有大量的原因。首先，该计划被设置在本体论和方法论的真空中。它基于一种没有任何"阿基米德支点"的哲学，没有任何原初假定；因此，对它既不能证成也不能反驳。其次，后现代主义是一套、有时是完全不同、不融贯的观念，所以人们甚至可以怀疑它是否是一个计划（即便我们在这里、在非常松散的意义上使用这个词），或者毋宁说是一些可以回答任何疑问的理念。最后，某些后现代理论用非常模糊和复杂的语言来阐述，它掩饰旧观念而使其显得新颖而有创见。

人名索引

主题词索引

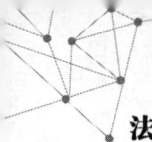

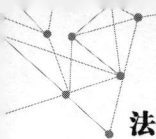

图书在版编目（ＣＩＰ）数据

法律推理方法/（波）施特尔马赫，（波）布罗泽克著；陈伟功译. —北京：中国政法大学出版社，2015.1

ISBN 978-7-5620-5764-2

Ⅰ.法…　Ⅱ.①施…　②布…　③陈…　Ⅲ.法律逻辑学—研究

Ⅳ.D90-051

中国版本图书馆CIP数据核字(2014)第287862号

出版者	中国政法大学出版社
地　　址	北京市海淀区西土城路 25 号
邮寄地址	北京 100088 信箱 8034 分箱　邮编 100088
网　　址	http://www.cuplpress.com（网络实名：中国政法大学出版社）
电　　话	010-58908289（编辑部）　58908334（邮购部）
承　　印	固安华明印业有限公司
开　　本	880mm×1230mm　1/32
印　　张	8.75
字　　数	210 千字
版　　次	2015 年 1 月第 1 版
印　　次	2016 年 5 月第 2 次印刷
定　　价	32.00 元